U0525571

造脸

整形外科的兴起

[美]琳赛·菲茨哈里斯 ○ 著

房莹 ○ 译

译林出版社

图书在版编目（CIP）数据

造脸：整形外科的兴起 /（美）琳赛·菲茨哈里斯
(Lindsey Fitzharris) 著；房莹译. -- 南京：译林出
版社，2025.2. --（医学人文丛书 / 梁贵柏主编）.
ISBN 978-7-5753-0351-4

Ⅰ. K836.126.2

中国国家版本馆CIP数据核字第2024T75W42号

The Facemaker: A Visionary Surgeon's Battle to Mend the Disfigured Soldiers of World War I by Lindsey Fitzharris
Copyright © 2022 by Lindsey Fitzharris Published by arrangement with Farrar, Straus and Giroux, New York.
Simplified Chinese translation copyright © 2025 by Yilin Press, Ltd
All Rights Reserved.

著作权合同登记号　图字：10-2023-25号

造脸：整形外科的兴起　　［美国］琳赛·菲茨哈里斯／著　房莹／译

策　　划	王笑红
责任编辑	黄文娟
装帧设计	尚燕平
校　　对	戴小娥
责任印制	单　莉
原文出版	Farrar, Straus and Giroux, 2022
出版发行	译林出版社
地　　址	南京市湖南路1号A楼
邮　　箱	yilin@yilin.com
网　　址	www.yilin.com
市场热线	025-86633278
排　　版	南京展望文化发展有限公司
印　　刷	苏州市越洋印刷有限公司
开　　本	850毫米×1168毫米 1/32
印　　张	10.25
插　　页	4
版　　次	2025年2月第1版
印　　次	2025年2月第1次印刷
书　　号	ISBN 978-7-5753-0351-4
定　　价	78.00元

版权所有·侵权必究

译林版图书若有印装错误可向出版社调换。质量热线：025-83658316

致我的父亲迈克·菲茨哈里斯，他一直相信我
即便在我不相信自己的时候

他会向小家伙们展示自己,围观者中还有他们的爸爸妈妈、兄弟姐妹、妻子爱人、祖父祖母。然后他会在身上挂一块牌子,上面写着"这儿就是战争",让战争集中体现于这一小段血肉、骨头和发毛之中。如此一来,他们就会此生此世将其铭记于心。

——达尔顿·特朗勃《约翰尼上战场》[1]

这场战争,如同下一场,是终结一切战争的战争。

——大卫·劳合·乔治[2],1916 年

---

[1]《约翰尼上战场》,美国编剧、导演和小说家达尔顿·特朗勃以伤兵为题材创作的一部反战小说,特朗勃本人于 1971 年将其改编为电影。——译注(本书页下注均为译注,以下不再一一标明。)
[2] 大卫·劳合·乔治(1863—1945),英国自由党政治家,1916 年至 1922 年任英国首相。

目录

1 — 序言 "有碍观瞻"

21 — 第一章 舞者臀部

40 — 第二章 银色幽灵

56 — 第三章 灵感启示

67 — 第四章 全新技艺

86 — 第五章 恐怖小屋

107 — 第六章 无镜之境

125 — 第七章 锡鼻铁心

138 — 第八章 缔造奇迹

161 — 第九章 蓝色长椅

177 — 第十章 士兵珀西

193 — 第十一章 英雄失利

208 — 第十二章 不畏艰险

224 — 第十三章 熠熠生辉

231 — 尾声
254 — 致谢
259 — 注释

序言 "有碍观瞻"

1917 年 11 月 20 日

灿烂的猩红与金色碎片刺破天际，此时的康布雷正值黎明破晓时分。这座法国城市是德军的重要补给点，距离比利时边境 25 英里。附近山坡的草地露水深重，东萨里团第七营二等兵珀西·克莱尔（Percy Clare）正趴在指挥官身旁，等待着前进的信号。

30 分钟前，他曾目送数百辆坦克隆隆驶过这片湿滑地带，冲向德军防线周围的铁丝网。在夜色的掩护下，英军采用出其不意的战术，成功夺取阵地。不过，这场表面上的胜利很快就堕向地狱般的厮杀。当克莱尔为这场黎明突袭做准备时，他已然瞧见其他士兵那一动不动、支离破碎的尸体，散落在满目疮痍的焦土之上。后来，他在日记中用紧凑细密的字迹记录道："我相当怀疑，自己是否还能再次看到战壕上空的日出。"[1]

这名36岁的士兵对死亡并不陌生。一年前，他被困于索姆河的战壕。冗长乏味的静待状态不时被令人战栗的恐惧打断。每隔几天，便有运粮的马车卸下口粮后拉走尸体。尸体堆积如山，数量之多，根本无法用这种方式及时送出。"他们在战壕倒下后就一直躺在原地。"一名士兵回忆道，"你不仅能看到他们，还会踩着他们的身躯跌跌撞撞前行。"[2]

这些腐烂的尸体变成了一种固定的附着物，沿着战壕的墙壁堆积成排，令过道变得狭窄。胳膊和腿从胸墙里探出。尸体甚至用来填平被炸毁的路段，那些军车必经之路。有人追忆道："他们把所有东西都铲进弹坑，然后用死马、死尸……各种东西来填充覆盖，确保交通顺畅无阻。"[3] 基本礼俗被弃如敝屣，因为埋葬速度需竭力跟得上尸体的产生速度。死去的人悬于铁丝网上，形同晾晒中的衣物，上面落满一群群苍蝇，就像披着一件几英寸厚的黑色苍蝇皮毛。"最糟糕的是，"一名步兵仍然记得，"尸体上还趴着不计其数的蛆虫。"[4]

伴随着这些景象而散发的恶臭更是加剧了其恐怖程度。令人作呕的腐败气息弥漫在方圆几英里的空气中。未见其形，先闻其味，士兵在亲眼见到之前就能嗅到前线的气味。[5] 在他吃过的陈面包、喝过的脏水、穿过的破军装上，都散发着这种恶臭。"你有没有闻过死耗子的味道？"发问的是参加过第一次世界大战的老兵罗伯特·C.霍夫曼（Robert C. Hoffman）中尉，他以此来警告美国人，不要卷入20多年后发生的第二次世界大战。"这能让你充分了解，一群死去已久的士兵嗅上去气味如何，就像一颗砂砾也能让你领略大西洋城的海滩。"即便逝者已得到安葬,霍夫曼回忆道,他们"也依旧散发着可怕的气味,这导致一些军官患上了严重疾病"。[6]

克莱尔对已逝者司空见惯,却无法对垂死之人习以为常。他目睹了他人所承受的巨大折磨与痛苦,而这些都深深烙印在他的脑海之中。有一次,他偶然发现了两名蜷缩在战壕里的德军,他们的胸膛被弹片炸开。这两名士兵的长相异常相似,克莱尔据此推断二人是父子。看到他们"面色惨白,五官铁青,微微颤抖着,眼中充满痛苦和惊惧,或许都在为了对方而苦苦支撑",克莱尔再难迈出半步。克莱尔一直守在他们身旁,希望医疗救助能够尽快到来,但最终,他还是不得不继续前进。克莱尔后来才知道,在他离开现场后,一名叫作比恩的战友将刺刀插进了那两个人的腹部。"愤怒吞噬了我。"克莱尔在日记中写道,"我告诉他,这次行动他绝无可能生还,因为我不相信上帝会放任如此懦弱而残忍的行为,不做惩罚。"不久后,克莱尔在壕沟里发现了比恩腐烂的残骸。[7]

此刻,克莱尔一边从自己所处的山坡眺望康布雷战场,一边思忖着,还会有什么新的恐怖事件等待着他。他能听到远处隐约传来机枪断断续续的射击声,还有炮弹划破长空、呼啸而过的轰鸣。克莱尔如此描述炮弹的轰炸:"大地似乎在颤抖,起初是一阵抽搐,如同巨人从睡梦中惊醒;后来是持续的战栗,通过我们与大地接触的身体,传递给我们。"[8]炮轰开始后不久,他的指挥官发出了信号。

该走了。

克莱尔将刺刀固定在步枪上,和排里的其他人一起小心翼翼地起身,沿着毫无掩体的山坡向下行军。路上,他与一批伤员擦肩而过。有些伤员被德军俘虏抬着,吓得脸色苍白。突然,一发炮弹在头顶炸开,现场一时间笼罩在烟雾之下。待硝烟散去,克莱尔看到,走在他前面的那个排的士兵已全部阵亡。"几分钟后,我们踏着那些可怜战友的残骸,继续前进。"他写道。有一具尸体引起了他的特别关注。那名死去的士兵不着寸缕,"身上的衣服全被炸飞……这是高能炸药爆炸后产生的奇特效果"。[9]

克莱尔所在的排继续前行,穿过一片血流成河的战场,然后到达目的地:一条由宽幅铁丝网庇护的坚固壕沟。随着距离的推进,德军开始对他们进行扫射,机枪手和步兵同时从几个方位开火。突然间,克莱尔觉察到己方备战不足,"仅靠一排单薄的'卡其布'[1]推进,来对抗敌军强大坚固的堑壕,而壕沟里的步兵火力还在不断加强,这似乎太荒谬了吧"。[10]

克莱尔寸步向前,背负着所有步兵都须随身携带的沉重补给。这些背包可能重达 60 磅,里面装有各色物品,包括弹药、手榴弹、防毒面具、护目镜、铁锹和水。一些步兵还被迫扛起额外的手榴弹和弹药,而另一些则背着铁锹和空沙袋。克莱尔顺利通过铁丝网的纠缠,压低身体,贴向地面,躲避着头顶的枪林弹雨。

---

[1] 卡其布,在这里指身着卡其布军装的士兵。

然后，在距离战壕700码的地方，他感到面部受到猛烈一击。一颗流弹贯穿了他的双侧脸颊。鲜血从他的口鼻中喷涌而出，浸湿了军装前襟。克莱尔想开口大叫，却发不出一丝声音。他的面部遭受重创，严重到无法做出痛苦的表情。

从第一挺机枪在西部战线上空打响的那一刻起，有一点就已十分明了：欧洲的军事技术已经远超医疗能力。子弹以恐怖的速度撕裂空气。普通炮弹和迫击炮炮弹爆炸后威力巨大，足以将人炸得四处乱飞，如破布娃娃一般散落于战场四周。含有镁条引信的弹药在射入肉体时会开始燃烧。[11] 还有一种新型威胁，那就是炙热的弹片——沾满混着细菌的泥浆——给被击中者带来的可怖伤害。士兵的身体伤痕累累，而面部的创伤尤其惨不忍睹。鼻子被炸飞，下巴被击碎，舌头扯裂，眼球破损。甚至有人面目全非。用一名战地护士的话来说就是，"用于治疗的科学在用于摧毁的科学面前束手无策"。[12]

堑壕战[1]的性质导致士兵的面部受伤率很高。许多战斗人员面部中弹，仅仅因为他们不清楚会发生什么状况。"他们似乎以为可以随意将头伸到壕沟之上，只要动作足够迅速，就能躲开机枪的扫射。"一名外科医生这样写道。[13] 而其他一些人，比如克莱尔，是在穿越战场的前进途中受伤的。致残，烧伤，中

---

[1] 堑壕战，利用低于地面并能保护士兵的战壕作战，由散兵坑演化而来，在第一次世界大战中经常使用。

毒，有些人甚至被马踢伤面部。[14] 战争结束前，来自法国、德国和英国的 28 万名军人遭受了各种形式的面部损伤。[15] 除了导致死亡和残疾，战争还是一部高效机器，制造了数百万名行动自如的伤员。

这场大战造成的人员损失也远超之前的任何一场战争，部分原因在于，新兴技术的发展使人类屠杀能够在工业规模的程度上发生。自动式武器的使用，让士兵能够每分钟向远程目标发射数百发子弹。火炮变得极为先进，操作员在使用一些远程武器时需要考虑地球曲率才能确保精确。德军最大的攻城炮，即令人闻风丧胆的"巴黎炮"，以重达 200 磅的炮弹持续轰击了 75 英里开外的法国首都。在第一次世界大战之前的几年时间里，步兵武器也有了显著升级，与之前的战争中所使用的同类武器相比，其射速高达后者的数倍。军事历史学家利奥·范·卑尔根（Leo van Bergen）指出，这意味着，结合火炮的进步，1914 年，一支 300 人的连队可以"部署的火力，相当于滑铁卢战役中惠灵顿公爵麾下六万强军的武力总值"。[16]

除了枪支、子弹和炮弹等传统武器硬件的发展，科学进步还带来了两项可怕的新发明。第一项是"火焰喷射器"，或称"喷火器"，[1]给初见此物者带来一种毛骨悚然的震撼。它最早由德国人投入使用，1915 年在霍格阵地对抗英军时一战成名。这

---

[1] 原文前半句用的是德语单词 flammenwerfer，后半句则用了英语拼写 flamethrower，所指一致。恰好在中文语境中，对于这种武器也有"火焰喷射器""喷火器""喷火枪"等多种叫法。

种便携式喷火器能喷射出一束束混合着燃烧油的火焰，将射程范围之内的一切尽皆摧毁，还迫使士兵们从战壕里仓皇跑出，就像老鼠从烧着的干草堆里向外四散逃窜。此物喷射出的液体火焰给受害者造成了遍及全身的严重烧伤。一名士兵曾目睹火焰吞噬战友时的惊悚一幕，"他的脸焦黑如煤，上半身已被完全烧焦"。[17]

第二项创新是化学武器，它或许更具心理破坏性。首次大规模致命毒气攻击发生于1915年4月22日。当时，德军一支特殊部队的成员在比利时伊珀尔战场上空释放了160吨氯气。[18] 几分钟内，1 000多名法国和阿尔及利亚士兵丧生，另有4 000人受伤。大多数幸存者带着肺部的灼伤逃离战场，在战壕线上留下了一道巨大的缺口。一名士兵在远处看到了这幕惨剧："之后，有一些法国士兵跌跌撞撞走到我们中间，有的人双目失明，有的人狂咳不止，伴随着胸口剧烈起伏，面色发紫，痛苦到无法开口说话。而他们身后，在那些被毒气彻底笼罩的战壕里，我们得知还留有数百名已经阵亡和奄奄一息的战友。"[19] 即便防毒面具随后被紧急送往前线，提供了不同程度的防护，这些化学武器也还是即刻成为第一次世界大战野蛮残暴的代名词。

坦克也是战场上的新添成员。英国人最先研制出此物，为了向敌人掩盖其真正用途，便起了"坦克"（tank）一名，假装它们只是"水箱"（water tanks）。理论上讲，这些钢铁巨兽的作用是向敌军阵线推进时，保护好车内人员。而现实中，它们在炮火面前不堪一击，坦克乘员极易遭受各类伤害，包括来自坦克内部的灼烧，在受到撞击时，坦克未受保护的油箱可能会起火。

和珀西·布莱尔一样，乔诺·威尔逊（Jono Wilson）上尉也参加了康布雷第一天的战斗。他负责指挥一个拥有三辆坦克的师。在前进途中，威尔逊所在坦克的燃料耗尽，他跳出熄火的车辆，冲向队列中的第二辆坦克并爬了进去。猛然间，他的坦克直接被击中，彼时他正准备放飞一只信鸽以向外递送消息。炮弹爆炸后，坦克侧翻，车内起火。大家还未来得及逃出，坦克就再次遭到打击。驾驶员当场毙命，而威尔逊的脸部被白热状态的弹片击中。他的鼻子惨遭重创，鲜血从参差的弹孔中喷涌而出，此刻他只能忍痛爬出坦克，迅速躲进一个弹坑，拿起随身水壶猛灌一口朗姆酒来补充体力。最终，他被四名德军俘虏抬出了战场。威尔逊记得的下一件事，就是自己在一处伤员清理站里醒了过来。[20]

与此同时，战场上空，飞行员们或在空中缠斗中奋力搏杀，或在执行侦察任务时遭遇地面部队的火力攻击。木头和铁丝制成的飞机并非刀枪不入，大多数飞行员和地面上的战友面临着同样的危险。战争伊始，空战尚处于起步阶段。距离莱特兄弟首次动力飞行成功不过短短几十载，飞机仍算是原始机器。由于没有配备降落伞，飞行员们只能驾驶着燃起熊熊大火的飞机紧急迫降，或者一跃而下，机毁人亡。一名逃出生天的飞行员虽然躯干完好无损，但脸部不幸被烧焦，五官无法辨认，双手也被烧毁，仅剩些许残肢。[21] 多数飞行员会随身佩带左轮手枪或单膛室手枪，此举并不是为了射杀敌人，而是在飞机着火时用来结束自己的生命。当时的飞行极其危险，许多飞行员还没有机会亲眼见到敌人，就已经在训练中命丧黄泉。这些早期飞行员有时自称属于"20分钟俱乐部"，20分钟是击落一名新手飞行员所需的平均时长。[22]

尽管科技在进步，其中许多技术本应使战斗员免于直面敌人，但战争仍如同几个世纪以来一样简单粗暴。贴身肉搏的场景在战争结束后的很长一段时间内依旧困扰着幸存者。曼彻斯特营的约翰·柯卡姆（John Kirkham）回忆起索姆河战役里的某个瞬间，他用堑壕棒（trench club）击中了一名德国士兵。这是一种简陋的兵器，更容易让人联想到中世纪战争，而非世界大战时期的"现代化"搏杀。它的标准版本通常是一种狼牙棒，或是一种嵌满滚刀钉的铅锤。但有时，它们就是用战壕里随手可得的各种材料拼凑而成的简易兵器。"棒钉深深刺入他的前额，"柯卡姆描述道，"扭打过程中，他的头盔飞了出去，我这才看清，对方是一个秃顶老头。那个光头在我的脑海中一直挥之不去，我觉得自己永远都不会忘记，可怜的家伙。"[23]

除了用于隐蔽突袭的闷棍，还有更加锋利的刺刀。其中最令人闻风丧胆的莫过于一种德式锯背刺刀，它的绰号是"屠夫之刃"。士兵们用它锯齿状的刀刃猛力拽出敌人的脏器，伤者会缓慢且痛苦地死去。出于对这种兵器的深恶痛绝，英法联军警告德国人：任何携带这种武器的人一旦被捉住，都将受到酷刑，然后被处死。到1917年，这种兵器在战场上已被广泛取缔。然而，武器的发明和定制贯穿了整场战争，时常带来惊悚骇人的后果。

战争初期，甚至废弃的果酱罐也能用来索命。士兵们在其中填入炸药和铁皮，再装上引信，一个临时炸弹就这样制成了。[24] 鉴于大规模有效杀伤手段的空前扩散，战场被夷为荒地也就不足为奇了。用一个人的话来说就是，"这里毫无生命迹象……连棵树都没有，只有几根枯树桩，在夜晚的月光下透着诡异。鸟鼠绝迹，寸草不生……到处写满了死亡"。[25]

作为定义了 20 世纪的两场全球性战争中的首场大战，这些不过是第一次世界大战所制造的恐怖行径的零头。冲突之下，伤亡和残骸的出现难以避免。战场上横尸遍野；临时医院里人满为患，此等景象遍布欧洲及世界其他地区。800 万至 1 000 万名士兵阵亡，而伤者的数量是阵亡人数的两倍以上，且他们通常伤势严重。[26] 许多人活了下来，却又被送回战场。余者则带着终身残疾被安置回乡。那些面部受伤的士兵，如珀西·克莱尔，给前线医疗带来了极大的挑战。

与截肢者不同，毁容者未必会被当作英雄来歌颂。失去一条腿或许会唤起人们的同情和尊敬，受损的面孔却常常招来众人的反感甚至厌恶。[27] 在当时的报纸上，颌面创伤，即脸部和下颌受伤，被描绘为最糟糕的伤害，这反映出人们长期以来对面部缺陷患者持有偏见。《曼彻斯特纪事报》写道，被毁容的士兵"知道，只有戴上一只多少有些令人生厌的面具，遮住那张曾经英俊还颇受欢迎的脸庞,才能面对悲伤的亲人或者好奇的陌生人"。[28]事实上,历史学家乔安娜·伯克(Joanna Bourke)证明,"非常严重的面部毁容"是英国陆军部认为理应获得全额抚恤金的少数几种伤病之一,其他伤病包括多条肢体丧失、完全瘫痪,还有"精神失常"——或称"弹震症"[1],这是遭受战争创伤的士兵患上的精神疾病。[29]

人们看待毁容士兵的眼光有别于其他类型的伤员,这一点不足为奇。几个世纪以来,面部带有印记会被诠释为道德败坏或智力退化的外在标志。[30]人们常把容貌缺陷与麻风病或梅毒等恶疾引发的破坏性影响进行关联,抑或将其与体罚、邪恶及罪恶行为联系在一起。事实上,毁容承载着一种深切的耻辱,以至于在拿破仑战争时期,遭受此类创伤的士兵有时竟会死于同伴之手,而行凶者辩称,他们的行径十分合理,可以让伤者省却更多苦难。[31]第一次世界大战前夕,认为毁容就意味着"生不如死"的错误观念依旧存在。

脸,通常是我们见到一个人时首先映入眼帘之物。它可以代表性别、年龄和种族这些象征身份的重要组成部分。[32]它还能传达出一个人的个性特点,帮助我们沟通。人类的表情丰富且无限微妙,本身就是一种情感化语言。因此,当一张脸被抹去后,这些关键性标志也会随之消失。

脸,作为情感或意图的载体,其重要性甚至反映在我们的

---

[1] 弹震症(shell shock),从20世纪70年代起被称为"创伤后应激障碍"(PTSD)。

语言中。我们可能会试图"保住面子",或者"不丢脸"。如若一个人值得信赖,他就是"表里如一"。而骗子会被说成"没脸没皮"、"不要脸",甚至"两面派"。有些人会气得"割掉自己的鼻子而不惜自毁颜面"[1]——这让人联想到的不仅仅是字面意义上的毁容,还有背后的隐喻。这样的例子不胜枚举。

被毁容的士兵从战场归来后,常常将自己孤立于社会之外。从"正常"到"毁容"的突然转变让患者备受打击,也让他的亲朋好友陷入震惊。[33] 未婚妻们纷纷悔婚不嫁。孩子们乍见父亲掉头就跑。有人回忆说,有一次,一名医生甚至因为他伤势严重而拒绝给他问诊。他随后又补充道:"我一度怀疑,他(这名医生)以为只消几个钟头,我就要离开人世了。"[34] 外界的这些反应令人痛不欲生。罗伯特·泰特·麦肯齐(Robert Tait McKenzie)是皇家陆军军医队战时疗养医院的督查员,他写道,毁容的士兵经常成为"消沉、抑郁情绪的受害者,在某些情况下甚至选择自杀"。[35]

这些士兵的生活往往如他们的面孔一般支离破碎。被剥夺了身份特征的他们,向世人展示着这种新型机械化战争最为不堪的一面。在法国,他们被称为"破碎的脸"(les gueules cassées);在德国,他们则被唤作"扭曲的脸"(Gesichts-Entstellten)或者"无面者"(Menschen ohn Gesicht)。而

---

[1] 原文 cut off his nose to spite his face 是一句英文谚语,比喻某些人为了发泄对他人的愤恨,不惜伤害自己。这句话一般被用于劝解怒火中烧的人,"别和自己过不去"。

在英国，他们仅仅是"最孤独的汤米们"（Loneliest of Tommies[1]）——所有战争受害者中最大的悲剧——他们甚至不再认识自己。[36]

在康布雷，二等兵珀西·布莱尔即将加入他们的行列。

脸被子弹射穿后，克莱尔脑中闪过的第一个念头就是，伤口会致命。他跄跄了几步，跪倒在地，不敢相信自己就要死了。"我经历了那么多生死关头，自然而然地认为自己对死亡已经免疫了。"后来他在日记中这样写道。[37]

他的脑中开始闪现关于妻儿的回忆，与此同时，一名叫作罗森（Rawson）的军官向他走来。克莱尔面部的惨状让他大吃一惊，罗森赶紧扯出缝在士兵外衣里衬上的野战急救包，里面装有棉絮、绷带和一小瓶碘酒，用防水橡胶卷在一起。罗森无法确定出血点在哪儿，因此慌了神，手忙脚乱地将敷料一股脑儿全都塞进了克莱尔的嘴里，而后便急匆匆地归了队。那一刻，克莱尔意识到，人很容易被面部和颈部主动脉破裂引起的血崩呛死。"或许他……以为堵住出血口，就能止住血流，"克莱尔事后回忆道，"结果他却成功地让我差点儿窒息。我只好赶紧大口吞下鲜血，才有机会缓过气来。"[38]

由于失血过多，克莱尔的手指开始发麻。他知道时间对他来说很宝贵。克莱尔攒起仅剩的一点力气行动起来，越过战场，

---

[1] Loneliest of Tommies 中的 Tommy 代指英国士兵。汤米作为英国军队中一名普通士兵的名字，出现于 19 世纪，在英国人的集体记忆中与第一次世界大战尤为联系紧密。

朝着远处的一条大路爬去,他觉得在那边更有希望被人发现。他四肢沉重,仿佛"有一堆铁链在拽着我",而他最终还是在到达目的地之前就耗尽了所有力气。[39] 他瘫倒在那里,思忖着自己死后,坟冢会是何种景象:"我想象着埋葬我的人,或许是今晚,也许在明天,走过来,发现我,因为这具难看的躯体终究会被陌生人发现。然后他们就在我倒下的地方,挖个浅坑,将我草草下葬,正如我自己经常埋葬别人那般。"[40] 他从口袋里掏出一本小小的《圣经》,紧紧贴在胸口处,希望无论谁发现了他的尸体,都会将它寄回家,送还到母亲手里。[41]

逐渐失去知觉之际,他祈祷医疗救援可以尽快赶到。但克莱尔明白,从战场上迅速撤离的机会十分渺茫。许多人都在翘首期盼担架员的等待中死去。有一名叫作欧内斯特·华兹华斯(Ernest Wordsworth)的士兵,他在索姆河战役首日的头几分钟里就受了伤;滞留在战场上好多天后,血流满面的他才最终获救。[42]

担架员不能踏入战场,否则自己就会成为靶子,这就是阻碍救援进程的原因。在1915年秋天的卢斯会战(the Battle of Loos)中,一名叫作萨姆森(Samson)的连长在离战壕仅20码的地方被击中。试图营救他的过程中,三人牺牲,四人受伤。当一名医护人员终于到达他身畔时,萨姆森却回应道,他已经不值得别人前来营救了。枪声平息之后,他的战友们发现他已经牺牲,身中17枪。他死前把拳头塞进了嘴里,不想让痛苦的号叫引来更多人甘冒生命危险,只为救自己。[43] 诸如此类的悲情故事并不鲜见。

毋庸置疑的是，许多士兵还未得到丝毫医疗救助就已命丧战场。如何引起救援人员的注意十分具有挑战性，对于那些面部严重损毁的人来说尤为困难。即便是身经百战的勇士，面对这种可怕伤情也会胆战心惊。社会主义活动家路易斯·巴特斯（Louis Barthas）还记得战友受伤的情景。"我们怔在那里片刻，惊恐万分。"他写道，"那个人的面部所剩无几；一颗子弹击中了他的嘴巴并炸裂开来，弹头穿过他的脸颊，打碎了他的下巴，撕裂了他的舌头，其中一小部分垂了下来，鲜血便从这些可怕的伤口里汩汩涌出。"这个年轻人还活着，却已面目全非，他所在的小队中没人能认出他是谁，这让巴特斯不禁猜想："在这种惨状之下，是不是连他的母亲也很难认出他？"[44]

至少在这点上，珀西·克莱尔仍属幸运。尽管伤势严重，但他还是被经过的朋友韦曼（Weyman）认了出来。他听到头顶传来一个声音："喂，珀西，可怜的老兄，你怎么了？"克莱尔用手示意，表示他感觉自己大限将至。韦曼俯下身，查看了一番，而后通知了担架员。那时，血已经开始在克莱尔的手上和脸部凝固，尽管仍有些许鲜血从他脸颊的伤口处渗出。医务官却只是摇了摇头，随后便命令手下继续前进。"这种伤情，没救了。"他小声说。[45]

然而，韦曼并未轻易退缩。伴随着敌军不断加剧的炮击，他又跑去寻找其他担架员。可他们也断定克莱尔坚持不到团部救助站就会牺牲，因此拒绝将他抬离战场。时间一分一秒地流逝，克莱尔愈发虚弱，可对于他们的见死不救，他几乎没有怨言。"我浑身浴血，奄奄一息，他们可能有正当理由（认为），带上我长途跋涉……也终将于事无补。"他写道。[46]

带走像克莱尔这样看似没救的垂死之人，就意味着要将那些更有生存希望的伤员留在战场上——因此，每个决定都要慎之又慎。携带伤员返程不仅危险重重，而且耗费体力。事实证明，救援设备在战场上大多毫无用处。用来定位伤员的搜救犬承受不住炮火轰鸣带来的惊吓。专为转移伤员而设计的轮式推车常常在被炸得千疮百孔的地面上寸步难行。到头来，大多数担架员不得不扛起担架，将伤员送往安全地带。有时，抬走一个人需要耗费八个人力。处处皆难，凡事皆慢。当二等兵 W. 勒格（W. Lugg）在帕斯尚尔战役（the Battle of Passchendaele）中搭救起一名伤员后，他在泥泞中跋涉了十多个小时才到达救援点。[47] 即使成功将伤者送出战场，有时也为时已晚，且收效甚微。皇家陆军军医队的医疗勤务兵杰克·布朗（Jack Brown）回忆道："我们所能做的只是给他们点上一支烟，然后在他们临终前和他们聊几句家常而已。"[48]

鉴于伤口的位置，珀西·克莱尔还面临着另一个危险。许多面部受伤的士兵在被放平后会窒息而亡。血液和分泌物堵塞了他们的呼吸道，抑或舌头滑入喉部导致他们无法呼吸。一名士兵回忆起那种感觉——像是"啪"的一声重重挨了一巴掌，然后随着一声闷响，子弹击穿了他的脸颊，卡在肩膀上。"我无法言语，不知所措［原文如此］……我的战友们惊恐地看向我，对我还能活多久没抱太大指望。"他们迅速为他包扎了伤口，却"无法止住我口中几乎让我窒息的血流"。[49] 他留在战壕里吐了几个小时的血才最终获救。

战争初期，医务官威廉·凯尔西·弗莱（William Kelsey Fry）在一次夜袭中救治了一名下巴被炸碎的年轻士兵，发现了面部损伤的危险之处。当时，弗莱指导这名士兵将头前倾，以防其呼吸道受阻，在带着他穿越战壕，将他交到医护人员手上后，弗莱随即转身返回战线。还没等他走出50码远，一个噩耗便传来：那名士兵在被仰面抬上担架后窒息身亡了。[50] 这段经历给弗莱留下了终生的阴影："我还清楚地记得，那天晚上，我用毯子将他裹好，亲手下葬。此后我便下定决心，一有机会，我就要把这个经验教训讲给其他人听。"[51] 直到战争后期，像弗莱这样经验丰富的医务官才发布了官方建议：抬起面部受伤的士兵时，应让其脸部朝下，并将其头部悬放在担架末端，以避免发生意外窒息事故。[52]

尽管营救过程困难重重，但韦曼最终还是说服了第三方担架队将他的战友抬出战场。当克莱尔终于被抬上担架时，他已然失血过多。后来，他在日记中戏称自己的伤口为"英国佬的伤"（Blighty[1] One）或"老外的伤"（Old Blighty），需要返回英国本土接受专门治疗。[53]

---

[1] Blighty 一词来自印度语 bilayati，意为"外国人，外国佬"，被用来称呼英国士兵。英国士兵又将该词带回英国，它在第一次世界大战期间颇为流行，含有自嘲意味。

然而，那时，克莱尔可能体会到的任何宽慰之情，都会转瞬即逝。不久之后，他从镜中看到了自己的脸庞，着实吓了一跳。他心情无比沉重，如此总结道："我就是一个有碍观瞻之物。"[54]

对克莱尔来说，战争或许已经结束了，可康复的战斗才刚刚打响。运输技术的进步可以让士兵更加迅速有效地离开战场；而伤口处理技术的发展，意味着大量士兵在受伤后得以幸存，包括面部直接受损的伤员。医院内卫生条件的改善，也意味着，相比以前的战争，疾病对士兵的威胁降低了。

伤员首先在团部的救护站接受初步治疗，这里紧靠战事后方，位于相对隐蔽的地点或战壕内。然后，他们被送往名为野战救护车的流动医疗单位，接着再被送到距离前线较远的伤员清理站。虽然有些伤员清理站建在了一些永久性的建筑（如学校、修道院或工厂）之中，但其他许多都是由大型帐篷区或木屋组成，通常会占地半平方公里。

这些当作设备齐全的医院投入使用的设施，可能会相当混乱——尤其是在战争初期。英国记者弗里茨·奥古斯特·沃伊特（Fritz August Voigt）描述过一幅悲惨的景象：

手术室看起来像个肉铺。地板上存有大摊血迹，到处都是血肉及碎骨。护理员的手术服上溅满血迹和黄色的苦味酸（一种防腐剂）污渍。每只桶里都装满了血淋淋的毛巾、夹板和绷带，桶沿上还垂着人的手、脚或被截掉的膝盖。[55]

伤员们被安置在清理站并得到治疗，再由救护专列、公路车队或运河驳船集中转运到法国海岸的基地医院。其中一些医院拥有多达2 500张病床，并且配备了充足的专业医护人员。根据运输方式的不同，前往基地医院的行程可能长达两天半。

对于被"荣称"为"英国佬"的士兵来说，大型医务船随时准备就绪，搭载他们穿越英吉利海峡抵达英国港口。这些船只被漆成灰色，两侧都画有巨大的红色十字，以示此船运有伤员。到达彼岸后，伤兵们被送往战时修建的众多军事医院中的某一家。这一复杂系统不断改进，使得战争期间的死亡率显著下降。[56]

战时医院的医护人员经历了无数艰难险阻，其中最大的考验莫过于医治面部受伤的患者。鉴于社会对毁容的偏见，仅仅劫后余生对于伤者而言远远不够。伤者需要得到进一步的医疗干预，才能恢复到与以前相似的生活状态。假肢未必要与其所替代的手臂或腿脚相似，而面孔则是另一回事。任何愿意承担士兵面部重建这一艰巨任务的外科医生，不仅需要修复其丧失的功能——如进食能力，而且要进行美学方面的考量，以使伤者的面部恢复到社会认可的程度。

对克莱尔来说，幸运的是，有一位名叫哈罗德·吉利斯（Harold Gillies）的外科医生极富远见卓识，最近他在英国锡德卡普兴建了王后医院（Queen's Hospital）——世界上首批专门从事颅面复原的医院之一。第一次世界大战期间，吉利斯医生调整并改进了当时的初级整形外科手术，还开发了一整套全新技术。他对工作的坚定不移与全情投入，都是为了修复那些曾被战壕地狱毁掉的容貌与身心。为了迎接这项艰巨的挑战，吉利斯医生将会组建起一个举世无双的专家团队，他们的任务是修复那些被炮火撕裂的事物，重建那些被战争摧毁的事物。这个多学科团队包括外科医生、内科医生、牙医、放射科医生、艺术家、雕塑家、面具制作者和摄影师。他们会自始至终参与并协助重建过程。在吉利斯的领导下，整形外科领域得以发展进化，开创性的方法逐渐被标准化。作为一个曾经鲜为人知的医学分支，整形外科获得了合法地位，步入现代社会。自此，整形外科蓬勃发展，通过全世界整形医生的重建技术和美学创新，挑战着我们理解自我、认知身份的方式。

然而，1917年11月那个深秋的早晨，珀西·克莱尔命悬一线，只能强撑着一口气，等待着他急需的医疗救援及时赶到。

第一章　舞者臀部

当哈罗德·德尔夫·吉利斯和他的妻子漫步穿过考文特花园时，战争及其带来的种种恐怖景象都是难以想象的。这位30岁的外科医生身材瘦削，鼻似鸟喙，深褐色的眼睛时常闪烁着狡黠的光芒。他走路时习惯弓着腰，这让他看上去比五英尺九英寸的实际身高矮上些许。鹅卵石铺就的街道上，商贩们结束了一日的买卖，正忙着收摊。这对夫妻穿过挤挤挨挨的人群，继续向前走去。1913年春，伦敦当时的世界地位远比26年后的二战初期重要得多。这座繁华的大都市拥有700多万人口，比巴黎、维也纳和圣彼得堡人口加在一起还要多，居住人口也超过英国及爱尔兰其他16个最大城市的人口总和。[1]

伦敦不只大，还很富有。在这座城市里，负责货物进出口的船只经过泰晤士河进出北海，通达罗盘指示的所有地方。它是世界上最为忙碌、繁华的港口城市之一，也是奢侈品商业中心。码头工人定期在这里卸载中国茶叶、非洲象牙、印度香料和牙买加朗姆酒。随着货物的大量进入，各色人等也从五湖四

海纷至沓来,其中有人会选择在这座首都安居乐业。因此,伦敦比以往任何时期都更为国际化。²

伦敦人努力工作,尽情玩乐。这里有 6 566 家执有牌照的营业场所,提供了全城最受欢迎的消遣方式——饮酒,也确保了警队忙碌不休。伦敦拥有 5 支足球队、53 家剧院、51 座音乐厅以及近百家电影院。这些电影院的每周上座率在十年之间足足翻了三倍。

在那个温暖得不同寻常的春夜,皇家歌剧院为伦敦城里富有的音乐爱好者们上演了威尔第《阿依达》的首秀。吉利斯从他的老板米尔索姆·里斯(Milsom Rees)爵士那儿得到了几张门票。里斯爵士是喉科医生,专门研究喉部或喉头的疾病与损伤。作为皇家歌剧院的医疗顾问,里斯负责为各位著名歌唱家养护嗓子。然而,这一回,他身体抱恙,于是派出自己的年轻门徒代行其职。

三年前,吉利斯在位于玛丽波恩时尚街区的里斯医疗诊所获得了一个优渥的职位,这在很大程度上算是一个巧合。面试这份工作时,他刚刚结束了在伦敦圣巴塞洛缪医院的临床学习。在此期间,他对耳鼻喉科表现出了浓厚的兴趣。这是一门广泛涉及头颈部疾病的外科专科,在这一领域工作的人通常将其简称为"耳鼻喉"(ENT[1])。主任医师沃尔特·兰登·布朗(Walter Langdon Brown)认为吉利斯是同级医生中表现最出色

---

[1] 这里的 E 代表 ear(耳朵),N 代表 nose(鼻子),T 代表 throat(喉咙)。

的一位。³ 不过，并不是吉利斯的手术技巧帮他在城市另一端谋得了为里斯工作的机会，而是他作为一名杰出高尔夫球手的名声引起了这位年长医者的注意。

当时，吉利斯刚刚打进英格兰业余锦标赛第五轮比赛。工作面试时，里斯拿出了自己的高尔夫球杆让吉利斯查验。而当这位喉科专家展示挥杆时，吉利斯开始心生不耐。"太可笑了。他究竟打算什么时候开始谈工作的事呢？"吉利斯纳闷道。⁴ 结果，他们一直也没找到机会来讨论聘用条件。面试进行了没多久，诊所就来了一名病人。里斯急忙将一脸茫然的吉利斯请出办公室。就在关门的一刹那，里斯的思绪瞬间回到了他的未来雇员身上，然后随意说道："哦，亲爱的伙计，我都忘了！那么，一年500（英镑）对你来说合适吗？如果你接待了任何私人患者，都可以自己留着。这样行吗？"吉利斯在医院的年薪一直以来都是50英镑，而他在里斯的私人诊所里有望赚到十倍于一般耳鼻喉专家的薪水，这一待遇让他欣喜若狂。⁵ 吉利斯的运动天赋在为他带来赞誉的同时为他开启了机遇之门，这并不是最后一次。

吉利斯一向十分优秀。正如他的早期传记作者雷金纳德·庞德（Reginald Pound）所言，他在运动、艺术、学术方面的天赋"与其说是后天的努力，不如说来自神秘的遗传"。⁶ 吉利斯在家中八个孩子中排行最末，1882年6月17日，他出生于新西兰达尼丁。他的祖父约翰于1852年带着长子罗伯特从苏格兰布特岛移民到了新西兰。后来，罗伯特成为一名土地测量员，在达尼丁遇到了艾米莉·斯特里特（Emily Street），也就是吉利斯的母亲。二人坠入爱河并在不久后结为夫妇。

在一栋维多利亚式别墅的宽敞房间里，吉利斯蹒跚学步，度过了人生头几年的岁月。他的父亲是一名业余天文爱好者，曾托人在他们华丽的石砌住宅的屋顶上建造了一个带有旋转穹顶的天文台。罗伯特·吉利斯将自己的家命名为"凌日之家"（Transit House）。他择取这样一个名字是为了纪念几位新西兰天文学家，他们在1874年金星从太阳表面通过时，对"金星凌日"这一天文现象进行了重要观测。

吉利斯是一个早熟的孩子，喜欢和五个哥哥在自家周围广阔的乡村地区一同漫游玩耍。哥哥们会将抱着他，坐在家里一匹名为布罗戈的母马的马鞍上，带他一起去狩猎钓鱼。早年间，吉利斯从家中长长的楼梯扶手滑下来时摔断了手肘，从此右臂活动范围受限。这处缺陷后来促使他发明了一种手术室中使用的针夹，它符合人体工程学，可以弥补他手部有限的旋转能力。[7]

1886年6月，距吉利斯的四岁生日还有两天时，他田园般的童年生活被打破了。那天早上，他哥哥上楼看望父亲，因为父亲曾在头一天晚上抱怨身体不适。他哥哥走进卧室，发现罗伯特·吉利斯已经醒了，并且精神奕奕。父亲告诉他哥哥，很快就会下楼和大家一起在餐厅里享用早餐。男孩连忙跑去告诉家人们这个令人欢欣的消息。

厨房里顿时一片生气盎然，锅碗瓢盆从高高的架子上被搬了下来，水壶在开水即将煮沸时发出了欢快的哨音。但随着时间一分一秒地过去，吉利斯的哥哥愈发忐忑不安。半小时后，他再次爬上宽大的楼梯。可卧室里等待他的，是令人震惊的一幕。罗伯特·吉利斯毫无生气地躺在床上，已经死于突发性动脉瘤，终年50岁。[8]

丈夫去世后，吉利斯的母亲带着八个孩子搬到了奥克兰，这样他们可以离她的娘家人近一些。吉利斯八岁时被送往英国，就读于林德利学校，一所位于英国中部拉格比附近的教区预备男校。四年后，吉利斯回到家乡新西兰继续学业，但他并未在那里待上太久。1900年，18岁的吉利斯回到英国，进入剑桥大学学习医学。他想成为医生的决定让所有人都甚为吃惊。据传，他选择这一职业是为了让自己有别于他的律师哥哥们。"我觉得这个家族中应该有其他职业的代表。"他开玩笑说。

在剑桥大学就读时，他曾花光所有奖学金买了辆新摩托车，从此因其特立独行的作风而名声在外。他从不畏惧向上质疑，经常被人发现在大学的解剖室里与示范的教师争论不休。虽说他不顺从权威，但他人缘极好，深得众人心，因为"他性格开朗、笑容灿烂"。[9]他在师生之中颇受欢迎，也赢得了伴随其一生的绰号"贾尔斯"（Giles）。

尽管吉利斯为人桀骜不驯，但他做事很有章法，热衷于规则与边界——尤其当这些是由他来制定时。在上学期间，他和其他五个年轻人同住在一栋维多利亚式排屋中。按照一般学生的习惯，他们来去自由，无人约束。吉利斯注意到，并非每个室友都会在就餐时间出现,因此他设计了一套计费系统。每个人除了要记下就餐次数,还要写下他消费的"单位"数量,以及每个"单位"的花费。他的一个室友称这是"最具独创性且最为巧妙的计划",既保证了公平性,又有助于降低个人成本。但是,当吉利斯付清了一笔共同开支,转而向小伙伴们收取自己所垫付的借款的利息时,他们就不以为然了。在吉利斯看来,公平就是一切。[10]

正是在求学阶段,他对高尔夫球产生了浓厚的兴趣,经常放下手中的笔,挥动山核桃木材质的高尔夫球杆。有一次,他和几个同学去桑威奇游玩,一时兴起参加了大学高尔夫球队的选拔。当时,他随身带着高尔夫球杆,想在著名的球场内打上一局,这里几天后将会举行剑桥大学和牛津大学之间的一场比赛。聚会结束后,吉利斯提着行李登上了返回伦敦的火车。可他在最后一秒改变了主意。就在火车驶出站台的一刹那,他拿起球杆跳下了车厢。[11] 不久之后,他收到了剑桥大学高尔夫球队递出的橄榄枝。

吉利斯在浴室里一关门就是大半天,这一举动必定会引起室友们的好奇。而在这狭小的空间内,他每天的必修课是将双脚置于两块相同的油毡上,对着镜子做挥杆练习。他的朋友诺曼·朱森(Norman Jewson)后来成为一位著名建筑师,曾震惊于他"巨大的专注力和意志力"。[12] 与他相识之人则用"神奇"来形容他的高尔夫球天赋。[13] 而在不久的将来,他的病人也会从类似的角度来评价他作为外科整形医生的技术。

随着吉利斯在学业上逐渐精进，他展现出在外科手术方面的天赋，鉴于他对细节的极致追求，这不足为奇。他的自我驱动方式是许多同阶层的年轻人所不具备的。其他人都在忙着外出社交，他却常把自己关在屋里学习。一个朋友评论道，"只要是他认准的事，他都将付诸行动"。[14] 他所拥有的强大意志力对自己的职业生涯及个人生活都大有裨益。

在他心动时，这一点体现得淋漓尽致。虽然吉利斯曾经放言说绝不会迎娶护士做妻子，但他发现自己忽然之间无药可救地爱上了其中一人。凯瑟琳·玛格丽特·杰克逊（Kathleen Margaret Jackson）是圣巴塞洛缪医院的一名护士，吉利斯在临床学习期间一直工作于此。但问题是，另一名医生也在追求她。

吉利斯从不回避竞争，他只会加倍努力。一天晚上，他雇了辆马车，邀请凯瑟琳外出兜风。坐上车后，吉利斯让车夫载着他们在街上不停转悠，直到她答应自己的求婚。当时规矩严苛，护士们必须住在医院内，并且保持单身。因此，凯瑟琳在订婚后不久就辞去了工作。[15] 六个月后，1911年11月9日，这对新人喜结连理。那时，吉利斯已经在里斯的私人诊所里找到了待遇优渥的工作。

那个春意盎然的夜晚，吉利斯和妻子凯瑟琳在考文特花园那家拥有华丽门廊的歌剧院里一起观看《阿依达》。这对夫妻将他们的长子——一个名叫约翰的小男孩——托付给家人照顾，这个男孩长大后参加了二战，因驾驶的"喷火"战斗机在法国上空被击落而沦为战俘。当歌剧第一幕落下帷幕时，一名戴着白手套的服务生小心翼翼地来到吉利斯身侧,请求他前往后台。鉴于上司以往在这种场合下的工作通常都很轻松,吉利斯起初以为,他要做的不过是向某一位歌剧演员疲劳过度的嗓子里喷洒一些舒缓药剂。但情况超出了预判,他发现其中一位舞者受了伤,而且衣衫不整。来自比利时的首席芭蕾舞者弗利纳·维比斯特(Felyne Verbist)误坐在了一把剪刀上,这导致其形状优美的臀部被深深刺伤。吉利斯随即着手包扎伤口。

他回到座位上,思索着应该如何向年轻的妻子开口解释自己的长久离席,以及"嗓子"病例的种种细节。在接下来的演出中,他很难再关注别的,除了"那位漂亮舞者演出服上微微的凸起,鼓起来的部分是我匆忙中做的简单包扎"。[16]

吉利斯后来多次回忆起此事,仿佛从芭蕾舞女演员的臀部取出一把剪子的尖头是他职业生涯中的最高荣誉。

一年后,弗利纳·维比斯特在1914年7月28日表演了同一部《阿依达》;也正是在这一天,奥匈帝国向塞尔维亚宣战,标志着第一次世界大战的开始。一周后,正当英国人纷纷拥向海滩享受夏天正式结束前的最后一个银行假日[1]之时,英国向德国宣战,将本国推向了有史以来最致命的冲突之一。然而,在那个闷热的夏日,很少有人能预见即将席卷全国的大灾难。

---

[1] 银行假日(bank holiday),银行不营业的周末。在银行假日,许多商家也都停业,员工们可以休假。

战争的爆发对大多数人而言完全出乎意料。

麻烦始于一个月前。一个名叫加夫里洛·普林西普（Gavrilo Princip）的塞尔维亚民族主义者枪杀了正在萨拉热窝访问的奥地利大公弗朗茨·斐迪南和他的夫人霍恩贝格女公爵索菲。这对夫妇彼时正在萨拉热窝视察帝国驻波斯尼亚和黑塞哥维那的武装部队，这两地已在1908年被奥匈帝国吞并。普林西普坚信这些领土本该属于塞尔维亚，然后瞄准了这个机会，想要通过暗杀帝国王位推定继承人来报复这种侵占行为。名为"黑手党"的塞尔维亚恐怖组织向普林西普提供了武器，而后，普林西普便与其他五名密谋者在萨拉热窝会面，打算趁机实施针对大公的暗杀行动。

斐迪南并非没有意识到危险。三年前，黑手党曾试图除掉他的叔叔弗朗茨·约瑟夫皇帝。据称，大公本人在临死前不久曾对家人表示，他已预见到自己会遭行刺。尽管如此，斐迪南也一定没有过多关注自己此次特殊旅程中的安全问题，因为他在访问萨拉热窝的两个月前就宣布了自己的出访计划——给任何潜在的暗杀者提供了充足的时间来制订计划。

追溯起来，似乎所有事件相关者都与命运有约。

6月28日上午，大公夫妇在度假胜地伊利扎温泉度过三日时光后，从当地乘火车抵达萨拉热窝。二人兴致勃勃，因为当天正是他们的结婚纪念日。事实上，这也是公爵夫人坚持陪在丈夫身边参加这次正式国事访问的原因之一。他们的私人司机，一个圆头圆脑、留着齐整胡须、名叫利奥波德·洛伊卡的男人，在旅途中一直陪伴左右。洛伊卡将大公和公爵夫人扶进那辆格拉夫施蒂夫特四门双排敞篷豪华轿车，车牌号为A111 118。这里有一个惊悚的巧合，因为后来的第一次世界大战停战日正是1918年11月11日。[17]

在六辆汽车组成的车队中，这辆豪华轿车处在第二位。车队沿着名为阿佩尔·夸伊的林荫大道向市政厅方向前进，路边是米尔亚卡河。[18]前一天阴雨绵绵，天气凉爽，但此时太阳已穿破云层，迎接大公夫妇的到访。由于天气晴朗，敞篷车的布面顶棚被折放了下去，人们恰好可以一睹正乘车前往目的地的大公及公爵夫人的风采。尽管得到了可能发生恐怖袭击的警告，但官方的安保措施仍明显缺失。

刺客们手持半自动手枪，腰间绑着炸药，当天上午早些时分，他们便已分散在游行路线上，伺机截杀大公。如果一人失败，另一人会立即补上。除了武器，他们还随身携带了一纸包氰化物粉末，以防计划出现意外。没过多久，意外就出现了。

第一个刺客是名为默罕默德·迈赫迈德巴希奇（Muhamed Mehmedbašić）的28岁男子。车队平稳驶过他身边时，他失去了胆量。后来他声称是附近的一名警察让他受到惊吓。他担心，如果不能一击即中，任何刺杀大公的企图都可能危及整个任务。几分钟后，汽车接近了内德利科·查布林诺维奇（Nedeljko Čabrinović）所在的位置，这名19岁的年轻人丝毫不惧自己的行动会招致长期恶果，理由十分充分：他患有肺结核，命不久矣——肺结核在1914年尚属不治之症。

查布林诺维奇在一根灯柱上敲碎了一枚手榴弹的雷管，然后把它扔向大公的汽车。洛伊卡发现了空中飞来的炸弹，随即起脚猛踩油门。目前仍不清楚，这枚炸弹是碰到车子的折叠棚顶弹出去的，还是被大公本人伸手挥落的。无论如何，炸弹在车队中的第三辆汽车的下方爆炸，炸伤了几名王室随行人员，四散飞溅的弹片还殃及了街道两旁的围观群众。

混乱发生后，查布林诺维奇冲开人群，落荒而逃。他一边逃跑一边吞下氰化物粉末，然后翻身越过护栏，跳进米尔亚卡河，只求速死。不幸的是，劣质的毒粉仅仅灼伤了他的喉咙和胃黏膜，却没要了他的命。更糟的是，夏日炎炎，河水已几近干涸，查布林诺维奇在沙质河岸上一边挣扎一边呕吐。很快，这个失败的刺客便被一名店铺老板、一名手持武器的理发师和两名警察拦下盘问。[19]

一群愤怒的民众冲向查布林诺维奇，而大公则下令停下车队，去查看在爆炸中受轻伤的友人们。短暂耽搁之后，他敦促车队前行："走吧，那个家伙明显疯了；我们按计划继续走。"[20]那辆格拉夫-施蒂夫特继续穿行在萨拉热窝的大街小巷，而游行路线上余下的刺客已失去了斗志，车队也在几分钟后安全抵达市政厅。

一根木刺划伤了索菲的脸颊，除此以外，大公夫妇并无大碍。市长紧张到无法随机应变，开始做不合时宜的致辞。"萨拉热窝首都所有的市民都由衷地感到幸福和喜悦，"他对大公夫妇说道，"因而，他们以最热忱的方式恭迎殿下莅临……"[21]大公对此番言论怒不可遏，对前来迎接他的官员大发雷霆：

"我作为客人到此访问，谁知你们的人民却用炸弹迎接我！"片刻之后，斐迪南重拾冷静，拿出事先准备好的稿子开始演讲。这份稿子上还沾染着第三辆车内的一名受伤官员的血迹。[22]

礼节性的交流结束后，大公会见了几位官员，讨论自己的日程安排。斐迪南当即决定取消下午的活动，这样他和夫人就可以直接去医院看望炸弹袭击中的那些伤者。而当大公的一名幕僚警告说此行或许有危险时，波黑总督奥斯卡·波蒂奥雷克（Oskar Potiorek）吼道："你以为萨拉热窝遍地都是刺客吗？"[23] 所有人都失去了耐心。

大公和公爵夫人与州长一同回到了敞篷轿车中。洛伊卡扭动了点火器上的车钥匙。慌乱之中，没人通知车队的司机们应当选择另外一条路线前往医院，因此汽车沿着来时的方向开动了。结果，头一辆车拐进了弗朗茨·约瑟夫大街，这里正是大公原定下午参观国家博物馆的行进路线。洛伊卡驾车紧随其后。就在此时，波蒂奥雷克意识到了错误。"走错路了！"他喊道，"我们应该走阿佩尔·夸伊大道。"[24] 于是洛伊卡放慢速度，停车换挡。[25] 洛伊卡不知道的是，自己已无意中将大公置于险境，让他成为某个人静止的活靶，而这个人现下正藏身于成千上万人之中，仍一心要置大公于死地。

加夫里洛·普林西普——和查布林诺维奇一样，他也因患上肺结核而将不久于人世，心中已无所牵挂——简直不敢相信自己的眼睛。他掏出勃朗宁1910型半自动手枪，瞄准了目标。不知是枪法太好还是纯靠运气，他给大公夫妇造成了致命伤害。

第一颗子弹穿过车门，穿透了公爵夫人的腹部，致使她的胃动脉破裂。第二颗子弹射穿了大公的颈部，切断了他的颈静脉。当汽车飞驰起来时，公爵夫人倒在了丈夫的腿上。波蒂奥雷克能听到斐迪南在喃喃低语，"索菲，索菲，不要死，为了我们的孩子，活下去"。然后，他便失去了意识。[26]这对夫妇在上午11点离世，距离他们抵达萨拉热窝仅仅几个钟头。

一群人围住普林西普，在他举枪对准自己的太阳穴时，将他手中的枪打落在地。人们对他拳打脚踢。要不是警察设法将其拖走，他很可能会当场毙命。普林西普后来受审入狱。他在狱中被肺结核折磨得虚弱不堪，体重不足90磅。就在由他而起的全球战争临近结束的前几周，他死了。

暗杀是战争的催化剂，迅速引发了一系列事件，动摇了欧洲的稳定，部分原因在于，国家之间的同盟网将某些国家进行捆绑，使它们共同进退。这些联盟意味着，如果一个国家受到攻击，其他协约国则有义务同仇敌忾。大公遇刺一个月后的7月28日，奥匈帝国向塞尔维亚宣战。第二天，帝国军队开始炮击塞尔维亚首都贝尔格莱德。这一宣战迫使俄国调军，因为根据条约，俄国有义务保卫塞尔维亚。这一举动反过来又导致德国向俄国宣战，根据1882年三国同盟协议，德国已与奥匈帝国结盟。欧洲列强之间脆弱的和平纽带开始松动，一个又一个国家不可避免地陷入第一次世界大战的恐怖之中。

英国媒体对欧洲大陆紧张局势升级的报道十分有限。有关战局的报道往往藏于报纸深处。而一场关于拳击运动是否适合女性观看的辩论甚至赢得了更多的公众兴趣。仅在1914年7月，英国报纸上就出现了两千多篇与此相关的文章，它们多被冠以《拳击比赛中的女性。她们的出现是否不合时宜？》之类的标题。关于美国雷格泰姆音乐对英国年轻人影响的争论亦受到了类似程度的关注。[27]

英国政治家对欧洲大陆发生的事件同样持以轻视态度。议会对支持塞尔维亚及其独裁盟友沙皇俄国的热情不高。就在英国参战前11天，英国首相赫伯特·阿斯奎斯（Herbert Asquith）向他的密友维尼西亚·斯坦利（Venetia Stanley）保证：“令人高兴的是，我们似乎没有理由只是作壁上观。”阿斯奎斯的政党是打着“和平、节制和改革”口号上台的，他更关注的是爱尔兰内战迫在眉睫的威胁。在那里，自治的希望给民族主义者和联盟主义者之间制造了嫌隙。欧洲的乌云盖顶似乎还很遥远。然而，到了8月初，一触即发的冲突显然不会只是另一场留在巴尔干半岛上的争端。[28]

8月3日，对俄宣战两天后，德国对其盟友法国宣战，希望在拖拖拉拉的俄国人行动起来之前迅速战胜法国。德国在宣战后立即向比利时边境调兵遣将。比利时自1893年以来根据条约一直保持中立。然而，德国总理将该条约视为"一纸空文"。

德国迅速向前推进其军事部署，并提出支付一定费用，让其军队取道中立国比利时入侵法国。德国坚信自己的军队可以获准通过，可比利时人对德国公然违反条约的行径大为恼怒。

与此同时，英国担心若德国征服法国，欧洲力量会失去平衡，便于次日发出最后通牒，要求德国从比利时境内撤军。在没得到对方任何回应的情况下，英国宣战了。

当晚，通往白金汉宫的林荫大道上人山人海。人们挥舞着国旗，高唱国歌。据《每日镜报》报道，国王乔治五世及其家人"昨晚8点左右出现在白金汉宫的阳台上时，受到了热烈的欢呼，而阳台前的集会人数已经创下了历史纪录"。[29] 现场一片欢腾。没有人能够想象到战争画卷即将展开的真实场景。第二天，暴雨席卷全国，预示了英国在未来四年将会面临的惨境。

报社开始呼吁民众挺身而出，为国王和国家尽忠职守。伦敦人奥利弗·芬奇（Olive Finch）回忆道："世界仿佛已经走到了尽头……忽然间，大批男儿赶来应征入伍，然后集结成排，或沿着街道，或坐在电车顶上去向远方。"[30] 来自英国各地的儿子、兄弟、父亲和丈夫将夏日假期抛诸身后，络绎不绝地来到征兵站点，并向泪流满面的亲人承诺战争不久后就会结束。

这些新兵中有成千上万个未成年男孩。他们受到爱国情怀的感召，心怀一股冒险精神而来。16岁的亚伯拉罕·阿比"·贝维斯坦（Abraham "Aby" Bevistein）就是其中一员。他虚报年龄，利用假名混入军队。他的兴奋之情很快便随着一枚德式地雷在他身侧爆炸所带来的巨大冲击而烟消云散。受到惊吓和创伤的阿比做了逃兵，但没过多久就被抓获并逮捕。后来，他成为306名因临阵逃脱而被处决的英国士兵之一。[31] 他们的名字在进攻开始前被广而告之，用以警告那些预谋采取同样绝望措施的士兵[32]——其中就有二等兵詹姆斯·史密斯（James Smith）。行刑队潦草开枪后，他倒在地上血流不止，但仍活着。而他的好朋友二等兵理查德·布伦德尔（Richard Blundell）在被许诺只要完成行刑就能得到十天假期后，举枪就近对他一击爆头。72年后，布伦德尔躺在临终的病床上，喃喃自语道："真是个请假的好办法，真是个请假的好办法啊。"[33]

回看英国，新任命的战争大臣赫伯特·基钦纳（Herbert Kitchener）勋爵敦促政府加大征兵力度。基钦纳——在19世纪与20世纪之交的布尔战争中因"焦土政策"而声名狼藉——已然预见到，这场漫长而沉重的战争将持续数年而非数月。在对内阁成员的一次严肃讲话中，基钦纳计算道，一场历时三年的冲突需要招募百万雄师抑或更多。外交大臣爱德华·格雷（Edward Grey）感到震惊。他认为，基钦纳的预测"即使不算难以置信，也不可能是真的"，他坚信，这场战争在百万雄师受训前就会结束。然而，基钦纳并未放弃他的想法。[34]他一早便协助发起了一场声势浩大的征兵运动来壮大正规军的规模。数以百计的海报贴满伦敦的大街小巷，上面印有"基钦纳勋爵需要你！"的标语，海报上的这位大臣表情严肃，伸手指向观看者，似在谴责与敦促。

一些年轻人萌生出参军的念头，并非受到爱国主义驱使，而是害怕被人指责为懦夫。当时年仅16岁的诺曼·德穆斯（Norman Demuth）还记得某日放学后他被人当面拦住的经历。"我当时正盯着一家商店的橱窗看，突然感觉有人把什么东西塞进了我手里。我发现是一个女人给了我一根白色羽毛。"他回忆说，"那一刻我呆住了，不晓得该拿它怎么办。"[35]

德穆斯——之前曾多次尝试让部队相信他已年满19岁——怀揣再次燃起的热情冲向征兵办公室。这一回，他成功了。后来，德穆斯负伤退伍。战争结束前，他在乘坐公交车时又碰到一个女人将一根羽毛硬塞入他的掌心。"天啊，又来这一套！"他心里想。拿起羽毛将烟斗清理了一番后，他把它递还给了那个女人，说道："你知道吗，我们在战壕里可没有这些玩意儿。"[36]

最终，基钦纳的征兵运动大获成功。战争开始的头两个月，就有50多万人应征入伍。到1915年底，超过300万名士兵在英国武装部队服役。[37]这位战争大臣成功组建了英国有史以来最强大的志愿军。

与参军人数一起与日俱增的是对医护人员的需求，战场上的伤患需要照料。皇家陆军军医队负责管理军队的医疗组织，并且得到了英国红十字会、圣约翰救护队和公谊救护队等机构的支援。对于那些希望成为军医的人来说，他们可以向多个组织递交申请。

成千上万名平民女性自愿成为护士。很多人来自中产阶级和上流社会，她们从未踏足过医院。在病房里，她们被分配去完成一些需要家务技能的工作，却几乎无人可以胜任。一名女士回忆说："我的眼前现在还浮现着这样一幅场景，一个女孩儿拿着掸子坐在楼梯上，根本不知道该用它做些什么。"[38] 那些年轻女孩对护理工作的浪漫幻想很快就被便盆、呕吐物和鲜血等残酷现实击得粉碎。她们以前从未见过只穿内衣的男性，现在却突然被要求去处理从战壕里径直撤离至此的士兵残躯。

战争初期就志愿投军的英国剧作家伊妮德·巴格诺德（Enid Bagnold）还记得，手术室门外的篮子里，下肢撂得老高："伤员们就是这么来的，他们身上的绷带被血浸透了……手术一刻不停地进行着。"[39] 来自英国各地的女人们发现自己忽然陷入了类似的痛苦境地。在伦敦工作的志愿者护士克莱尔·伊利斯·蒂斯道尔（Claire Elise Tisdall）有天晚上看到一名士兵被担架抬了过去。在昏暗的灯光下，她以为他的下半张脸是被一块黑布遮住了。后来她才意识到，那个部位已经被完全炸没了。[40]

并非所有女性志愿者都缺乏正规培训。战争爆发后，具备职业资质的护士们看到了大展拳脚的机会。"正是在这种危急时刻，训练有素的护士才能证明她的价值所在。"一名护士回忆说，"外科医生不可能为所有病患立即施救，因此修女和护士必须尽其所能。"[41] 合格的护士与那些几乎没有看护病患经验的护士之间的关系颇为紧张。一名专业护士不满地说，通过正规培训获得的技能不是"上几堂包扎课或急救课就能学到的"。[42] 尽管护士之间存在这样的矛盾，但她们全都被热情地纳入服务行列，无论是缺乏经验的新手还是经验丰富的老手。

然而，女医生在为自己辛苦习得的技能寻找出路时，面临着顽固的绊脚石。海伦娜·赖特（Helena Wright）医生想要在部队医院中谋得一职，却一再因性别歧视而受到阻挠。艾尔希·英格利斯（Elsie Inglis）面临着同样的偏见，尽管她已经是一位受人尊敬的医生和女权主义者。她写信给英国陆军部，建议女性医疗团队应获准在前线服役，收到的回复却是："我的好姑娘，回家老老实实坐着吧。"[43]这一答复并未阻挡英格利斯的脚步，她最终服务于法军，接着又在法国、塞尔维亚、科西嘉岛、希腊和俄国等地建立医院。

战争伊始，人们蜂拥而上，争相伸出援手，一度让皇家陆军军医队以及众多志愿医疗组织应接不暇。32岁的哈罗德·吉利斯就是无数医疗志愿者中的一员。英国参战后不久，他就加入了红十字会。1915年1月，他终于应召入伍。吉利斯向里斯医生办公室告了假，随后便收拾行囊前往法国。[44]

做出志愿服务的决定并非易事，因为他必须离开怀孕待产的爱人凯瑟琳。就在他离家几周后，凯瑟琳诞下了他们的第二个孩子玛格丽特。[45]与日益壮大的家庭分离足以让他难受不已。不久之后，吉利斯还将发现，西线的医疗危机与在考文特花园从芭蕾舞演员的臀部拔出剪刀头的工作大相径庭。

第二章　银色幽灵

一辆劳斯莱斯在逼仄的街道上平稳行驶。这辆拥有奶油色外观、锈红色真皮座椅的敞篷车被戏称为"银色幽灵",因为它的发动机像"幽灵"一般悄无声息。这辆车在占领法国北部沿海城市布洛涅的驻军人员眼中已成为一道熟悉的风景。座驾上的男人名叫查尔斯·奥古斯特·瓦拉迪埃(Charles Auguste Valadier),他发色淡黄,脸型圆润,是一名法裔美国牙科医生。他自掏腰包将名下的豪华座驾改装成了移动手术室,并在车上安装了牙科手术椅、牙钻及相关设备,因此在驻军部队中颇有名声。正是这位脚蹬锃亮马靴、配有闪耀马刺的怪咖,向哈罗德·吉利斯展示了靠近前线之地对整形外科医生的迫切需求。

1873年11月26日,瓦拉迪埃出生于巴黎,父亲查尔斯·让-巴蒂斯特(Charles Jean-Baptiste)是一位药剂师,母亲名叫玛丽·安托瓦内特·瓦拉迪埃(Marie Antoinette Valadier)。年幼时,他随父亲和两个弟弟乘船前往美国。当船缓缓驶入纽约港时,他或许已瞥见贝德罗岛上正在建造的基座,不久之后，这里将会承载自由女神像——一份非凡的礼物，来自他出生的故土，赠予收养他的新家。

在获准下船之前，瓦拉迪埃首先接受了医生的检查。这些医生特意登船，检查乘客是否患有天花、黄热病和霍乱等传染病。那些疑似感染者将与其他乘客分开，并被无限期隔离。在获得健康证明后，瓦拉迪埃和家人们被领入了一座名为克林顿城堡的圆柱形砂岩堡垒。在1890年埃利斯岛建立之前，克林顿城堡被用来暂时安置经由纽约入境美国的外国人员。抵达终点时，瓦拉迪埃一家不太可能会随身携带任何纸质证件。那个时期，人们只需口头确认自己的姓名和出生国家。

瓦拉迪埃童年的大部分时光是在美国度过的，而且最终同父亲一样加入了美国国籍。到了选择职业的时候，他将目光投向牙科，并进入美国第二古老的牙科学校费城牙科学院学习。父亲去世后，瓦拉迪埃搬到了纽约，在西36街39号开设了一家牙科诊所，距离几十年后帝国大厦矗立之地并不遥远。如果不是弟弟的猝然离世促使他于1910年返回巴黎，瓦拉迪埃或许一辈子都会留在纽约生活。这次搬迁还有部分原因在于瓦拉迪埃的母亲。她刚刚丧偶，有传言说，她当下是著名报业出版商戈登·贝内特（Gordon Bennett）的情人。因此，她手头颇为宽裕，她许诺儿子会在时尚圣地旺多姆广场为他购置一套位于五层的豪华公寓，诱使其返回巴黎。[1]

回巴黎后，为了取得法国牙医资格证书，瓦拉迪埃进入巴黎牙科技术学院学习。而后，他在香榭丽舍大街附近的富人区霍什大道开了一家诊所,距离凯旋门仅咫尺之遥。在那里,他为多位社会名流看诊,甚至包括西班牙国王。瓦拉迪埃始终站在自己职业的最前沿。在巴斯德研究所,他曾花费大量时间与一位名叫 H. 斯宾塞·布朗(H. Spencer Brown)的医生合作,研究如何使用特定疫苗预防严重的牙龈疾病。而他对预防性护理和治疗性护理同样怀有兴趣。

瓦拉迪埃颇易动怒。1913 年,战争爆发前一年,他与前美国驻巴西公使的孙女爱丽丝·赖特(Alice Wright)结了婚。婚礼进行到一半时,一名教会官员在主持婚礼的神父耳畔说了几句悄悄话,在此之后,仪式明显放缓。再后来,圣堂里就传出了瓦拉迪埃雷霆般的怒吼:"这个混蛋!他们让我白花了25 000 法郎!"原来,神父被告知:瓦拉迪埃离过婚,因此没有资格在罗马天主教堂结婚。[2]

瓦拉迪埃很快融入了家庭生活,搬进了一套更为宽敞的公寓,位于奥什大道 47 号,离他的牙科诊所很近。1914 年 8 月 1 日,他在巴黎参加"欧洲美国牙科协会"(American Dental Society of Europe)年会之际,法国向德国宣战了。世界顿时陷入一片混乱。

考虑到瓦拉迪埃的医学背景和所处的地理位置,他似乎是为法国军队效力的不二人选。然而,根据规定,鉴于他的美国公民身份,他只能要么以二等兵身份入伍,要么志愿加入外籍军团。[3] 对于这位年届不惑且大半生都活跃于上流社会的成功人士来说,这两种选择似乎都不太合适。再者,当时的法国军队

42

还不存在有组织的牙医队伍，提供给士兵的牙科护理亦杂乱无章，瓦拉迪埃很有可能对这种情形深恶痛绝。

不幸的是，英国人并不比法国人更看重牙医的技术。自19世纪中叶连发步枪问世以来，保护牙齿就降为军队的次要任务，因为步兵在装填弹药时不再需要用牙咬开纸质火药弹壳。军队不再遵循"不会用牙咬的军队就不会打仗"的格言，这已经造成了一些问题。布尔战争期间，有6 942人因牙齿问题入院治疗：三分之一的人失去战斗力，不得不撤回英国，而其余病患也处于无法完全服役的状态。[4] 尽管有这些惨痛的教训，但军方依旧迟迟未采取行动。[5]

第一次世界大战开始时，普通外科军医被指望担负起护理士兵牙齿的责任。结果，1914年8月，没有一名牙医随英军远赴法国。牙科医生亨利·珀西·皮克尔（Henry Percy Pickerill）——日后在整形外科的发展中担任重要角色之人——对于最初由普外科医生负责部队的口腔保健一事深表不满与遗憾。"医务人员在对口腔进行快速义务检查时，若不具备专业牙科知识，如何能准确判断出牙齿是否无恙？"战争开始不久后，他便诘问道。[6]

不向英国远征军派遣随队牙医的决定似乎颇显怪异，因为当时工人阶级的牙齿状况普遍不佳。一名军官在访谈了他所在连队的几名士兵后记录道："许多人坦言，他们一辈子都不曾用过牙刷。"[7] 此外，部队的基本伙食也给本已脆弱不堪的牙齿带去磨难。亨特利·帕尔默公司（Huntley & Palmer）根据政府合同生产的高热量饼干出了名地硬，如果不先将它在茶水或饮用水中浸泡一阵，就会硌坏士兵的门牙。

单调的饮食以及口腔卫生的缺乏也导致了令士兵们不堪其苦的急性坏死溃疡性龈炎（俗称"战壕口炎"）。当细菌在口腔内积聚时，就会导致这种病，引起出血、溃疡和口臭。到了晚期，它还会引发牙龈膜脱落。如果治疗不及时，患者可能会出现进食和吞咽困难。这是一种恶性循环，在战争期间对许多士兵的健康造成了严重损害。

牙齿缺陷不仅是士兵进入战壕后军队所面临的问题，也是征兵时人们被拒绝入伍的一个主要原因。关于国民牙齿状况的笑话甚至登上了英国幽默讽刺周刊《笨拙》的版面。战争爆发后不久，该杂志刊登了一幅漫画，描绘了一名男子在征兵处抗议，原因是征兵处以他有蛀牙为由将其拒之门外，而他对这一决定表示质疑："伙计，你可是犯了个天大的错，我又不是想去用牙咬死那帮德国人，我是要去用枪打死他们。"[8] 事实证明，这幅漫画并非虚构。它反映了平民的真实经历。英国记者兼作家罗伯特·罗伯茨（Robert Roberts）在他的回忆录中记载了他母亲与一位布尔战争老兵的一段对话，这位名叫"比克汉姆先生"的老兵曾因一口坏牙被部队遣返。"他们一定是想让小伙子们上嘴去咬那些该死的德国人。"他走开后还不忘回头嚷嚷，"他们会把我召回去的……在一切结束之前！"[9]

战争初期，牙医们以非官方的方式为步兵做好战斗准备：在派遣之前，为他们提供免费的牙科服务。这确保了最大数量的新兵得以奔赴前线。C. V. 沃克（C. V. Walker）是纽卡斯尔·乌彭泰恩牙科医院的一名牙科学生，他记得自己曾在一个月内就拔掉了900多颗牙齿。医院里人满为患，所以沃克只能"（每人）用两针筒［原文如此］可卡因溶液"——可卡因是当时常用的牙科麻醉剂。一名士兵在上排牙齿全被拔光后，又让沃克将自己的下牙也拔掉。沃克解释说他再操作的话就不能使用麻醉剂了，士兵却满腔热情地答道："我现在就想把它们都拔掉，因为我想去前线。"[10]

尽管蛀牙早已在军中肆虐横行，但直到1914年10月，当道格拉斯·海格（Douglas Haig）将军在埃纳河战役中出现了牙痛难忍的状况时，军中牙医匮乏的问题才最终得以解决。专业声誉远扬的瓦拉迪埃从巴黎应召而来。当他跋涉70多英里前往埃纳河时，汽车被德军炮弹击中，他被迫弃车徒步前行。有一种说法是，他一到达总部就冒着"枪林弹雨"为海格将军拔出了那颗烂牙。[11]（后来，海格建议授予瓦拉迪埃勋章，以表彰他"无偿为英军各级军官进行了出色且极有价值的下颌外科手术"。[12]）

就这样，瓦拉迪埃在皇家陆军军医队得到了一个临时职位。在为将军成功拔牙后不久，瓦拉迪埃便获得了委任状，并被授予英国陆军"地方中尉"的荣誉军衔。第一次世界大战期间，他是第一批为驻法英军提供治疗的牙科医生之一。到1914年底，共有20名牙医以官方身份开展工作。[13]这一数字逐步增长，到1918年停战之时，共有831名牙医在军中服役。[14]而直到战后的1921年，一支专门的陆军牙医队伍才终于由战争大臣温斯顿·丘吉尔下令组建。

但在第一次世界大战中，对牙科技术的需求愈发迫切，远不止拔掉一颗腐烂臼齿的能力所能满足，瓦拉迪埃很快就发现了这一点。1914年10月，他被派往第十三固定医院——几周前，该医院刚刚在布洛涅渡口火车站附近的一座废弃的糖棚[1]内建立起来。瓦拉迪埃的到来非常及时，因为第一次伊普尔战役刚刚开始，他带来的医疗服务将会供不应求。

战争初期，由于西线伤亡惨重，建立基地医院势在必行，以用于伤兵的分诊和疏散。这些医院建立在铁路沿线和港口附近，可以尽快接收源源不断的伤员，并作为中转站，将需要长期治疗的伤兵送至英国。基地医院可进一步分为两类：综合医院和固定医院。理论上，前者规模较大，可容纳1 000名乃至更多病患，而后者规模相对较小、专业性更强。瓦拉迪埃被分配到的第十三固定医院就是首批此类医院之一。没过多久，病人的人数就超越了医务人员的应对能力。

到了1914年10月，第十三固定医院便成了第一次伊普尔战役期间名副其实的人间苦难所。战斗集中在古老的佛兰德城市伊普尔周围，该城的防御工事把守着通往英吉利海峡和北海

---

[1] 糖棚（sugar sheds），一种主要分布在加拿大东部和英格兰北部的设施，用来熬制枫糖或枫叶糖浆。

的通道。战斗持续了整整一个月，双方都伤亡惨重。瓦拉迪埃的一名同事回忆了她到达这所基地医院时混乱不堪的场景："棚屋改建成了病房；人们忙着搭建木质隔板，放入床架，伤员们则躺在稻草或担架上。"[15] 当数以千计的伤兵挤满了前身为糖棚的第十三固定医院时，瓦拉迪埃意识到，还有比那无处不在的蛀牙远为严峻的挑战在前线等着他。

堑壕战产生了大量头颈受创的幸存者，当地的积水和沃土则导致感染率激增。尤其是被高爆炮弹击中的士兵，他们的皮肤及皮下组织在遭受炮击的过程中被严重撕裂，炮弹将细菌带入身体深处。一些基地医院的伤口感染死亡率高达28%。[16] 这还不包括那些在运送途中牺牲或在前线就已阵亡的人员。

讽刺的是，19世纪将无菌技术引入外科手术从而拯救了无数生命的外科医生约瑟夫·李斯特（Joseph Lister），需要对第一次世界大战初期欧洲败血症的高发病率负间接责任。[17] 他的成功意味着，新一代外科医生是在细菌理论和无菌原则的熏陶下成长起来的，他们不再习惯于识别和治疗感染性伤口，因为他们在日常工作中极少能接触到这种病例。然而，法国和比利时肥沃的农耕土壤中潜藏着可以导致破伤风、气疽和败血症的致命微生物。战场就是病原体滋生的温床，澳大利亚医官阿瑟·格雷厄姆·巴特勒（Arthur Graham Butler）甚至称之为"粪便感染（链球菌和厌氧菌）之战"。[18] 外科医生在缝合一个布满细菌的伤口时，几乎已经决定了受伤士兵的命运。即便事后进行消毒包扎，也无法解决深层感染的问题。[19]

幸好瓦拉迪埃已经意识到，面部伤口在得到适当清理之前过早闭合会使病情雪上加霜，特别是在这个部位本就因糟糕的口腔卫生而布满细菌时。所以，他很早便开始在治疗面部伤口之前对其进行彻底冲洗。为此，他设计了一种移动医疗设备，称其为"消防车"。车里有一个装有开水的大桶，上面连着一根橡胶管。为了提供压力，桶上还安装了自行车打气筒。[20]

到达布洛涅不久，瓦拉迪埃就说服了医院的总务人员，让他在附近的维姆勒市建立起一个临时科室，专门用来处理从前线送来的大量颌面外伤病人。他用自己在巴黎私人诊所的营利以及刚过世的母亲留下的遗产支付了大部分医疗设备的费用。（同时，他一直无偿提供服务，直到1918年10月，战争结束前的一个月，部队才决定向他发放步兵少校级的工资和津贴。[21]）

哈罗德·吉利斯就是在这家专科医院里首次接触了牙医领域，而他自己的职业生涯也因此发生了意想不到的转折[22]。他当时受命前去监督瓦拉迪埃的工作，因为法国牙医资格证书不允许牙医在没有外科医生监察的情况下进行手术。作为一位对头颈部解剖学有着深刻见解的耳鼻喉专家，吉利斯是唯一一个能够胜任这项工作的人。但吉利斯可以说是这一早期合作中最大的受益者。这里的工作不仅让他了解到牙科在面部重建实践中的价值所在，还向他展示了整形外科的变革力量。

"整形外科"（plastic surgery）一词由法国外科医生皮埃尔·约瑟夫·德索（Pierre Joseph Desault）于1798年创造。[23]

在今天被称为"塑料"（plastic）的合成材料被制造出来之前，该词通常是指可以被塑形或者雕刻的物体——在医学术语中，它指的是一个人的皮肤或软组织。

1915年，当吉利斯遇到瓦拉迪埃时，作为一门医学专科，整形外科仍处于起步阶段。大多数外科医生在处理面部软组织大面积破坏方面，几乎没有任何经验可言。早期重建、修复或改变面部外观的工作通常仅限于鼻子或耳朵等小面积部位。当时，甚至连最基础的手术还没有得到广泛应用，尽管19世纪后半叶麻醉学的发展使得手术带来的痛苦相较之前已有所减轻。整形和美容手术在第一次世界大战以前都很少见。躺在手术刀下接受实验性手术会带来严重的感染风险，如果手术操作不当，还可能加剧毁容程度。

直到美国内战期间，人们才开始系统地尝试对面部进行大面积重建。部分动因是新型弹药"锥形子弹"造成的可怕伤害。这种子弹被称为"米尼弹"（Minié ball），它是一种弹丸，击中目标后会发生形变，扁平的弹头可以造成最大程度的破坏。[24]

古尔登·巴克（Gurdon Buck）可以说是内战战场上出现的技术最精湛、最富有想象力的外科医生。他是纽约医学院的创始人之一，也是最早在自己的出版物中刊登手术前后对比照片的医生之一。在一个著名病例中，巴克为被炸弹击中面部的士兵威廉·西蒙斯（William Simmons）重塑了下颌。尽管西蒙斯伤势极为严重，但巴克还是帮他的受伤部位恢复了部分功能。不久之后，西蒙斯，那个最初受伤时无法进食也不能言语的人，不再抗拒与人交谈了。[25]

巴克经手的最复杂的病例之一并不是被内战中的武器所伤，而是一名患有伤寒的士兵服药后产生的副作用所致。[26]二等兵卡尔顿·伯根（Carleton Burgan）在服用甘汞（氯化亚汞）后不久，舌尖出现溃疡。溃疡部位很快出现坏死，并蔓延至面部的其他区域。几周内，坏疽侵蚀了他的上口腔、上腭、右脸颊和右眼。

巴克向牙医托马斯·B.甘宁（Thomas B. Gunning）寻求帮助，甘宁用硬橡胶做了一小块面板，用来代替缺失的上腭，然后在上面放置了另外一块填充物，补上了鼻子右侧。[27]巴克随后进行了一系列手术，包括有助于恢复伯根容貌的初步皮肤移植。这名受伤士兵余生始终戴着这副人工上腭。他后来结了婚，育有八个孩子，活到了72岁。[28]

尽管内战期间曾有外科医生尝试对受损的面部功能进行修复，但很少有人关注美观与否。二等兵约瑟夫·哈维（Joseph Harvey）在钱斯勒斯维尔战役中被炮弹碎片击中，弹片穿透了他的右侧脸颊，削掉了他的部分下颌骨，还毁坏了他的眼睛。他被送进亚历山大的公馆医院，外科大夫为他切除了骨头上的锯齿状部分。之后，哈维出了院，尽管他的脸颊上仍留有一个硕大的窟窿，不断渗出唾液和其他液体。他最终找到了一份守夜人的工作，几年后便去世了，很可能是死于伤后并发症。[29]和二等兵哈维一样，当时大多数头部受伤的士兵脸上都会留下可怕的伤痕和孔洞。

整形外科手术在美国内战期间仍属例外而非常规操作。古尔登·巴克是少数愿意尝试此类高风险手术的外科医生之一。因此,南北双方战场上留有报告记录的"整形手术"总共不超过40例。[30] 尽管面部损伤在19世纪60年代已很常见,但在第一次世界大战期间,它变得更为普遍。正因如此,过去几个世纪中外科手术的不足才终于得到弥补,也为整形外科进入新时代铺平了道路,整形外科的种种方法终于可以在当时无法想象的规模上进行尝试和检验。

在布洛涅的颌面科室,吉利斯很快就了解到,瓦拉迪埃是性格多变之人,认识他的人都对他又爱又恨。有同事形容他是"迷人、潇洒的牛仔",可以一只手卷着烟,另一只手拉着马的缰绳。[31] 费迪南德·布里格姆(Ferdinand Brigham)是一名美国外科医生,在战争期间曾与瓦拉迪埃共事。他对这位牙医的看法略有不同,称其为"表演家、装腔作势的人、蹩脚演员"。[32] 瓦拉迪埃出过诗集,当他把一本装帧精美的诗集小册赠送给布里格姆时,美国外科医生却大声质疑是谁打着这个法国人的旗号写下了这些诗句。[33]

尽管瓦拉迪埃遭到了一些同行的白眼,但他因不收取服役报酬的行为而备受军方尊敬,这也令人们对他传言中的财富浮想联翩。埃利斯·威廉斯(Ellis Williams)是一名威尔士步兵,在马梅兹森林战役中受伤后接受了瓦拉迪埃的治疗。他记得与这个异常高大的法国人有关的一些传闻。"据说,他是个百万富翁。"威廉斯回忆道,"从他的穿着来看,我对这种传言一点儿都不惊讶。他会买最上乘的衣服……看起来非常有品味。"[34]

吉利斯对瓦拉迪埃的工作比对他的衣橱更感兴趣。吉利斯见证了瓦拉迪埃早期实施的骨移植实验性手术——实际上是骨片移植。移植在医学史上并非新鲜事。1668年,荷兰外科医生约伯·范·米克伦(Job van Meekeren)首次对移植过程进行了描述,当时他记录了这样一个医案:一名俄国外科医生将一片狗骨植入一名士兵的头骨,修复了颅骨缺损部分。教会认为这项手术"有悖基督教教义",于是将士兵逐出教会。当士兵要求再次手术以移除狗骨时,他的主刀大夫却发现,移植部分的周围长出了新的骨质。因此,再想取出这块骨头已为时晚矣。[35]

尽管这些早期病例取得了成功,但在17—18世纪,大多数外科医生都对实施这种侵入性手术犹豫不决。直到19世纪麻醉的发明和消毒技术的发展,骨移植才开始普及。正是在这一时期,外科医生开始尝试自体移植,即从病人自身某个部位取出骨头,移植到另一个部位。

与瓦拉迪埃一同工作时,吉利斯意识到,除非研究出重建面部的可靠方法,否则自己的外科技能将毫无用武之地。没有经过骨移植就对伤口进行缝合,往往会导致五官严重变形,这不仅会被认为是不美观的,还会影响病人说话或进食的能力。在一个病例中,瓦拉迪埃为一名男子碎裂的下巴替换了两英寸半长的骨头。[36] 而在另一个病例中,他取下了病人的一段肋骨,嵌入其前额皮肉之下,重建了这名士兵的鼻子。一旦移植物固定下来，瓦拉迪埃就会对其周围的皮肤进行重塑。这类手术在战争后期将会得到吉利斯本人的复现与改进。

瓦拉迪埃做过一次颇为令人心痛的手术。有一名伤兵的下巴被完全炸掉，只剩下"食管"裸露在外，后来瓦拉迪埃帮他重建了下巴。曾对瓦拉迪埃无懈可击的衣着赞不绝口的威尔士士兵埃利斯·威廉斯，目睹自己的战友乔克（Jock）经历了数次痛苦的手术：

> 首先，他用银子塑造出一副下颌骨的形状，经过调试，让它可以适应在下颌前部的活动。然后，他从（乔克）胸口处取下一块皮肤，翻转、缝合、塑形，直至形状合适。然后，他又在其中植入假牙。手术完成后，乔克可以想吃什么就吃什么，你看不出他哪里有问题。[37]

瓦拉迪埃一次又一次证明了自己是一位富有创新精神且足智多谋的医生。

在两个涉及下颌骨骨折的独立病例中，他实施了现在所谓的牵引成骨术，一种无须移植就能制造骨骼的技术。虽然这种做法可以追溯到16世纪——当时条顿骑士使用腿部支架和螺钉装置来矫正肢体，但在国王利物浦军团二等兵菲利浦·索普（Philip Thorpe）被炮弹击中，下唇和下颌大部分被炸掉之前，这种手术从未在面部实施过。

瓦拉迪埃将索普下颌骨的两端用线连接起来，又将膨胀螺钉固定在硫化橡胶板上,接着用它将断裂的两端慢慢推开。这有助于刺激新骨生长,填补下颌骨拉伸造成的缝隙。[38] 索普回忆起那一刻,瓦拉迪埃检查他的下颌 X 光片,想看看取得了哪些进展,如果有进展的话:"他突然放下片子,搂住了修女护士的腰,在病房里上蹿下跳地嚷道'我们做到了,我们做到了'。"[39] 直到 20 世纪 90 年代初,牵引成骨术才成为颌面外科的主流术式,这说明瓦拉迪埃在他的时代是多么超前。[40]

在法国的几个月里,吉利斯深受瓦拉迪埃的影响与启发。后来,他称赞这位牙医在面部重建方面发挥了先驱作用:"第一个整形与颌面科室的成立促进了后来整形外科的发展,而这一切都要归功于温文尔雅的(瓦拉迪埃)非凡的语言天赋。"[41] 正是这位开着劳斯莱斯的古怪牙医,说服了那些被绑在他的牙科椅上暂时无法动弹的将军,令他们相信有必要成立这样一个专科小组。

牙科和医学的实践形成了一条跨学科的双行轨道。像瓦拉迪埃这样的牙医在战争期间也从他们的外科同事那里学到了许多。"因此,一切水到渠成,"吉利斯后来写道,"外科手术的团队合作时代应运而生——牙科和整形外科团队携手并进。"[42] 吉利斯在离开前线很久以后,仍与瓦拉迪埃保持着通信。有时,瓦拉迪埃因为自身技术的局限性而无法处理某些严重病例时,甚至会把病人介绍给吉利斯。

在与瓦拉迪埃合作期间,吉利斯遇到了一个又一个头部和颈部严重受伤的病人。他很快便看清了现状,如果能在英国设立一个永久性的专科部门，将所有需要进行面部重建的伤员送去那里，那么这些人就可以得到最好的治疗。他后来回忆说："我觉得自己在帮助伤员方面做得还不够，还得再接再厉。"[43]吉利斯的心中已经埋下了一颗种子，当他接受下一个任务时，这颗种子将在前线外科的残酷温室中得到滋养。

第三章　灵感启示

1915 年春，哈罗德·吉利斯抵达比利时野战医院时，医院及其工作人员刚经历了一场大动荡。[1]这里是自战争开始以来该医院的第三处落脚点。医院最开始建在安特卫普，直到 1914 年 10 月这个城市被德军围攻。在夜色的掩护下，医生和护士将病人迅速转移到已经塞满餐具、毯子和医疗器械的汽车上，侥幸逃脱了敌人的追捕。虽然大巴车在轰炸的混乱中失散了，但医务人员们最终重新集结，在一所改造过的校舍里建起了第二家医院，这里位于敦刻尔克以东 15 英里的弗尔讷（Furnes）。[2]然而，这个宁静的比利时小镇没能长久地躲过德国人的注意。

1915 年 1 月，就在安特卫普被围城三个月后，弗尔讷遭到了猛烈炮击。当医院工作人员再次启动撤离时，一名叫作罗莎·维赫特（Rosa Vecht）的 33 岁护士在与同事告别时被弹片击中腿部。她的腿受伤严重，不得不在髋关节处进行截肢。可是在手术过程中，维赫特失血过多，最终因伤势过重不治身亡。她是唯一一位在第一次世界大战期间牺牲的荷兰护士。[3]

比利时野战医院的第三处落脚点距离第二处仅仅相隔两英里，位于一个名叫霍格斯塔德的独立村庄，只有一条狭窄湿滑的小道能够通达此处。工作人员将一座破旧的两层救济院改建成拥有 80 张床位的医院，医院后面有几处农舍，坐落在环绕着潺潺溪流的田野斜坡之上。[4] 护士、护理员和洗衣女工睡在阁楼里，她们将绷带绑在屋顶的椽子上，再将床单别在上面，形成隔断。一楼是厨房，掌勺大厨曾经利用一桌丰盛的筵席逃过了德国人的囚禁。他在菜肴中掺入甜酒，并向参加宴会的人灌下了数加仑的葡萄酒，待敌人酩酊大醉之时，他拿起自己的帽子和大衣，从容离开，重获自由。[5]

和前身一样，位于霍格斯塔德的比利时野战医院距离战场依旧很近，这让人十分不安。《泰晤士报》宣称它是"离火线最近的医院"，并鼓励读者通过向医院捐赠维修费用的方式来挽救生命和保全肢体。[6] 然而，医院四周散发着一种诡异的混合气息，既有田园生活的安宁恬淡，又夹杂着战事的紧张、血腥。一名护士回忆说：

> 奶牛在机动救护车和漆成战争灰、车身画着巨大红十字的汽车之间游荡。士兵们抬着担架运送伤员，或者抬出亡者，修女们则坐在一旁挤牛奶；救济院里体弱多病的老妇人戴着大檐帽在街上悠哉闲逛，而军队的护士们则飞快地应付各种差事。在同一个谷仓里，技工们在修理汽车，而粗犷的农民则用老式的连枷打着玉米。[7]

农村的环境或许很有魅力,但它缺乏城市所能提供的一切现代便利条件。医院的周围不仅有农田,还有泥土和粪肥。"农场院子里的一大块土地下面有一个巨大的污水池,离水井很近,水泵的手柄日日夜夜吱吱作响,我们的饮用水都是从这里取用的。"这位护士还在日记中写道。[8]可以这么说,初来乍到者并没有宾至如归的感觉。

5月1日——"卢西塔尼亚号"皇家邮轮被德国U型潜艇鱼雷击中,淹死了1 201名平民(其中包括128名美国人),就在这起臭名昭著的事件发生前一周——吉利斯来到了敦刻尔克。与他同行的是赫伯特·W. 莫里森(Herbert W. Morrison),新获任命的比利时野战医院指挥官。[9]遗憾的是,医院工作人员没有接到关于他们抵达日期的通知。因此,当吉利斯和莫里森踏上码头时,并没人前来迎接他们。二人等了几个钟头,终于来了一名叫作纳特·巴顿(Nat Batten)的司机,接上了他们。此时,莫里森已经怒不可遏。他抱怨医院明显缺乏组织能力,并将这一疏忽归咎于巴顿个人。对于这通怒火,巴顿并未轻易略过。他警告莫里森,以这种态度,莫里森在指挥官的位置上是坐不长久的。结果就是,莫里森随后开除了巴顿,这一不受欢迎的举动引发了连锁辞职反应。[10]

吉利斯和莫里森并非那个春天唯一一批新到的成员。杰出的科学家玛丽·居里也曾造访这家医院。当时,居里夫人因发现镭元素而闻名于世。1903年,她成为第一位获得诺贝尔奖的女性,并在1911年再次获奖。战争爆发后,居里夫人暂时搁置了她的科学追求。她将所有元素封存于一个有着铅内衬的容器中,运送到位于波尔多的一个保险箱里,以防落入德国人之手。随后,她将自己的才能转向了战争,制造出一辆装有病床、发电机、X光机和照相暗室设备的汽车。这些被称为"小居里"的汽车可以直接开上战场。这位世界闻名的物理学家、化学家还在战争期间建立了200个固定的X射线站,并帮助培训了150名女性放射技术员,以管理这些站点。

居里带着女儿伊雷娜(Irène)乘坐一辆她自己专门设计的救护车前往比利时野战医院。一名护士回忆说,这位科学家每天早上5点起床后便开始工作。"她同我们一起生活了两三周,同吃同住。这位最最低调、和善的女士,吃饭时就坐在我们旁边。"这名护士在她的日记中追述道。[11]居里夫人离开后,得到母亲亲传X射线机操作技能的伊雷娜,还留在医院工作了相当长时间。

战争促使居里夫人等知名人士发挥自身价值,但吉利斯此时尚未在自己选择的领域崭露头角。1915年5月初,吉利斯第一次走进野战医院的临时手术室时,第二次伊普尔战役正在如火如荼地进行着。这座简陋的建筑在远处传来的枪炮声中颤动。几乎每小时都有新的伤员送到医院,需要吉利斯去诊治、照料。手术不分昼夜地进行着,两张手术台上随时都有人在操作。地上血迹斑斑。一名护士回忆说,即使是那名将新伤员送往手术室的救护车司机,也会"拎起拖把和水桶去洗刷脏地板上的血迹,或者帮忙摁住正在接受截肢手术的大腿或胳膊"。[12]工作永无休止，现场惨不忍睹。

对于刚刚上任的外科医生吉利斯而言，第二次伊普尔战役是一次战火的洗礼。这场战役不仅夺取了数万人的生命，其中包括14岁的约翰·康顿（John Condon）——长久以来被认为是在第一次世界大战中牺牲的最年轻的士兵，而且此役是德军成功使用氯气作为化学武器的第一场战役。[13]

氯气是一种双原子气体，密度约为空气的2.5倍，它在肺部与水发生反应，生成盐酸，对身体组织造成永久性损害，可以在极短时间内致人死亡。英国士兵伦登·佩恩（Lendon Payne）曾回忆起某次毒气袭击带来的震撼感受，事情就发生在吉利斯抵达比利时前不久。"当我沿着河岸望去时，几乎不敢相信自己的眼睛。"他写道，"（那里）到处是被毒气毒死的人，肯定有超过1 000具的尸体。在下游，沿着运河岸再往前走一小段路，河沟里也堆满了尸体。"[14]

氯气的使用期限十分短暂，因为它的颜色和气味都很容易被发现。最终它被更致命、更有效的化学物质所取代，如光气、溴和双氯乙基硫化（俗称芥子气）。化学武器的使用最终促成了阴森恐怖的防毒面具的发展，这种面具成为第一次世界大战的标志。但在1915年春天，防护设备尚未问世，而比利时野战医院的工作人员中也没有人目睹过毒气对人的灾难性影响。一名护士记录了她面对化学战伤员时的辛酸无助："他们躺在哪里，完全清醒，却说不出话，也喘不过气，只能在极度痛苦的折磨中慢慢死去。我们竭尽所能，可治疗这类病例的最佳方法尚未被发现，我们几乎无能为力。"[15] 因吸入毒气而无药可救之人被抬上救护车，沿着公路前往附近的玉米田，他们最后的安息之所。

吉利斯在比利时野战医院工作时必然感受到了心理和身体上的双重压力。历时一个月的战斗造成双方数万人死伤。当他离开那里时，他已经在处理军事装备对人体的影响方面积累了相当丰富的经验。尽管他在很多情况下都能为病人清伤止血、稳定病情，但他还没研究出如何解决前线人员遭受的长期伤害。

1915年6月，第二次伊普尔战役以德军大获全胜画上句号。战役结束后不久，吉利斯被授予少校军衔，并被调往位于法国埃塔普尔的盟军基地医院。[16] 走马上任之前，他先返回伦敦休了假。[17] 这是一个回家看望凯瑟琳的好时机，在他离家的这段时间里，她生下了他们的第二个孩子玛格丽特。吉利斯要照顾两个年幼的孩子，他的家庭生活必定十分忙碌，可他仍旧忍不住忙里偷闲打了几杆高尔夫球。体育作家亨利·利奇（Herry Leach）报道说，有不少人"打算起誓他们最近瞧见了（吉利斯）……身着皇家陆军军医队少校军装"。利奇接着写道："这位少校曾在伦敦的某个一流球场现身一两次，而且取得了惊人的低分。"[18]

吉利斯并没有把整个假期都花在消遣活动上。他将精力主要放在了研究他人在外科分支领域已经取得的一些进展上面，这是他在与瓦拉迪埃共事时就已关注到的。一位同事借给他一本德文书，其中有一节讲颌骨手术，这引起了吉利斯的注意。基于近期的一些武装冲突，例如1913年巴尔干战争，德国医学界的研究进展快人一步，已将其他国家甩在身后。巴尔干战争造成的大量面部损伤与第一次世界大战中出现的伤情类似，只是在规模上要小得多。德国人迅速建立了多学科研究方法，不仅倚重外科医生，而且有牙医和牙科技师参与面部重建的各个处理环节。[19] 诚然，大多数手术的表现并不尽如人意，但大量知识理论在这一过程中得以积累。这本书让吉利斯深受触动，他评价道："我已经找到了自己最感兴趣的外科分支。"[20]

这一新出现的兴趣点促使他开始了进一步探究。当年6月返回法国后，吉利斯在巴黎逗留了一段时间，去寻找一个重要的知识之源：希波吕特·莫雷斯汀（Hippolyte Morestin）。这位外科医生经手过一个著名的病例：女演员莎拉·伯恩哈特（Sarah Bernhardt）在维克托里安·萨尔杜（Victorien Sardou）的戏剧《托斯卡》（*La Tosca*）最后一幕中，从圣天使城堡的护栏上跳下，摔碎了膝盖，而后正是莫雷斯汀为她进行了医治。吉利斯听说莫雷斯汀在圣宠谷军医院创造了奇迹，那里正在接收并治疗面部受伤的法国士兵。他渴望亲眼看到这位欧洲首屈一指的颌面外科医生工作的情景。

莫雷斯汀性格孤僻，目光锐利，留着尖尖的山羊胡，情绪极易波动。法国作家乔治·杜哈梅尔（George Duhamel）在战前和战争期间跟随莫雷斯汀进行外科培训，他曾描述这位忧郁的外科医生如何在一瞬间变身为一头"敏捷而凶猛的野兽"。[21] 在他的回忆里，有一次，莫雷斯汀手起刀落瞬间割掉了一名病人癌变的舌头，而这名病人当时只是半昏迷状态，他"咳嗽着，鲜血喷了我们一脸"。还有一次，这位医生甚至对一个死去的女孩儿出言不逊，"对她喋喋不休，大加指责"，因为她没撑到动手术那一刻就病死了。[22] 即使在莫雷斯汀的讣告中，他被记住的也是他那不稳定的情绪，时而安静，时而癫狂："很少有外科医生能比这个身体虚弱、面容憔悴、目光如炬的男人表现出更强大的能量。"[23]

鉴于莫雷斯汀的过去，他脾气暴躁或许是可以理解的。他对创伤并不陌生。1902年，当他在巴黎学医时，马提尼克岛沉睡了几十年的火山突然爆发，炙热的火山灰和尘埃喷撒在他的家乡圣皮埃尔。60秒内，整个地区被温度高达2 000华氏度的火成碎屑物夷为平地。圣皮埃尔的30 000名居民中，仅2人侥幸生还，其余全部遇难，其中就包括莫雷斯汀的22位亲人。[24] 死难者中有他深爱的父亲，也是一名外科医生，正是在父亲的鼓励下，莫雷斯汀才选择从医，因而远离了灾难现场，拯救了自己的性命。从那时起，莫雷斯汀的内心深处就充满了悲伤。

尽管如此，他并没有因为个人悲剧而放弃学业。他对解剖学有着非凡的领悟，这在他职业生涯的早期发挥了巨大作用，当时他专门负责切除患者脸颊和口腔中的癌细胞组织。不久之后，他又将注意力转移到整形技术上，以解决伤口留下的疤痕。

与同时代的许多人相比，莫雷斯汀特别关注美学问题，甚至尝试用一系列椭圆形小切口来收紧皮肤，从而达到小幅度面部提升的效果。第一次世界大战爆发后，他自然而然地将重点放在了颌面创伤上。但傲慢的他认为，只有外科医生才有能力修复面部。因此，莫雷斯汀很少聘用牙医，而他对牙医的态度也是高高在上。即便如此，他无与伦比的外科手术技巧仍旧大受欢迎。负伤的法国士兵越来越多，直到有一天他突然发现，自己管辖的病床已不下480张。

第一批伤员从前线到来之前，圣宠谷军医院已经拥有了治疗军事人员的悠久历史。这座华丽的圆顶建筑，高高耸立于如今巴黎第五区中心熙熙攘攘的街道之上，看起来如同童话故事中的景致。这是有原因的。17世纪，为了庆祝路易十四奇迹般的诞生，这座教堂应运而生。在此之前，他的母亲，奥地利王后安妮已经有23年未得任何子嗣。法国大革命期间，教堂里的本笃会修女为受伤的革命者提供医疗服务，使圣宠谷免于遭受像巴黎圣母院等诸多位于巴黎的教堂经历的亵渎与破坏。不久之后，这座建筑就被改成了一所军事医院。吉利斯于1915年夏天抵达时，这里已是一片繁忙之景。莫雷斯汀以其"匕首般锋利……尖锐的上髭和细长的胡须"给吉利斯留下了深刻印象。[25]

这位年长的外科医生欢迎吉利斯进入他的手术室。在那里，吉利斯看到莫雷斯汀一丝不苟地切除了患者面部的肿瘤，并用患者颈部的一大块皮瓣缝合了伤口。吉利斯后来回忆了这一职业生涯转折点："我目不转睛地看着他切除掉那半张被癌症扭曲的脸庞，然后灵巧地反转颈部皮瓣，不仅修复了脸颊，还修复了鼻侧和嘴唇，所有操作一气呵成。"[26] 多年后，当年长睿智的吉利斯确立了自己在面部重建领域的权威之后，他反思说，这种手术很有可能不会成功。但他补充道，在当时，"这是我所见过的最为惊心动魄的事情。我当场就爱上了这项工作"。[27]

吉利斯是幸运的，在他被委派的工作岗位上遇到了一些鼓舞人心的人物。不久之后，他离开圣宠谷军医院，前往埃塔普尔的盟军基地医院执行新任务。[28] 大概就是在这一时期，吉利斯第一次接触到了瓦拉兹塔德·卡赞詹（Varaztad Kazanjian），一名就职于卡米耶第二十二总医院的亚美尼亚裔美国牙科医生。卡赞詹于1915年6月随哈佛大学的一支志愿医疗队前往法国，为英军提供援助。抵达后不久，卡赞詹就成立了一个专门小组来治疗颌面受伤的士兵。和瓦拉迪埃一样，他日夜不停地为下巴破损、鼻子粉碎性骨折和面部撕裂的士兵进行验伤分类。吉利斯非常钦佩卡赞詹，他认为卡赞詹认真负责的工作凸显了牙科在面部重建中的首要地位。"他利用加重的假牙构造出了如此柔软的嘴唇和丰满的下巴。"吉利斯对此惊叹不已。[29] 二人在第一次世界大战期间一直保持着密切联系。[30]

吉利斯决心将他新学到的知识和对整形外科的热情投入到实践中去。卡赞詹、瓦拉迪埃和莫雷斯汀都在努力解决战争中日益增多的面部创伤问题，可吉利斯明白，目前为士兵们提供治疗的系统既分散又低效。虽然有些人幸运地获得了这些专家的医治，但是绝大多数患者都被送去了普通外科医生那里，他们匆匆忙忙为病人们包扎好伤口，然后又将其送回战壕继续战斗。

事实上，当时整形外科还不算一门正式的学科，几乎没有哪位英国外科医生有这方面的临床经验，这让问题变得更为复杂。吉利斯认为，如果能将伤员直接送到一个特定地点进行治疗的话，那里的外科医生就可以更快地在工作中学习，从而更有效地治疗随后源源不断的病人。[31] 他认为目前需要的是一个医疗中心，各科医生可以聚集于此，共同处理西线战场上数量惊人的面部创伤。通过这种方式，整形手术方法可以得到尝试、测试和标准化。

1915年底，吉利斯主动找到威廉·阿布斯诺特·莱恩（William Arbuthnot Lane）爵士，一位主管剑桥军事医院的高级外科医生。这所医院以其中一位剑桥公爵的名字命名，实际上坐落于汉普郡的奥尔德肖特。莱恩思想前卫，还是手术室无菌帽、无菌面罩和无菌手套的早期倡导者，他正是吉利斯需要联系的合适人选。他最近刚刚伸出援手，将截肢者集中到位于罗汉普顿的玛丽王后医院，使他们能够得到专业护理。因此，莱恩接受了吉利斯在奥尔德肖特建立一个专门科室用于治疗面部和下颌创伤的设想。而且他知道，基于在法国处理类似病例的经验，吉利斯非常适合担任该科室的负责人。他将吉利斯的想法告诉了自己的好友、英国陆军医疗服务总长官阿尔弗雷德·基奥（Alfred Keogh）。没过多久，这一请求就获得了批准。

1916年1月11日，吉利斯接到陆军部的命令，要求他去剑桥军事医院报到，承担管理整形外科的特殊职责。现在，他只需要证明自己足够胜任这项任务。

第四章　全新技艺

1916年1月的一天，寒风凛冽，哈罗德·吉利斯踱进了奥尔德肖特剑桥军事医院的病房，环顾四周，然后转向一名叫作凯瑟琳·布莱克（Catherine Black）的爱尔兰护士。"这里正是（我的下颌病患）所需之处……这些可怜的家伙可以转到其他病房去。"[1]刚刚步入当日工作节奏的布莱克几乎不敢相信，下达这样一个命令会如此轻描淡写，仿佛在已经人满为患的医院里为重症伤员寻找新床位只需几分钟的工夫。

布莱克很快便会知晓，这名年轻军官的字典里根本没有"不可能"这个词。与吉利斯争论是徒劳的。在他看来，该做的事就**得**做到。"他不会认输。"布莱克注意到。[2]当吉利斯开始为病人进行面部重建的艰巨工作时，这种态度将对他们大有裨益。

第一次世界大战爆发时，年近而立的布莱克正在伦敦皇家医院工作。当她志愿成为一名护士时，她并不真的相信自己会被征召入伍。同多数人一样，她以为这起武装冲突会在圣诞节前结束，那时便不再需要她应召服役。然而，随着时间的推移和伤亡人数的增加,战场对经验丰富的医生及护士的需求也在上升。在没搞清楚状况前,布莱克就穿上了军队护士服。这套制服包括一条简单的灰色连衣裙、一件缀有红色镶边的披肩和一顶类似修女习惯穿戴的白色薄纱帽。1916年,当吉利斯慢悠悠地走进她的病房时,她不禁开始开始琢磨,战争是不是永远没有休止的那一天。[3]

剑桥军事医院有一条长长的中央走廊,一直延伸到视线所及之处。它是依据弗洛伦斯·南丁格尔(Florence Nightingale)在19世纪所做的卫生改革而建造的。宽敞的病房由两侧的高窗带来良好的采光和通风。这座新古典主义风格的建筑坐落在山丘之上,中央建有一座钟楼,地点是原先的建筑师精心挑选的。他们认为,将医院建于高处可以让风"扫除"感染。但等布莱克来到现场时,偌大的医院已是一片狼藉。

几乎所有的正规军护士都在一年前被派往法国,他们带走了所有最好的医疗设备。医院的大部分外科医生也被派往前线附近的医疗站点服务,留下的则是不适合入伍的年长员工或者刚从医学院毕业的新手医生。随着时间的推移,就连这些新人也将会被派往国外。美国护士埃伦·拉莫特(Ellen La Motte)总结了当时的严峻形势,她说:"所有这些知之甚少的年轻人,以及那些没怎么学过还忘了大半的老人,都来到这里……学习。情势所迫,只好如此行事,因为已经没有足够数量的合格医生可以上岗……给未上手的新人加强培训,让年迈的老人重整旗鼓,这些都十分有必要。"[4]欧洲大陆的医务人员如此短缺,至少有那么一次，一名军医在前线因公殉职后，空缺竟是由兽医顶替上的。[5]

回到奥尔德肖特后，这群由新老医务人员混搭而成的"杂牌军医"（布莱克如此称呼他们）构成了前来剑桥军事医院就医的伤员的最后一线希望。许多伤员已被战壕生活折磨得虚弱不堪。每个人身上都理应别上标签，注明姓名、编号、所在团部、伤口类型，并写明是否注射了抗破伤风针，但许多人的标签上只写着"GOK"（God only knows，上帝才知道）。[6]

看到头颈受伤的士兵的惨状，就连身经百战的护士也会感到震惊。一名叫作亨丽埃特·雷米（Henriette Rémi）的瑞士护士在战争期间就职于一家德国医院，她回想起当时那些毁容的人"脸庞残破如碎片"。[7]玛丽·博登（Mary Borden）——一名后来精神崩溃的护士——描述道：有一次，她揭开一名士兵头上的绷带后，他的半个脑子滑落了出来。[8]病房里充斥着大屠杀留下的惨状，遥远前线上的冲突所造成的严峻后果就这样被带回故土，交给医护人员处理。"你不可能在体会过我们所经历的恐怖、看过我们所目睹的惨状之后，还能做到一切如故。"布莱克后来回忆道，"你迈进去时青春飞扬，走出来后却苍老到任何岁月磋磨都无法造就的程度"。[9]

吉利斯下达了清空病房的命令之后，布莱克的后勤工作便如同进入了一场噩梦，她需要把那些由她照看的病人转移到医院的不同科室。与此同时，刚与家人团聚片刻的吉利斯要再次

69

告别爱妻和两个幼子,重返欧洲大陆,期待在整形外科领域取得更多经验。他的寻访之旅最终将他带回了巴黎,他决定再次拜访圣宠谷军医院的莫雷斯汀。

有传言说,这位法国外科医生已经成功为一名病人进行了软骨移植手术。"我求知若渴,希望通过观察这位外科医生的工作学到更多。"吉利斯写道。[10] 可当他抵达时,莫雷斯汀出人意料地拒绝了这位求知若渴的准学生进入他的手术室。无奈之下,吉利斯将自己的正式通行证递到莫雷斯汀手中,年长的外科医师依旧无动于衷,耸耸肩走开了。战争期间,有无数外国医生来到这家医院求助他们的法国同行,吉利斯就是众人之一,这也许是他遭到冷遇的原因。莫雷斯汀的学生乔治·杜哈梅尔后来回忆道:"我们本应(对这些造访者)以礼相待……可这显然没被当作惯例。"[11]

从法国回来后,吉利斯直奔伦敦陆军部。这座新巴洛克风格的波特兰石建筑位于市中心的白厅骑兵卫队大道。楼顶四个精致的穹顶旁是几座沉默的雕塑,分别象征着真理与正义、胜利与荣誉,以及——不出所料,考虑到大楼的功能——战争与和平。吉利斯到达时,大楼的 1 000 个房间、办公室的 7 个楼层以及每一条走廊无不紧张得瑟瑟发抖。

会议期间,他建议给面部受伤的士兵贴上标签,指引他们前往剑桥军事医院的新科室。但陆军部似乎没有人特别重视这一建议。毕竟,作为整天待在办公室里的行政人员,他们未曾亲眼见过英国士兵所遭受的伤害,或许并不认为这是一个急需解决的问题。吉利斯回忆了他的上峰对待此事的轻蔑态度："陆军部的人对我说，'小朋友，你赶紧走吧。我们这里可没工夫管这种小事儿'。"[12]

吉利斯却十分坚持，他知道，若要完成这项任务，还得自己动手。他走到斯特兰德大街，走进一家文具店，花十英镑买下一些标签，然后寄给自己在奥尔德肖特的住处。之后，他回到陆军部，要求将标签寄往前线的基地医院。他提出了这个不合常规的要求，随即便转身离开，暗暗祈求这些标签能顺利到达合适的病人手中。吉利斯已为投入工作做好准备。[13]

回到奥尔德肖特后，吉利斯立即着手招募外科团队成员。与莫雷斯汀不同的是，他希望自己身边能围绕着众多可以携手合作的医师同行。瓦拉迪埃向他传授了牙科技术在重建下颌骨方面的要点，吉利斯也很早就得出结论：复原下半张脸的基底结构与修复软组织同等重要。他在奥尔德肖特开始工作后不久就在《柳叶刀》上发表报告称："牙医和外科医生在其他任何工作环节上的合作效果都不若在重建碎裂下颌时发挥得如此充分。"[14] 他说："如果一名医生只将修复工作局限在表层组织而无视大自然在结构上的指教，等待他的将会是失望。"[15]

牙医在面部重建中的主要作用是确保病人能够相对轻松地进食和说话，基于此，他们对重建工作的整体成功至关重要。在前抗生素时代，由于感染风险高，人们无法像如今的牙科医生那样用金属板、金属棒、金属丝或螺钉在身体内部固定骨折之处。因而，外科医生必须在面颊**外部**使用框架和销钉稳住下巴，才能着手处理其他伤情。

因为存在这些挑战，所以吉利斯在时机成熟时招募的不是一名而是两名牙科医生，还要额外加一名麻醉师和一名手术助理，这也就不足为奇了。随着时间的推移，他的团队逐步发展壮大，包括其他外科医生、放射科医生、艺术家、雕塑家和摄影师——这反映了吉利斯的医疗理念：面部重建需要多学科共同参与。

与此同时，一个微小但令人振奋的奇迹出现了，吉利斯的文具小把戏果真奏效了。在他拜访陆军部后的几周内，陆续有伤员来到这里，破旧的军装上别着他的手写标签。没过多久，病房里就挤满了急需救治的伤员。"每当一个粗心大意的士兵不小心把头……露出战壕，一束月光打在他惨白的脸上，我们就会多一个病人。"他写道。[16]

前线压力巨大，因而大多数外科医生只是简单地将裂开的伤口两侧缝合在一起，接下来就是寄希望于大自然完成剩下的工作。如此一来，难免给吉利斯带来颇多麻烦，因为有这类伤口的病人都需要他继续治疗。他可以理解，在修复一张缺失了大片血肉的面部时，人们会本能地采取这种医治办法。"似乎当务之急就是盖住缺口，"他写道，"因此将相邻组织拉到一处来闭合伤口的做法十分顺手。"[17]遗憾的是，这类草率的手法往往会使受影响区域的细胞遭到破坏继而坏死，如若处理不及时，还可能会扩散影响到附近的健康组织。

想要解决面部组织缺失的问题，没有捷径可走。战前，尽管要冒着感染风险,但外科医生仍会定期尝试一些植入装置,如金属板和赛璐珞板。[18]一些医生甚至将热石蜡注入患者面部,用以塑造、修复或完善患者的五官。20世纪初,马尔伯勒公爵夫人格拉迪斯·迪肯(Gladys Deacon)允许医生将蜡注入她的鼻梁,以求塑造出完美的希腊式轮廓。随着年龄增长,蜡块发生位移,滑落至她的下巴处,形成了肿块。迪肯对于自己容貌的改变异常沮丧,而当她已经不再符合那个时代的审美标准时,她最终选择与世隔绝,过起了隐居生活。考虑到在面部植入外来物质可能会导致各种并发症(尤其是出现排异反应),吉利斯更倾向于以骨头易骨头,以软骨替软骨,以皮肤换皮肤。

战场上仓促修复造成的恶果在一名被子弹打掉下唇和下颌的男子的身上体现到了极致。由于伤势严重,他被紧急送往战地医院。那里的外科医生在手忙脚乱中将他断裂的下颌骨碎片硬凑在一起,导致他的唇部疤痕严重,嘴唇下垂呈现"恶性毁容"。[19]最终,他被送往奥尔德肖特。在那里,吉利斯不得不重新剖开原有的伤口,让其得到舒展、扩张。之后,他借用这名病患下颌以下区域的皮肤组织制作了一个皮瓣,扭转过来覆盖住缺损的部分。

"皮瓣"(flap)一词源于16世纪的荷兰语flappe,意为宽大、松弛的仅一侧相连之物。在外科手术中,皮瓣是从原处剥离出来,然后移植到伤口处的一部分健康组织。皮瓣有自己的血液供应,包括一条较大的动脉或者多条较小的血管。皮瓣有两种类型：局部皮瓣和远位皮瓣。就前者而言，皮肤取自缺损部分周围的供体组织，方法是从一块完整的组织上分离出皮瓣，再围绕其蒂部（皮瓣与身体相连的部位）旋转，覆盖住伤口。然后医生再对手术切口进行缝合处理。另外，皮瓣也可以沿着一条直线向前推进。将完整的皮肤拉紧，覆盖住伤口，继而进行缝合。

相形之下，远位皮瓣是从较远的身体部位转移组织。但与局部皮瓣方法一样，其一侧必须与原有部位保持连接，以维系血液供应。这样的操作可能会使得一条长长的皮肤"系带"——其底部是血肉——裸露在外。如此一来，皮瓣很容易受到感染，进而危及生命。未来某日，吉利斯终究会为此找到解决方案，通过发明一种新型皮瓣，大大降低感染风险。可在奥尔德肖特工作的初期，他只能竭尽所能控制局面。

许多病例甫一到来就送上了超出预期的挑战。一名年轻伤员被弹片击中导致下巴碎裂。结果，他的鲜血不断流入呼吸道，直至从口鼻处溢出。值得注意的是，他在返回英国的十天旅途中，一直保持着直立坐姿，竟避免了窒息的情况。但鉴于伤口的性质，他无法有效地饮水或进食。因此，到达剑桥军事医院时，他已经出现严重脱水和营养不良，脸上"满是脓水，恶臭难当，还生了……坏疽"。[20]

吉利斯的首要任务是为他冲洗受感染的伤口，正如他在布洛涅的专科病房里观摩过的瓦拉迪埃的无数次操作那样。随后，护理人员定期清理伤口。这个时候，病人会坐直身板，下巴底下放一个肾形盘，用来接住水流和液体。经过数日乃至数周的努力，吉利斯和他的团队终于成功阻止了感染并促进受损组织的愈合。直到此时，他才能将注意力转移到必要的重建工作上。

伤口感染并不是吉利斯在奥尔德肖特面临的唯一难题。无数其他挑战每时每刻都会出现。爱德华·托兰（Edward Toland）曾于1914年在位于巴黎马杰斯缇克酒店的野战医院工作，他详述了工作人员给面部受伤而无法进食固体食物的病人喂食时所遇到的困境：

（病人）必须脸朝下趴卧在床上，除了一些流质食物，他吃不了任何东西。

（我们）在他面前放了一个盆子，又在他脖子上围了一块橡皮布；然后，他把一根橡皮管推进自己的喉咙里，我们再通过一个漏斗倒入牛肉浓汤或牛奶。几乎每次吞咽，食物都会流向错误的方位，他就会被呛住几分钟；稍过片刻，他点点头，似乎在说，一切又已准备就绪。[21]

吉利斯明白，保持伤员的体力至关重要，这样他们才能承受住一系列艰苦的手术过程。因此，在奥尔德肖特，他们的饮食受到特别关照，食谱主要由浓汤、牛奶和人造消化食物构成。[22] 流质食物通过橡胶管、喂食杯喂给病人，然后再用清水冲洗他们的口腔和喉咙，防止感染。对于那些可以自行咀嚼的病人，还有大量鸡蛋供他们食用。据布莱克护士说，她和同事们一天要为病人提供多达300个鸡蛋。工作无休无止。员工们刚给病人喂完饭，就要开始准备下一轮了。

就这样，迈着蹒跚的脚步，颌面专科一步步踏入正轨，逐渐在奥尔德肖特站稳了脚跟。

随着冬季的来临，为了解决世界上第一次大规模工业化战争造成的兵员短缺问题，参战国付出大量努力，将已经伤痕累累的士兵送回战场。[23]《泰晤士报》的一名记者评论说，伤员"在难以获得足够数量的新兵的情况下具备潜在价值"。[24]

吉利斯无法摆脱将伤者送回前线这种令人泄气的压力。他抱怨说："伤势一旦有所好转，士兵就会被送回营部或炮兵连。通常他们看上去像是自己受伤前的拙劣仿品。"[25]他的病人一旦能够背负起野战装备的重量，就要被送去作战，结果只能是再次被战火摧毁。一名战地护士不禁发问："这难道不是一个毫无奔头的职业吗？护理伤员，帮助他们复健，他们恢复得差不多时，被送回战壕……"[26]

吉利斯在给伦敦医学会的致辞中承认了这一困境。"我想让你们知道的是，我的首要职责是为军队服务，这包括在最短的时间内把尽可能多的士兵送回部队。"他写道，"我的第二项职责是对病人负责，尽我所能为其医治，无论他是成就斐然的成功人士，还是穷困潦倒的退休老人；而我的第三项职责是尽可能无拘无束地为科学和外科知识做出贡献。"当然，这三项职责之间经常会发生矛盾，吉利斯承认，来自前线的压力经常会极大地阻碍他履行对病人和专业的职责。[27]

讽刺的是，医学进步是为了消除战争带来的恐惧，却也延长了战争持续的时间。一名士兵说："伤亡带来的不是恐怖，而是替换上岗。"[28] 医生们急急忙忙地为伤员包扎伤口，一旦伤员完全康复，他们就无意中为战争机器提供了更多人力。战地外科医生弗雷德·阿比尔（Fred Albee）指出："在这个令人遗憾的结果中，只有一个亮点——从长远来看，人类将从外科医生于战时获得的知识中受益匪浅。"[29] 但在战争激烈进行时，只有一个重点：尽可能多而快地将士兵们送回前线。

就在吉利斯在奥尔德肖特孜孜不倦地医治病人之际，英国军队也开始采取一些措施，以保护步兵的头颈免受伤害。在战争头一年，士兵们头顶布质军帽参加战斗，没戴过任何专门设计的防护头盔。这些帽子无法保护士兵免受子弹和弹片的伤害，也无法抵御前线多变的天气条件。"没有什么能比当下的军帽更不合时宜的了。"《泰晤士报》的一名撰稿人哀叹道，"（它）让佩戴者很容易被认出……（而且）既不防晒也不防雨。"[30] 他们的法国和比利时盟友也面临着同样的风险。即使是德国人的皮质"尖顶帽"，上面特有的黄铜钉也抵御不了高速飞行的炮弹碎片。

1915 年，法国军队制造出第一顶金属头盔。这是一个由软钢制成的碗状头盔，佩戴在士兵的布帽之下。不幸的是，假如"头骨帽"被炮弹碎片击穿，脏布的碎片就会随之嵌入伤口，增加感染风险。更糟的是，这些脆弱的金属帽一旦被击中，就会碎裂成片，给佩戴者及其附近人员造成更大的伤害。法国人重新回到绘图板前，设计出了阿德里安头盔（Adrian helmet）。这是一种圆顶头盔，帽檐狭窄，可以取代布帽——这一设计归功于奥古斯特·路易·阿德里安（August-Louis Adrian）中将。尽管有了这些改进，但英国陆军部仍不满意，仍在寻求更好的解决方案，用来迅速投入生产并分发给自己的部队。

同年晚些时候，约翰·布罗迪（John Brodie）的专利设计被英国军队选中。布罗迪头盔（后以此名为世人所知）由一块哈德菲尔德钢板切割而成，这种材料以抗冲击性强而著称。钢板随后被压制成"汤碗"形状，并带有一个两英寸宽的帽檐，以提供额外防护。布罗迪头盔不仅坚固，相较于法国的设计，生产起来也更加简易快捷。鉴于西线战场上头部受伤的人数不断增加，高速生产至关重要。到了1916年夏天，百万顶布罗迪头盔已分发至前线部队，并很快成为这场战争的另一个标志性符号。这也是第一种不分军衔面向所有在英国以及英联邦军队服役的军人发放的头盔。

布罗迪头盔的成功促使一些人开始思考，钢铁防护装备是否应该从头部扩展到身体的其他部位。一名记者在为《泰晤士报》撰稿时写道："我们应当为战壕中作战的士兵们提出佩戴胸甲、护膝和护肘的要求。"[31] 然而，这个想法从未被认真考虑过，原因很有可能是实施成本过高，而且如此厚重的铠甲也许会影响士兵在战壕及战场上的机动性。

改进头盔的尝试还包括加装链甲面罩。此款面罩经测试可抵御从一百码外发射的三盎司榴霰弹。[32]坦克兵发现,面罩可以有效抵挡"飞溅碎屑",也就是子弹击中坦克外壳时飞溅的金属碎片。但大多数步兵觉得面罩过于碍事,于是从头盔上将其取下,面罩因此失效。其他更实用的发明接踵而至,包括步枪上的潜望瞄准镜,可以让射手隐藏于掩体之下进行射击。

尽管有了这些预防头部受伤的努力和尝试,但士兵的面部在很大程度上依旧暴露在外,十分脆弱。吉利斯在奥尔德肖特工作的最初几个月里,数以百计的伤员继续不断拥入病房。

从一开始,吉利斯就表现出了一种杰出品质,他对毁容的士兵一视同仁,不带丝毫偏见。认识他的人都将其视作一位"具有钢铁般意志和伟大胸怀的人物",病人在他眼中并不仅仅是带有编号的战斗员。[33]D. M. 考尔德科特·史密斯(D. M. Caldecott Smith)女士的兄弟曾在奥尔德肖特接受吉利斯的治疗,在她的记忆中,吉利斯"充满人性之善"。[34]同样,雷金纳德·埃文斯(Reginald Evans)中士对"普通士兵也能受到与军官同等的照顾"表示惊讶。他写道:"吉利斯上尉甚至亲自为我包扎伤口。他忙得不可开交,晚上还过来查房,看我是否舒服。"埃文斯日后也过上了相对正常的生活,他将其归功于吉利斯成功的面部重建工作:"我能得到幸福真是多亏有他。"[35]

毋庸置疑,刚受伤时,士兵可能会受到很大的情感冲击。外科医生弗雷德·阿尔比指出:"一个人在生活中注定要成为自己和他人眼中的恐怖事物,这对他的心理影响是无法描述的。"

他注意到，伤残士兵常常感觉是"自我世界中的陌生人"，并补充道，"与自己形同陌路的感觉一定像是坠入了无边地狱"。[36]

对于病人来说，吉利斯的在场本身就是一股治愈的力量。他经常用他那标志性的宽慰之词来安抚伤员："别担心，孩子……你会没事儿的，等我们给你做完治疗，你就会和我们大家一样拥有一张好看的脸。"吉利斯随和的态度和幽默感总是能让病房里的人感到振奋。"（我）感谢上天赐予我从日常生活中找到乐趣的天赋。"他说道。[37] 在奥尔德肖特的那段时光里，病人们因此而爱戴他。

并不是每个人都能像吉利斯那样镇定自若地与毁容者打交道。即使是经验丰富的医务人员，在遇到面部受伤时也掩饰不住内心的恐惧与触动，而他们的反应则会给病人造成更大的忧惧。沃德·缪尔（Ward Muir）在位于旺兹沃思的伦敦第三综合医院做过护理员，他对自己当时的反应感到惊讶。"面对病人时，我从未有过任何尴尬……无论他的状况有多糟，无论他对我的依赖程度多么让人羞耻。可当我接触到某些面部创伤时，情况就变了。"他后来坦言。[38] 缪尔把每个士兵都想象成他们战前应有的模样——"一个朝气蓬勃、惹人喜爱的英国青年典范"——而当他站在这些"破损的石像怪"面前时，这种想象只会让情况变得更糟。他担心自己会在不经意间"让可怜的受害者觉察到我所注意到的事，也就是说，他面目狰狞"。[39]

而吉利斯，即使在最绝望的情境下也可以做到鼓舞人心，让他的病人和员工振作起来。"有的病人半张脸被炸毁，皮肤碎成一片片，吊在一旁，下颌骨粉碎成泥，摸上去像是沙子。就算是这样的病人，他也会接手治疗。"护士布莱克回忆说。[40]她对"上尉"的钦佩与日俱增，在奥尔德肖特，吉利斯被亲切地称为"上尉"。虽然工作很辛苦，但布莱克很快就认识到吉利斯与他的团队所做工作的开创性意义。她敏锐地指出："第一次世界大战牺牲了数百万人的生命，却也间接拯救了另外数百万人。"[41]

早期工作进展缓慢，虽然布莱克对吉利斯信心满满，但他本人并不总是有信心。"这是一门全新的技艺，不像现在的学生，从小疤痕切除术入手，逐渐过渡到独立负责唇裂手术。而我们要突然面对半张脸的改造。"后来他回忆道。[42]没有教科书供参考，也没有老师可以请教，吉利斯只能依靠想象力在脑海中将解决方案具象化，用以处理摆在他眼前的种种问题。不过，这场灾难的规模之大，也为整形外科的发展和最佳实践的标准化提供了绝无仅有的机会。多年以后，吉利斯回首在奥尔德肖特度过的那段日子，亦感慨不已。"一直以来，"他写道，"我们竟然在没有磺胺类药物、血清和青霉素的情况下摸索新方法，探索新成果。"

吉利斯经历的失败和成功一样多，每一次新的打击所带来的刺激都和前一次同样强烈。二等兵威廉·亨利·杨（William Henry Young）之死让他难以承受，尤其是想到这名士兵抵达奥尔德肖特时的场景如此惨烈。[43]

杨身材魁梧，留着八字胡，圆圆的脸颊使他看上去比实际年龄40岁要年轻一些[44]。战争初期，他曾被一名狙击手击中大腿。经过漫长的恢复期，他重返战场，却在1915年春天遭遇了氯气袭击，事发地点距离吉利斯当时工作的比利时野战医院不远。这次袭击使杨的视力受损。那年冬天，杨再次被派往前线，就在法国北部丰克维莱尔以东，而另一场灾难即将在那里降临到他身上。[45]

就在圣诞节前几天，12月的一个寒冷潮湿的清晨，当黎明的曙光爬上战壕时，杨发现150码以外躺着一名受伤的军官。他在没有收到命令的情况下，冒着敌人猛烈的炮火穿过铁丝网，匍匐爬到血流不止的沃尔特·艾伦（Walter Allan）中士身畔。艾伦命令杨回到安全地带，可杨没有因此却步。杨带上艾伦，准备重返战壕。就在他们快要接近安全之地时，一颗子弹击穿了杨的下巴，另一颗则正中他的胸膛。此时又有一名士兵赶来帮忙，他们一起将艾伦拖回战壕，挽救了这名军官的生命。[46]

随后，杨不顾自己伤势严重，步行半英里来到团部的一个救助站接受治疗。[47]最后，他被送回英国，在埃克塞特的一家医院接受了数次下颌粉碎性骨折手术。在此期间，杨的排长写信给他的妻子玛丽。"我相信，当你得知他是为了抢救受伤的战友而负伤时，一定会感到莫大的安慰。"排长在信中写道，"我们都希望他能得到官方应有的认可。他永远值得我们钦佩。"[48]这封信件寄出后不久，英国军队就授予了杨一枚维多利亚十字勋章，这是军队里的最高荣誉。杨在病床上给妻子写信说："我自然为获得这一伟大荣誉感到非常自豪，既是为了我自己，也是为了你和孩子们。"[49]

在杨康复期间,为了支持他及其家人,人们成立了一个基金会。公众纷纷慷慨解囊,总共筹集到了500多英镑。杨获准返回家乡普雷斯顿,在那里,他作为英雄受到了热烈欢迎。在火车站等待他的是市长派来的马车,载他前往市政府,而那里还有更多的庆祝活动恭候着他。当地东兰开夏军团的志愿者们自发解开马匹缰绳,一起拉车穿过欢呼的人群,乐队演奏着《英雄凯旋歌》。[50]

随着庆祝活动的结束,杨把注意力转回到他的康复上来。虽然他胸部的伤口并不严重,但面部的伤势意味着他只能通过插管进食。因此,上层决定将他送往位于奥尔德肖特的新建科室进行治疗。

吉利斯相信自己有能力修复杨的下巴,但手术并非没有任何风险。他的团队面临的最大挑战之一就是实施麻醉。面部受伤往往会导致呼吸道受阻,或因舌头和喉咙肿胀,或因控制喉咙的肌肉缺失。担架员们已吸取教训,当病人仰卧时——就像他通常处于麻醉状态时那样——这种情况尤其危险。

等杨到达奥尔德肖特的时候,吉利斯对这个问题已经再熟悉不过了。有一次,吉利斯不得不帮助麻醉师拉出病人的舌头来让他的呼吸道保持通畅,之前病人已经因为缺氧而面色铁青。"我清理了一下,然后继续凿取供体骨片。这时,病人的情况再次恶化,麻醉师再次需要得到帮助来保住病人的性命。"吉利斯写道。[51]

虽然让病人保持坐姿不失为一种解决方案，但这种做法同样会带来麻烦，因为病人的血压会因此下降。更糟糕的是，病人可能会在手术过程中清醒过来。吉利斯记得有一名叫作莫里森的病人就遇到了这种情况。"手术接近尾声时，他开始用法语和德语跟我说话，这可不是一星半点的打扰，"吉利斯回忆道，"我一边努力回应，一边腾出手按住他，把他的移植物固定到位，（并且）缝合他的伤口。"[52] 每天都会出现新的问题和不可预知的挑战。

二等兵杨抵达了剑桥军事医院，对即将进行的手术感到焦虑不安。他告诉吉利斯，过去用在他身上的氯仿会让他的状态很糟糕。[53] 事实的确如此，军医们在战争初期就已发现，当时常用的麻醉剂氯仿会导致室颤，一种致命的心律失常。对于像杨这样健康状况已然受损的人来说，这种影响尤其危险。[54] 吉利斯还是坚持进行手术，一如既往地希望手术可以达到最佳效果。手术当天，他还尽可能减少了麻醉剂的使用量。然而，杨还是陷入了昏迷。尽管吉利斯多次尝试对他进行抢救，但他再也没有苏醒过来。二等兵威廉·亨利·杨从多处枪伤和毒气的伤害中死里逃生，却死于突发的心力衰竭。[55] 他身后留下了九个年幼的孩子和一个可怜的妻子。[56]

吉利斯悲痛不已。他给杨的遗孀写了一封信，说自己因为手术的致命结果而"万分痛苦"，并哀叹道："他顽强挺过了种种苦难，结果却因遭逢厄运而离世，实在太过残忍。"[57] 他向她保证，手术时已经采取了所有防备措施。"能做的我们都为他做了,"吉利斯写道,"五名医生给他治疗,倾其所能。"[58] 即便如此,这次失败仍让他心情沉重。对吉利斯来说,解决为面部受伤的患者安全实施麻醉的问题,已经成为当务之急。

经过两百英里的旅程,杨的遗体被运回普雷斯顿进行安葬。成群结队的哀悼者聚集在这位英雄的家门口,目送他的灵柩穿越街道,被送往当地的公墓。一支由五十名伤员组成的队伍,其中包括两名来自奥尔德肖特的伤兵,专程北上参加了葬礼。

然而,无论吉利斯对杨的逝世怀有多么深切的哀悼,他也无暇抽身前去表达对逝者的敬意,太多士兵需要得到他的帮助。用不了多久,奥尔德肖特就会拥入大量病患,场面难以应对,敬业、专注如吉利斯,也分身乏术。

第五章　恐怖小屋

1916年春天,这个季节的第一批花蕾已开始绽放。吉利斯从窗户里望着"一群歪下巴和半张脸"排队走出医院散步。他知道,病人对拥有这种暂时逃离的机会感到十分兴奋,他们终于可以远离室内建筑的束缚,呼吸到外面的新鲜空气。可他看着不远处密布的乌云,不由得担心起来。他知道只要有一丝下雨的迹象,值班中士就会下令中止放风,迫使"悲伤的绷带队伍(返)回到凄凉的病房"。[1]

吉利斯转身继续巡视,这时他听到外面有人在唱一首熟悉的曲子:"去往蒂珀雷里的路远且长,要走的路还很长。"若在其他时候,一群欢快的士兵可能会受到周围社区居民的欢迎。但是眼下,他们遍体鳞伤的状态只会提醒人们前线正在发生残暴的冲突。远远瞥见战争中幸存的人类残躯,焦虑的母亲们就把正在玩耍的孩童唤回了家,其他人则在心中为自己远离故土的兄弟、儿子和父亲默默祈祷。

远处,乌云越发不祥。

正是在这段时间里，吉利斯回顾了他在奥尔德肖特工作以来所吸取的教训。几个月的反复试验让他明白，整形手术必须循序渐进地进行。他感叹"大多数整形手术都难免要进行很长时间；单是伤口缝合就足以让熟练的外科医生花费半个多小时"。[2] 不仅如此，有时一名患者所需的手术会多达15次，而且要在很长一段时间里分散操作。吉利斯指出："仓促进行的手术肯定会造成不可挽回的身体组织损失。"他的口头禅很快就变成了："能拖到明天的事，绝不放在今天做。"[3]

不久之后，吉利斯的工作开始引起了国内媒体的关注。《每日邮报》的一名记者参观了奥尔德肖特，并写下了这段发人深省的经历。"世界上没有任何地方能像我参观的病房这样，将现代战争的恐怖与野蛮展现得如此淋漓尽致，强烈刺激着人们的思想与感官。"他告诉自己的读者。这名记者在文章里将这所医院称为"英国某处"，他还敏锐地注意到"一条粉碎的手臂会引起我们的怜悯，一条缺失的大腿会唤起我们的同情，而一张被弹片蹂躏过的脸庞……却难免会遭到一定程度的反感与排斥"。人们不禁要问，万一病人自己看到新闻对他们的伤情做出如此不人道的描述，他们该作何感想。不过，沉重的记述中还是出现了一段轻松的旋律。这名记者在之后的报道中赞扬了吉利斯和他的团队为修复毁容士兵的面容做出的不懈努力，并指出"在这些病房里，可以找到人类精神胜利的最高典范"。[4] 这是对奥尔德肖特的工作所做的首次公开报道，吉利斯后来也肯定了早期宣传的好处。"这起到了很大的作用。"他说，"只有这样，向公众和全科医生阐明这个新的外科手术分支可以做些什么，患者才能从中受益。"[5]

随着手术科室的稳健发展，吉利斯意识到了记录这项开创性事业的重要性。将来，外科医生们就可以根据这些档案复制手术案例。他为自己的创新技术难以用言语解释感到沮丧，因此决定报名参加伦敦新闻艺术学校的函授课程，学习如何为病人画像。他的老师这样评价他："吉利斯上尉身上有一种静默、高效的气质，对自己想做的事情有十足的把握。"[6] 和体育一样，吉利斯很快便发现自己在绘画方面颇有天赋。尽管吉利斯的素描非常出色，但还有更大的挑战正在奥尔德肖特等待他。每个病例都需要他全神贯注地去克服不同的手术难关。他几乎没有时间画素描。

他的朋友，《泰晤士报》记者伯纳德·达尔文（Bernard Darwin）适时地向他推荐了在剑桥军事医院担任行政职务的"伟大的亨利·唐克斯（Henry Tonks）"。[7] 唐克斯恰好是伦敦斯莱德美术学院的老师，他正是吉利斯求贤若渴，想为自己不断壮大的团队招徕的人才。

亨利·唐克斯是个令人生畏的存在。他身高六英尺四英寸，审视学生时像一个巨大的问号笼罩在他们头顶，对学生讲话时"语调冷酷无情"。[8] 海伦·莱索尔（Helen Lessore）形容她的教授"身材瘦削，长相寡淡，耳朵硕大，眼睛内双，有着笔挺的鹰钩鼻、颤抖的骆驼嘴"。[9] 他批评起人来毫不留情，还告诉学生，容忍糟糕的绘画就如同生活在谎言之中。英国画家吉尔伯特·斯宾塞（Gilbert Spencer）还记得，自己在收到唐克斯对作品的反馈意见后，有一种被扔到火车下面的感觉。[10] 斯宾塞的兄弟斯坦利也是一位艺术家，他告诉斯宾塞不要在意唐克斯的评价。唐克斯对每个上过他课的学生都持批评态度，无一例外。

在看似强悍的外表下，唐克斯有着一颗敏感的心灵，能够体察他人之苦。"我对所爱之人的病痛感同身受，几乎无法忍耐。"他曾写道。[11] 战争爆发之后，他对痛苦的敏感程度经受了极大的考验。他性格的另一面似乎与他沉郁的举止格格不入，却与他擅长捕捉他人肖像特点的天赋甚为契合。他私下热衷于幽默插画，经常为朋友们绘制出色的漫画。

亨利·唐克斯时年52岁，第一阵枪炮声在欧洲田野上空轰鸣之时，他已超过了参加战斗的年龄。与同时代的许多人不一样，他很早便知晓，这场冲突不会很快结束。这个真相如晴天霹雳般击中了他，就在1914年8月一个温暖的夜晚，当他穿过伦敦城前去小说家乔治·摩尔（George Moore）家赴宴之时。路上，他看到满城张贴的海报，宣布着比利时据点那慕尔陷落的消息。"朋友啊，我带来了一个沉重的消息。"被领入位于贝尔格莱维亚区埃伯里街旁一栋迷人的乔治亚风格房子的宽敞客厅后，他立即对摩尔说道。[12] 为了不让气氛在聚会开始前就被毁掉，摩尔轻松地回复道："哦，这一切让报纸都变得更加有趣了呢。"[13] 唐克斯对朋友的不屑之态深感不悦，也没有在摩尔面前掩饰自己的情绪。后来，摩尔这样描写这位艺术家："唐克斯的严肃令人郁闷，但我倒是觉得自己宁愿被他带入沮丧，也好过被别人取悦。"[14]

此事发生后不久，唐克斯决定前往英格兰西南海岸多塞特郡的多切斯特俘虏营当志愿者。战争开始十天后，英国政府开始围捕成千上万名来自敌国的侨民，其中主要是德国移民。

根据1911年的人口普查，德国人是居住在伦敦的第二大移民群体，仅次于俄罗斯人。[15]侨民社区有十几座德国教堂、一家德国医院和两家德语报纸。德国商人、理发师、面包师和其他行业人员对伦敦的经济生活至关重要。德国人在伦敦餐厅服务员中的比例达到了10%，而聘请一名德国家庭教师已然成为伦敦许多富裕家庭的特色。[16]

然而，战争爆发后，上述工种的许多从业人员被驱赶出自己的工作岗位。没有一个德国人，无论他有多重要，能够幸免于战争带来的敌意。在新闻界发起了一场要求他下台的抵制运动之后，英国海军部第一海务大臣路易斯·巴腾堡（Louis of Battenburg）亲王被迫离职。英国记者霍雷肖·博顿利（Horatio Bottomley）宣称："将我们的国防机密托付给任何出生于外国的官员都是对帝国的犯罪。"[17]路易斯在请辞后不久放弃了王室头衔，并将自己的姓氏英语化，从"巴腾堡"（Battenburg）改为了"蒙巴顿"（Mountbatten）。无数人纷纷效仿此举，包括英国王室成员。他们在1917年放弃了日耳曼姓氏"萨克森-科堡"（Saxe-Coburg），改用更容易被接受的"温莎"

（Winsor）。

遗憾的是，并不是所有人都能轻易适应这种情况。一些德国人无法承受这种压力：突然间发现自己在一直称为"家"的地方变成了"敌国侨民"。约瑟夫·博茨迈尔（Joseph Pottsmeyer）失去了留声机包装工的工作后，曾尝试另寻出路，却没成功。在郁闷和绝望之中，他上吊自尽，临死前留下一纸遗书，诉说着自己对英国的热爱。[18] 一个名叫约翰·菲弗（John Pfeiffer）的男子朝自己的眼睛开了一枪。[19] 可这一枪未能让他自我了结，于是他举枪对准自己的太阳穴，补开了第二枪。

反德情绪蔓延到生活的各个领域。颇受欢迎的"德式香肠"被英国一家龙头食品店改名为"午餐香肠"。比食品改名和居民改姓更为隐蔽的是政府针对德裔老幼妇孺的有计划的驱逐。正值壮年的男子则被关押在拘留营，因为担心遣返他们反而会促使他们加入德军。英国各地遍布集中营。位于马恩岛的诺卡洛集中营规模最大，高峰时期关押了超过 23 000 人。[20] 但最早建立起来的是多塞特战俘营。

英国参战十天后，集中营的第一批囚犯被押送到新启用的监狱内。这批囚犯是八名德国平民，当他们鱼贯而入时，外面聚集了许多好奇的围观者。不久之后，来自西线的军事囚犯也陆续抵达。其中许多人受了伤，需要接受治疗。W. B. 科森斯（W. B. Cosens）医生负责监管配备了手术室的营地医院。唐克斯写信给科森斯，表示愿意提供支援。[21]

唐克斯志愿前往战俘营的决定并不像看上去的那么不合逻辑。战争伊始，他不仅是一位备受赞誉的艺术家，还是一位有行医许可的医生。1886年，他在伦敦医院担任住院外科医生。就在这一年，约瑟夫·梅里克（Joseph Merrick）入院治疗，成为一名长期住院的病人[22]。梅里克患有一种未知病症（可能是神经纤维瘤），头部严重畸形。他颅骨肿大，脸上挂着海绵状皮肤，被称为"象人"。在外科医生弗雷德里克·特里维斯（Frederick Treves）发现他并邀其住院治疗之前，他一直在杂耍节目中充当怪人。通过梅里克屈辱的人生经历，唐克斯应该已经对那些摧毁毁容者生活的污名与耻辱有了深刻的了解。

在医疗实习期间，唐克斯报名参加了威斯敏斯特艺术学校的夜校课程。此后不久，他放弃了外科手术，转而从事专业艺术创作，这令他的父亲很失望。乔治·摩尔如此评价这位朋友的决定："唐克斯对艺术的渴望必定十分强烈，因为他竟然为此放弃了他此前选定且一帆风顺的事业，转而从事另一种或许将面临失败的职业。"[23]

幸运的是，唐克斯的未来并未遭遇滑铁卢。在他离开伦敦医院时，一名医科学生在走廊上拦住了他，说想要购买他的两幅水彩画。"我当时没有银行账户，于是走了很远的路到伦敦东区的银行兑现了支票，回来时口袋里揣着25个金镑。"——唐克斯揣在心中的，还有一份崭新的对前途的自信。[24]

唐克斯发的一封电报先于他的脚步抵达了多切斯特俘虏营。电报上简洁地写着"明天就到"。[25]科森斯交给他的任务是编制一份病房里各类伤情的清单。然而，唐克斯并没有进行书面描述，而是花了几个钟头，一丝不苟地将病人们的每处伤口都绘制出来，以供后来者参考。唐克斯在这里住了几周就离开了，倏忽而来，去时亦不拖泥带水，只是按照惯例留下一条简短的信息："我明天就走。"[26]他离开那里，去了希尔霍尔，一家位于埃塞克斯郡的军官医院。科森斯数月之内都没再收到这位艺术家的消息。

随着前线传来更多坏消息，唐克斯决定彻底放下对艺术的追求，加入红十字会。1915年1月，他被派驻法国上马恩省的一家疏散医院。他在那里遇到了雕塑家凯瑟琳·斯科特（Kathleen Scott），她是不幸遇难的南极探险家罗伯特·福尔肯·斯科特（Robert Falcon Scott）的遗孀。她组织并领导了医院的小型救护车服务，并在一段时间后将与哈罗德·吉利斯合作，为病人破碎的脸庞制作石膏模型，用以辅助手术过程。

唐克斯为他在疏散医院目睹的人间惨剧心惊胆寒。"那些伤口异常可怕，"他写道，"我强烈反对未来所有战事，你无权要求人们忍受如此痛苦。"[27]没过多久，他就意识到，面对这种程度的屠杀，自己的医术无力应对。"身为一名医生，我真是没用。"他承认。[28]

不过，唐克斯的责任感很强，他想要为国效力。"有一种远超我们掌控能力的智慧掌控了我，"他宣称道，"而我必须照吩咐行事。"[29] 1916年，他加入了皇家陆军军医队，并被派往位于奥尔德肖特的剑桥军事医院——不是充当医生，而是兼任秘书。唐克斯在给一位友人的信中写道："我或许有事可做，也可能根本没事干。"[30]

事实证明，唐克斯的确有事可做。于是，经朋友伯纳德·达尔文推荐，哈罗德·吉利斯在1916年春天的一个午后见到了这位有名的艺术家。在吉利斯眼中，唐克斯像是"威灵顿公爵被降为副官"，他被困在一个井然有序的房间里，从事着琐碎的行政工作。[31]吉利斯建议唐克斯加入他的外科团队，为病人制作术前、术中和术后的图像记录，从而摆脱枯燥乏味的秘书工作。这是吉利斯为保存工作记录而采取的众多措施中的第一项。随着时间的推移，这种细致的记录将有助于规范手术方法。而这些规范将帮助整形外科确立为医学的一个合法分支。

唐克斯所接受的解剖学训练使他成为承担这项工作的最佳人选。而且吉利斯认为，相较于摄影师，艺术家在手术室中的存在感不至于太强。此外，在彩色摄影技术尚未普及的时代，唐克斯可以用愤怒的深红、惊悚的青紫和晦暗的霉绿来描绘战场上的伤口，捕捉受伤和感染的肉体间细微的差别。因此，他的肖像作品往往比黑白照片更加逼真。[32]

唐克斯的常驻艺术家职位一经剑桥军事医院院长批准，他就开始了严肃认真的绘画工作。他会花费几个小时和吉利斯一起待在手术室里，为复杂的手术程序做笔记、画草图。"我为一些面部被撞得血肉模糊的伤兵绘制着粉彩头像，"他在给自己的艺术评论家朋友、伦敦泰特美术馆前任馆长 D. S. 麦科尔（D. S. MacColl）的信中写道，"一位名叫吉利斯的优秀外科医生……正在进行所谓的必要整形手术。"唐克斯以艺术家的视角看待正在奥尔德肖特进行治疗的伤员。在同一封信中，他描述了一名脸颊上有一个窟窿的病人，透过这个窟窿，唐克斯可以看到病人的舌头在嘴里活动。唐克斯在提到迭戈·委拉斯开兹（Diego Velázquez）17世纪时为著名的、不太讨人喜欢的西班牙国王所绘的肖像时写道："（他）让我想起了腓力四世（Philip IV），他的脸因淋巴管阻塞而变得异常肿胀。"[33]

唐克斯的工作性质使他与研究对象建立起一种亲密关系。"只有医学专业才能为观察者提供深入研究人类的机会。"唐克斯谈论道："每个人……都会因为在病床前的观察而变得更加睿智，因为病人褪去了外在的身份标志，回归个人的本来面貌。"由于这些肖像画从未打算公开展出（尽管它们最终将会在战后进行展览），唐克斯感受到了一种全新的艺术自由。"当我［向观众］展示一幅画作时，总感觉它已然失去纯真。"他如此认为，"在我的画室里，它似乎怀有一种纯真，十分动人，有时甚至有一种［向他人展示时就会减弱的[34]］美感……"在奥尔德肖特，他可以安心作画，而不必担心评论家、画廊和潜在赞助人的反应。同样，病人们似乎不太会考虑到，治疗或战争结束后，自己的肖像画有可能会受到公众的审视。

唐克斯对诸多所见之物的阐释，可能会让很多人产生困惑，因为他们不具备唐克斯所拥有的那种艺术感受力。他将一个被狙击手打断鼻子的士兵比作"鲜活的受损希腊头像"。[35]尽管唐克斯会在他残缺的绘画对象身上发现偶然的美感，但在吉利斯的科室,更多时候,他经历的是感官冲击。唐克斯将这里形容为"恐怖小屋"。

事实上,战斗人员所遭受的最大伤害还在后面——因为北海已成为英德海军激烈对抗的舞台。舰船上无处不在的炮火险境将随着大量海军火炮的部署而扩大。收拾残局的任务则落在了哈罗德·吉利斯的肩上,他为受害者所做的一切将为新生的整形外科领域带来革命性的改变。

在距离丹麦西海岸60英里之地,北海冰冷黑暗的波涛正拍打着英国无畏舰"先锋"号巨大的舰体。甲板下,沃尔特·格林威(Walter Greenway)静候着一个360磅重的枕状面团慢慢发酵。发酵好后,他就可以将它放入战列舰里的烤箱里烤制成香喷喷的面包。突然间,他听到远处传来隆隆的低沉爆炸声。首席面包师迅速在围裙上擦了擦沾满面粉的双手,然后急急忙忙跑到后甲板上搜寻声音的来源。格林威停住脚步,被眼前可怕的一幕惊骇到目瞪口呆:"整条地平线的可见之处……是一条火焰长龙。"[36] 几秒钟后,附近的一艘巡洋舰被大火吞噬,将格林威从恍惚中惊醒。

1916年5月31日,日德兰海战刚刚开始。这不仅是第一次世界大战中最大的海战,也是有史以来最大规模的战舰行动,共有279艘战舰和十多万人参战。英国海军将在这场战役中元气大伤。

自从1898年德国开始组建战斗舰队以来,英德两国海军之间的紧张关系就不断加剧。这也引发了两国在造船业上的较量。这场竞赛逐渐聚焦于英国研发的一种新型战舰——无畏舰。以1906年组建的"无畏"号命名，这些重装甲舰艇具有两个革命性特点：全部装备大口径火炮，以及由蒸汽涡轮发动机提供动力。它们在一夜之间淘汰了所有早期型号。无畏舰很快成为国家实力的象征，使英国和德国之间的军备竞赛升级。

战争爆发后不久，英国就对德国实施了海上封锁。北海被定为战区，一份全面的禁运品清单随即发布，这几乎禁止了美国与同盟国之间的所有贸易往来。到了1916年，封锁造成粮食和原材料严重短缺，导致平民百姓营养不良甚至饿肚子。德国急于打破封锁，而英国人则欢迎决战的到来，因为他们相信自己在人数和火力上具备优势，会在开阔水域上占据上风。然而，在那令人毛骨悚然的36个小时里，这一傲慢的假设将被考验至崩溃的边缘。

下午4点刚过，第一战列巡洋舰中队指挥官、海军中将戴维·比蒂（David Beatty）爵士就率领麾下与海军中将弗朗茨·希佩尔（Franz Hipper）指挥的德军战列巡洋舰交战。战斗开始13分钟后，"不懈"号遭受了一系列灾难性炮击，舰体被击穿。对于一艘长期以来被认为几乎是坚不可摧的战舰来说，这不啻为一个令人震惊的打击。信号兵C.法尔默（C. Falmer）是此次攻击中仅有的三名幸存者之一，他在被抛离战舰的几秒钟前目睹了"炮弹像火柴棍一样飞向空中"，战舰爆炸后随即沉没，被困于舰上的1 017名官兵葬身大海。[37]战斗刚刚打响就有一艘战舰被摧毁，英国海军的士气遭到严重打击。"我们的战线上发生了巨大的双重爆炸……当时的景象异常可怕，即使［在'田凫'号上的］我们离得很远，也仍旧可以清楚地看到巨大的烟囱、炮塔等物在空中飞舞，而火焰和硝烟至少有 1 500 英尺高。"副中尉爱德华·科尔多（Edward Cordeaux）回忆道。[38]

更糟糕的还在后面。

25 分钟后，德军从"德福林格尔"号或"塞德里茨"号上发出的炮弹击中了英国战舰的骄傲——"玛丽王后"号，在北海的同一角落引发了另一场灾难性爆炸。"［这艘］战舰被 800 英尺高的蘑菇云吞没。"斯蒂芬·金-霍尔（Stephen King-Hall）中尉在这一可怕事件发生很久之后回忆说："当我注视着这座燃烧的墓碑时，它的底部似乎在微微晃动，我在一瞬间清晰地瞥见了船体……露出水面。"[39] 命中注定遭此一劫的"玛丽王后"号在几分钟内就沉没了，舰上的 1 266 人全部遇难，其中一些人被困在紧锁的舱门及舱口后密闭的舱室内。那天下午，"马来亚"号上的阿瑟·加斯金（Arthur Gaskin）感到，对他的舰队而言，形势已然十分不利："我当时就觉察到，空气中弥漫着死亡的气息。"[40]

比蒂远远望着这一切，转身对部下冷冷说道："今天我们那该死的战舰似乎出了点问题。"[41] 当德国公海舰队赶来与希佩尔会合时，比蒂决定撤回他的中队，并命令部队转向。德军在后紧追不舍，他就领着他们径直扑向整个英国大舰队。比蒂的战列巡洋舰与舰队其余部分会合，战斗一直持续到深夜。

谢尔（Scheer）上将意识到自己的部队寡不敌众，于是命令德国公海舰队掉头。在夜幕的掩护下，他们逃之夭夭，让英国人预备在第二日早上进行最后对抗的计划落空了。海战至此，德军损失不轻：一艘战列舰，一艘战列巡洋舰，四艘轻巡洋舰，五艘驱逐舰和3 000多名士兵的性命。而英军的损失更为惨重：三艘战列巡洋舰、三艘轻巡洋舰、八艘驱逐舰和6 000多人的牺牲。[42]

心理上的冲击同样巨大。这场战役深深烙印在了每个亲历者的脑海中，无论军衔高低。"冲锋"号的乔治·温福德（George Wainford）看到了让人难忘的一幕：数百条死鱼漂浮在波涛汹涌的北海海面上。"我想它们是被震死的。"他后来回忆说。[43]即使是战斗开始时就站在"科林伍德"号甲板上的未来国王乔治六世，也不免受到了激烈冲突的影响。"我……现在的感觉很不一样，因为我看到了一艘满载德国人的德国战舰，看到我们的炮火向它开火。"他在一封家书中如此写道，并且表明，尽管这是一次"伟大的经历"，但也"难以轻易忘怀"。[44]

随着时间的推移，这场战役将被视为英国的一次重要胜利。德国舰队没有再与英国皇家海军交战，在战争余下的时间里也很少离开港口，转而使用潜艇战战术。不过，英国海军也遭受了重创。一名美国记者总结说，德国舰队袭击了狱卒，却仍身陷囹圄。[45]

在"先锋"号战舰上，沃尔特·格林威发现，外面战况激烈，而他的面包仍在烘烤；尽管厨房金属墙壁外的海面上恐怖肆虐，但烘烤出的面包仍旧"相当美味"。[46] 可是，对于参加日德兰海战的大多数人来说，他们并未从中得到任何慰藉。当军官们宣读名单时，人员损失的惨重程度一目了然。死者的名字如同哀乐一般在空中回荡。"我宣读了前甲板部的名单。""马来亚"号上的克里弗德·卡斯隆（Clifford Caslon）少尉回忆说，"这是个残忍的活儿，完成后我也算松了口气。"[47]

大屠杀留下的证据无法磨灭。"人的血肉溅落在各个角落，声控管、电话机、通风井和舱壁后面。"二等水兵维克多·海沃德（Victor Hayward）回忆道。[48] 他和战友们用石碳酸肥皂擦洗船体，来去除刺鼻的腐肉味儿，而其他人则做着辨认死者身份的可怕工作，其中一些人已经化作"无法辨认的人体残骸"。[49]

幸存者们负责处理同伴被烧焦和肢解的遗体，将尸体缝入麻袋并加上重物，以备海葬。尽管采取了这些措施，但许多尸体依旧顽强地在水面上晃动了几分钟，然后才逐渐直立起来，滑入波涛之下。"那种场面十分阴森恐怖，仿佛（死者）想在沉入水底前最后再看一眼他们的旧船。"这是信号兵约翰·汉德利（John Handley）的回忆。[50]

对于伤员来说，战斗的结束只是麻烦的开始。担架兵忙着寻找和收集伤员。船上的外科医生忙于治疗伤员，不眠不休，直到精疲力竭地倒下。"他们极度劳累，体力透支。最后一名病人的包扎是医生躺在他身边完成的，因为他们再也站不住了。"一名男子评论说。[51] 受损船只上的医疗队面临的最大障碍是寻找到合适的空间和设备来救治有需要的伤者。"我们只有烛灯，而它们所能提供的照明对于关键手术来说十分有限。"外科医生查尔斯·利克（Charles Leake）中尉回忆道。他还指出，由于缺少手套，在使用石碳酸作为消毒剂时，外科医生的手"刺痛难忍"。[52]

最严重的病例都涉及烧伤。"他们严重烧伤，痛楚难以减轻……注射吗啡对他们而言似乎也起效甚微。"一名医生指出。[53] 即使是看似轻微的烧伤，也可能很快导致死亡。"马来亚"号上的外科医生邓肯·洛里默（Duncan Lorimer）看到：

> 一个人走进包扎台，或者有可能是被抬进来的，脸部和双手……烧伤不严重，也没毁容。人们称之为一级烧伤。可很快，几乎转眼间，伤者的脸部就肿了起来，皮肤松弛的部位变得异常膨胀，眼睑肿得遮住了眼睛，嘴唇则肿得如同一颗硕大的果冻，只在中间出现纽扣状的嘴。[54]

洛里默断定，当水手被过热的线状无烟火药——一种用于驱动炮弹或枪弹射出的推进剂炸药——烧伤时，就会出现这种现象。由此造成的伤害被称为"闪光灼伤"。在日德兰半岛，这种伤害通常是由线状无烟火药在狭小空间内爆炸产生的闪光造成的。引爆过程转瞬即逝，因此只有暴露在外的皮肤被烧焦——通常是面部、手部和脚踝处。洛里默说，这"与我平日所见的任何烧伤都截然不同"。[55] 受害者通常会抱怨极度口渴，接着就出现因吸入烟雾而造成的急性呼吸困难。"然后他们就死了，死亡过程很快。"他写道。[56] 这一切发生得极快，即使在洛里默这样身经百战的外科医生看来，也十分不寻常。

更糟糕的是，每艘战舰上只有一小队医务人员。在战斗后随之而来的混乱中，外科医生们很快就无法招架，他们难以快速有效地医治烧伤患者。"马来亚"号上的无线电报员弗雷德里克·阿诺德（Frederick Arnold）描述了一幕关于严重烧伤者"阴森、诡异和令人毛骨悚然"的景象，他们"几乎全身都被裹上了棉絮和绷带，只给眼睛留下一条可以看到外面的缝隙"。[57] 一些外科医生在匆忙救治伤员的过程中又造成了进一步伤害。英国皇家海军"雄狮"号战舰上的亚历山大·麦克莱恩（Alexander MacLean）描述了他和同事们如何首次使用苦味酸作为抗菌剂的过程。这种抗菌剂可以有效地让患者皮肤颜色变深，同时表面变硬。麦克莱恩很快便发现，这种药剂还会使伤口敷料变干，导致将其剥离时很难不连带着下面的生皮。后来，麦克莱恩开始通过涂抹桉树油和橄榄油来保持敷料的柔软度，易于日后清理。[58]

对许多人来说，不幸的是，使用苦味酸敷料给他们留下了深深的疤痕。这种伤害是好心但忙碌的医护人员在匆忙分流伤员时造成的，在面部重建这项艰巨任务开始之时就该马上得到处理。然而，负责奥尔德肖特艰苦工作的外科医生们很快就会察觉，自己和前线的同事们一样不堪重负。[59]

1916年6月初，日德兰海战的海军伤员开始大量拥入奥尔德肖特。他们的脸被烧焦，严重受损，哈罗德·吉利斯从未见过这样的场景。创伤使他们"面目狰狞"，也让他们"几乎丧失了行动能力"。[60]他悲哀地看着这些被送到剑桥军事医院的水兵。"很难想象，一个人如何能从这么可怕的烧伤中幸存下来，"他写道，"直到见了这些浴火重生的幸存者，哪怕只是其中一位，你才会认识到，那种永不磨灭的乐观精神，能帮他们渡过任何难关。"[61]

吉利斯很快便进入工作状态，着手安排蜂拥而至的病人。他逐渐摸索出了常规工作流程，更重要的是，他开发了一套处理烧伤损害的技术方法。他在那段时期所做的工作并非没有先例。"现如今所使用到的每例手术、每片皮瓣，鲜有不是100年前就提出过的。"吉利斯指出。[62]

公元前1550年的埃及医学文献《埃伯斯莎草纸》首次描述了烧伤的医疗方法。这部古代文献指导读者将牛粪和黑泥的混合物涂抹在烧伤的皮肤上。到了15世纪，德国外科医生威廉·法布里修斯·希尔达努斯（Wilhelm Fabricius Hildanus）率先将烧伤分为三种不同的严重程度。关于在治疗烧伤时最好是润湿伤口，还是让伤口保持干燥并封闭起来，人们争论不休。大约就在此时，第一次有文献记载了对烧伤皮肤进行切除的尝试。然而，失血过多、卫生条件简陋以及缺乏术中消毒技术，这一切致使感染率居高不下，也抵消了切除坏死组织的好处。

这种情况在19世纪开始发生变化。美国外科医生托马斯·登特·穆特（Thomas Dent Mutter）是整形外科的早期先驱。他曾尝试为一名28岁的妇女重建面部，她在孩提时代因衣服着火而被严重烧伤。穆特描述了她的伤情，因为受伤，她"无法将头部向左扭或者向后仰，一次性合拢嘴巴无法超过几秒钟时间"。除了烧伤导致的功能限制，她还严重毁容。她的右眼下垂，造成了面部畸形。

穆特提出了一个激进的解决方案，在没有麻醉剂的时代，这个方案不仅有风险，而且颇为痛苦。"我的病人欣然同意了这一提议。"穆特写道。通过一系列旋转和推进皮瓣，他改变了她的容貌："病人的样貌大为改观，手术前见过她的人几乎认不出这就是同一个人。"穆特后来发表了大量关于烧伤患者面部重建工作的文章，其中大多数人都是在受伤几年或几十年后才得到他的救治。[63]

虽然吉利斯已经知晓早期医生发表的烧伤研究成果，但这些成果对他的指导意义相当有限。吉利斯写道，他在奥尔德肖特的重建手术是"原创性的，因为所有的工作都要从零开始"。他很快就发现之前的方法不可行，认为这些方法必定是"在仅研究一个案例，甚至是在纯理论的基础上提出的"。[64] 例如，穆特虽然通常能够改善病人的外观，却并不总是能够恢复病人的面部功能。"在某些情况下，我们必须满足于此，而对功能丧失的恶果无计可施。"穆特感慨道。[65]

相形之下，吉利斯对于功能和外表给予了同样的关注。他知道，这两者之间有着内在的联系。他对"外表美观"的危险发出警告，认为这是"手术效果低下的骷髅面具"。[66] 他的工作则是由内而外进行的，首先是重塑内膜，然后是建立支撑结构（如骨骼或软骨部分），最后落足于皮肤。通过这般操作，他能够得到美观与实用并重的效果。"在规划修复时，功能是首要考虑的因素，"他写道，"而且幸运的是，其实通常只有在功能得到恢复的情况下，才能获得最佳的美容效果。"[67]

吉利斯按部就班、孜孜不倦地工作着。有一天，他邀请威廉·阿布斯诺特·莱恩爵士前来病房参观。吉利斯迫切地展示了一名他十分珍视的病人，他为这名病人实施了矫正畸形嘴唇的手术。在参观当日，吉利斯——素来冷静自信的典范——在面对这位曾帮他在奥尔德肖特建立专门科室的资深外科医生时，也不禁紧张了起来。

莱恩在医学界素以严苛的个性，尤其是对手术室无菌操作的极致追求而闻名。为了最大限度地降低感染风险，他发明了一种"无接触"式技术，包括使用加长手柄的手术器械，来确保即便是一双戴着手套的手也不会接触到伤口的任何部分。"他可以使用长器械制作鸡骨移植物并将其植入患者体内，其间他的双手一次都没接触患者及移植物。"吉利斯惊叹道。[68] 莱恩灵巧精湛的技术甚至激发了一些人的创作灵感。有人曾绘制了一幅漫画，图中莱恩手握一副长得离谱的器械，穿过手术室穹顶上的一个洞口，灵活地进行着手术操作。

莱恩一到来就在吉利斯和护士布莱克的引导下参观了病房。唐克斯当时也在场，他拿着素描本和铅笔跟在队伍后面。当一行人走到病人面前时，吉利斯指示布莱克拆掉他身上的绷带。

稍作停顿后，莱恩向前倾了倾身子，用器械轻轻按压了一下刚刚缝合的嘴唇。"让我惊恐的是，一大滴脓液渗了出来……"吉利斯的回忆实事求是，勇气可嘉。[69]他从不为自己的错误推卸责任。

那些早期的日子里，错误频发。重建的鼻子因为缺少黏膜而干瘪萎缩；皮肤移植失败；皮瓣受到感染。"然后，我不得不向大家承认，我把事情搞得一团糟，我们不得不重新开始。"吉利斯说道，"这并不容易。"[70]

这次访问可能并不像吉利斯期待的那样顺利，但莱恩仍然对那里正在进行的工作印象深刻。临走前，莱恩告诉吉利斯，为了应对预期中新一轮的重大军事进攻，他将会再分配200张床位给吉利斯。[71]吉利斯在日德兰海战中经历的人员损失，与即将在战场——这个战场也将成为第一次世界大战的代名词——上演的事情相比，实在微不足道。

第六章　无镜之境

1916年7月1日清晨,英国军队为进攻索姆河蓄势待发,此时已是烈日当空。那天必然是酷热难当,尤其对于身着厚重军装、头戴钢盔、手持武器的士兵来说,他们注定要在毫无遮蔽或树荫的战场上前行。

被战友们唤作"大鲍勃"的二等兵西摩(Seymour)正趴在战壕的墙上向外张望。他的许多战友虽说心有不安,但情绪高涨。他们深信,对德军长达一周的炮击已经削弱了敌人的力量,一旦发动大举进攻,他们就不会再遇到什么抵抗了。"从上校至下面的所有军官都在通知我们,……德军几乎没什么战斗力了。"维多利亚女王步兵团的下士西德尼·阿普利亚德(Sidney Appleyard)回忆说。[1] 他们坚信,进攻将会很快结束,当日的行动将会证明,他们朝着终结这场可怕战争的方向迈出了意义重大的一步。可他们不知道的是,超过一半以上的弹药引爆失败,德军的大部分掩体、防空壕、混凝土堡垒和铁丝网路障基本完好无损。

突然间，一阵诡异可怕的爆炸声震撼了拉博赛尔村南部的大地。大量泥土和碎石被炸飞向清晨的天空。尘埃落定之后，地面上留下了一个宽330英尺、深90英尺的大坑。在接下来的几天里，人们认为产生这个弹坑的爆炸声比以往记录中的任何人造噪声都要大，甚至有报道称，在190英里以外的伦敦也能听到这阵爆炸声。英国皇家工兵秘密挖掘地道至德军防线下方并埋下炸药，计划用来帮助英国步兵在当天早上向敌方推进。而在洛奇纳加尔矿井中埋设的炸药，就位于部署在德军防御要点下方的19个地雷区之一。

爆炸发生两分钟后，前进开始了。军官们尖锐的哨声划破长空。二等兵西摩和他的10万名战友如蚂蚁出巢般走出战壕。当西摩他们向前推进时，已经开始有人倒在了迎面而来的爆炸、弹片和炮火的冲击之下。他们倒下的速度如此之快，好似接到了卧倒指令一般。一名德军机枪手回忆说，他和战友们能够从自身所处的封闭据点轻松扫射行进在开阔地面上的部队。"我们一旦开始射击就只需装弹再装弹。然后他们就成百上千地倒在枪口之下。我们根本不需要瞄准，只要朝他们开火就行。"他写道。[2] 对于地面上的人来说，由于炮弹爆炸掀起的尘土四处飞扬，能见度十分有限。一名目击者形容那里是"名副其实的地狱"。[3] 当时无人知晓，英军历史上最黑暗的一天才刚刚拉开帷幕。

西摩只前进了一小段距离，猛烈的炮火就将他逼进了一个炮弹坑。躲在那里时，他发现远处有一名德国军官正在疯狂地向他的部下发出信号。"大鲍勃"看到了一个机会。他移出了安全之地，瞄准目标，用李·恩菲尔德步枪向那名军官开火。军官应声倒下，西摩双膝跪地庆祝胜利。就在此时，一发炮弹爆炸了，弹片飞向他的脸庞，削掉了他的半个鼻子。巨大的冲击力带着西摩的身体背转过去，恰在此刻，他的后背又被机枪手命中五枪。他躺在了倒下的地方，而周围的战斗仍在继续。[4]

战场上很快就横七竖八躺满了尸体和濒死之人。"到处都是人，成堆的人，不是一个两个，而是成堆成堆的，全都死了。"一名士兵回忆道。[5] 英国王属约克郡轻步兵团的唐纳德·默里（Donald Murray）被眼前的景象惊呆了，"有人挂在铁丝网上，肠子垂落在外，凄厉地哀号着"。他形容那是一个由烟与火还有恶臭构成的地狱。[6] 当时年仅17岁的乔治·鲁吉（George Rudge）看着眼前的一幕，茫然不知所措。"看起来我周围的人似乎已死伤殆尽，因为目之所及全团唯余我一人。"[7]

在参与进军的10万名英国士兵中，共有19 240人阵亡，另有38 230人受伤，其中大部分人伤势严重。[8] 这与索姆河战役第一天伤亡6 000多人的德军形成了鲜明对比。[9] 此前或此后，没有哪支军队在一场战役中的单日遭受过如此重大的损失。[10] 英军攻占下的土地只能用"码"而不是"英里"来计算。双方都顶着来自对面的猛烈火力困守在一片狭小区域，而这样的僵局在接下来的140天内都不会得到扭转。当局势艰难的报道传抵英国海岸时，战斗首日阵亡者名单所占据的，不是小小的专栏，而是报纸的数个整版篇幅。

索姆河攻势开始后数小时内，西线附近的伤员清理站就被急需医疗救助的伤兵挤爆，其中就有二等兵"大鲍勃"西摩。由于计划失误，第一天没有足够的火车将病人转运到基地医院，情况变得更加糟糕。结果，数以万计的士兵瘫躺在入口处，走廊上，娱乐室和餐厅里。他们大批拥入这些公共设施前方的空地，人数众多，以至于第一天结束时，一名护士注意到地上拥挤得连棵草都看不到了。[11] 杰克·布朗担任医疗勤务员，他对当时血腥混乱的场面记忆犹新：

> 前来的伤员实在太多，我们都忘了时间的存在……我的工作是将需要动手术的伤者在手术室外的担架上排好……谁应该接受手术，而谁又已经无药可救，都由我来决定……真的好可怕，这一幕我永生难忘，谁都不应该这么做……可外科医生分身乏术，他在忙着做手术。我知道，他必须尽快为伤员治疗，不然他们都会牺牲。[12]

军服上标有鲜红条纹的士兵被迅速送入简陋的手术室进行急救，以防止他们失血过多。他们被抬着越过成堆的残肢。"外科医生时常叫我清理干净〔残肢〕，我得找个地方烧掉它们。"布朗回忆道，"我为那些在外头候诊的小伙子和那些能看到整个经过的人感到难过。"[13]

在第一次世界大战期间担任英国官方记者的菲利普·吉布斯（Philip Gibbs）记录道："医院的小屋和帐篷就像黑夜中的

蘑菇，不断地冒出来。"所有能想到的运输方式都被用于疏散转移伤者，为新来的伤员腾出地方。"他们都被清离出场，这样一来，所有病房都可以空出来，用来容纳数量庞大的新伤员。"吉布斯写道。"这份寂静中透着一种阴险的暗示：这是为即将到来的众生所备。"[14]

没过几天，大批伤兵陆续抵达奥尔德肖特。一些人的破旧军装上别着吉利斯手写的标签，另一些人则贴着陆军部的官方标记。吉利斯不会允许自己被这种规模吓倒。他看着一队队"奇形怪状"的伤员从医院的列车上下来，进入病房，心想："让我们卷起袖子开干吧，从现在起，工作真的开始了。"[15]

几周内都不会有任何喘息的机会。"伤势比我们之前遇到的都要严重，"吉利斯在给朋友林登·皮尔（Lyndon Peer）医生的信中写道，"我的日日夜夜都被源源不断的伤员填满。"[16] 工作人员开始感到吃力。"在我所有的护理经历中，待在奥尔德肖特的那几个月……我认为是最难过的。"布莱克写道。保持士气是一场持久战，需要医生和护士有无限的耐心与同情心。伤员们心理上的负担让他们难以承受。"最困难的是要让那些一周又一周憋闷在敷料和绷带里的人重新燃起生活的欲望。他们不能说话，无法品尝食物，甚至因为神经撕裂的痛苦而无法在没有鸦片制剂的情况下入睡。况且他们一直都清楚，自己已经严重毁容、面目全非了。"[17]

二等兵"大鲍勃"西摩最终获救并被送往了基地医院，他在那里待了一段时间，逐渐从背部的多处枪伤中恢复过来。之后，他被转移到了奥尔德肖特，医生为他处理炮弹对他的鼻子造成的伤害。在此之前，吉利斯没有太多机会进行鼻部重建，因为在他的病房中，大多数病患伤在下颌和下半张脸。索姆河战役的毁灭性屠杀扩大了吉利斯的工作范围。西摩将成为他在这场战争期间完成的首批"鼻子整形工作"的对象之一。

鼻整形，一种改变鼻子外观的手术，是历史上最古老的外科手术之一。大约在公元前600年，印度外科医生苏什鲁塔（Sushruta）就设计了一种被沿用至今的鼻部重建的方法。这种方法是从前额或脸颊上切下一块皮瓣，然后将其游离端固定在鼻梁上。在鼻子愈合消肿期间，将两根小芦苇插入鼻孔帮助患者呼吸。等游离端附着到新的部位后，再将皮瓣从前额或脸颊处切断，然后缝合到受损部位，为失去的鼻子换上一个可用的替代物。

苏什鲁塔的技术（后被称为"印度方法"）在文艺复兴前夕传入欧洲。1432年，一名叫作古斯托·布兰卡（Gusto Branca）的外科医生获得许可，在西西里岛的卡塔尼亚开设了一家专科诊所，使用面部和前额皮瓣重建鼻部。[18] 几年后，他的儿子安东尼奥（Antonio）改进了这一方法，选择了更为隐蔽的供区：手臂。

这项新技术包括从上臂切下部分皮瓣，将其重塑为鼻子形状，再把它附着在受损的鼻腔上，接着用绷带将手臂固定在头侧长达40天。[19] 随后，布兰卡从手臂处切断与新"鼻子"的连接，并着手对余下的皮肤进行再次修整与塑形。

无须从前额和脸颊上取下皮瓣，避免了进一步的毁容——这项技术在 16 世纪时由意大利外科医生加斯帕雷·塔利亚科齐（Gaspare Tagliacozzi）予以改进及推广。他夸耀说，自己的患者得到的鼻子"鼻型如此自然，各方面都堪称完美，连他们自己都在深思熟虑后认为，比起自然生长的原生鼻，他们更喜欢现在这个"。[20] 推动塔利亚科齐的工作的部分原因，是决斗者们所选的新武器双刃剑造成的鼻部创伤日益增多。然而，许多人都在寻求一种更加一劳永逸的解决办法，因为鼻部畸形与约在这一时期首次现身于欧洲的疾病梅毒之间的关系日益密切。

梅毒感染者的鼻子通常会发展成"鞍鼻"，即鼻梁塌陷到面部。因此，无论病因如何，鼻部毁容都被视为受害者道德败坏的标志。这种污名持续了数百年。1705 年，讽刺作家爱德华·沃德（Adward Ward）警告说，"法国痘疹"（即梅毒）会"因为鼻子［让患者］遭受公开的羞辱与嘲笑"。[21] 事实上，人们对鼻部畸形的恐惧如此之大，以至于刻意伤害鼻子经常充当一种惩戒方式，尤其针对卖淫或通奸等性犯罪。[22]

人们被耻辱感所驱使，不顾感染和进一步毁容的高风险而向塔利亚科齐求助，这种表现不足为奇。患者相信，外科医生的任务是"恢复、修复和塑造那些大自然赐予却被命运夺走的面容，不是为了愉悦眼睛，而是为了振奋精神，安抚苦难者的心灵"。[23] 1597 年，塔利亚科齐出版了《植入法手术修复缺陷》（De Curtorum Chirurgia per Insitionem）。这是首部专门论述整形外科的著作，书中有大量篇幅专门论述鼻整形术。

关于鼻子被完全切掉又重新接上的奇闻轶事比比皆是。18世纪，法国外科医生勒内-雅克·克罗桑·德·加仑约（René-Jacques Croissant de Garengeot）讲述了一名士兵在战斗中被削去部分鼻子的故事："红葡萄酒被加热过，用来清洗他的伤口和满是鲜血的脸。"加仑约的报告里说，鼻子被放在酒中"稍稍加热"，然后就被"成功地调整到了它原本的位置"，并用石膏和胶带固定住。[24] 类似的故事据说发生在19世纪初，当时"一名叫作安德烈亚斯·古蒂罗（Andreas Gutiero）的西班牙人与一名士兵争斗，对方削掉了他的鼻子，然后鼻子落在了沙地上"。[25] 一名外科医生刚好在场，他朝掉落的鼻子上撒了泡尿，然后将它重新接回了这位不幸者的脸上。在这两个案例中，鼻子都被成功地植回了病人的脸上——尽管我们有理由怀疑这些说法的真实性。

并非所有人都对这些外科手术的发展持积极态度。历史学家桑德·吉尔曼（Sander Gilman）指出，修复病变的鼻子可以让它的主人以健康的形象示人，因此，这是外科医生按照自己的想象来改造他人的权力体现。[26] 在那个时代，人们真心相信，疾病是来自上帝的惩罚，身体上的缺陷反映了灵魂的状态，因此有人认为通过整形手术来掩饰畸形是不道德的，甚至是危险的。这也是塔利亚科齐于1599年去世后，隆鼻术逐渐销声匿迹的诸多原由之一。直到19世纪初的前几十年，一名叫作约瑟夫·卡普（Joseph Carpue）的英国外科医生在他的《两个成功的鼻缺失修复手术》（1816）一书中重新发掘并传播了"印度方法"，鼻整形术才重现于世。从此，鼻整形术迎来了自己在外科领域的复兴。

尽管鼻整形术已经存在了几个世纪，但现有的方法无法有效解决第一次世界大战期间鼻部受损的严重性和多样性。[27] 当鼻梁或软骨受到伤害时，情况更是如此，因为大多数旧有技术只能通过使用皮瓣来重建软组织。但外科医生已经发现，即便在病例治疗中使用皮瓣，也可能问题重重。

一名投奔吉利斯治疗的病人，一开始是在伯明翰做的整形手术。给他用于重建鼻子的旋转皮瓣因为没有得到软骨桥支撑，整个结构已经向内塌陷。除此以外，外科医生是从患者前额取下的皮瓣，但操作时竟意外将他的部分头皮移植到了新的鼻尖上。当这人被送到吉利斯的医院时，"一撮头发"已经从他的新鼻子上冒了出来。[28] 经过了21次手术和将近5年的时间，他的缺陷才得以矫正和改善。

二等兵西摩来到剑桥军事医院后不久，吉利斯就交给他一本不同鼻型的相册供他翻阅。一番思量之后，西摩决定做一个鼻梁突出的罗马式鼻子。经过两次手术，吉利斯重建了西摩的鼻子。

首先，他从患者身上取下了一块软骨。为了建立血液供应，吉利斯将其包裹在一片从前额折叠下来的血管丰富的组织瓣中。之后，再用吉利斯称作"主教帽"的皮瓣将其覆盖——之所以如此命名，是因为用来覆盖该部位的皮肤被切割成一种裁去尾端的风筝形状，类似于主教的帽子。两个月后，吉利斯就可以将皮瓣向下推进，因为软骨已经为新的鼻尖提供了令人满意的支撑。[29]

这是一次不算完美的初次尝试，结果西摩获得了一个状似鼻青脸肿的拳击手的鼻子，而不是罗马元老院议员的鹰钩鼻。但西摩对这样的结果甚感喜悦，他满心欢喜地在康复后成为外科医生的私人秘书，并在此后的35年里一直担任这一职务。

对吉利斯来说，修复鼻部损伤已是家常便饭。但有一个病例与众不同。手术完成得极为成功，乃至后来吉利斯认定它对鼻部重建技术的改进具有重大意义。

第一次世界大战爆发时，身为花边织工长子的威廉·斯普雷克利（William Spreckley）正在德国学习手艺。他在返回英国的途中被当局拦住。因为他能说一口流利的德语，所以扣留斯普雷克利的人误以为他是德国公民，并以为他想要逃离这个国家，回避参军打仗。最终，斯普雷克利回到了家乡并应征入伍，随后被派往比利时。在那里，他升至中尉军衔，后来却面部受伤，中断了军旅生涯。[30]

1917年1月，当斯普雷克利来到剑桥军事医院时，在他的面部中央，一个大坑占据了曾经属于鼻子的位置。吉利斯如同对待所有接受他治疗的患者一样，怀着平和的自信接诊了他的新病人。"别担心，小伙子。"他说道，尽管他只比斯普雷克利年长几岁，"你会好起来的，等我们给你做完治疗，你就会和我们大家一样拥有一张好看的脸。"

吉利斯没有耽误丝毫，立即投入工作。斯普雷克利脸上的伤口很深，因此时间十分紧迫。首先，吉利斯在他伤口未愈合的部位进行了植皮，来确保呼吸道得到保护。然后，他从斯普雷克利的一根肋骨下方截取了一块软骨，将其塑造成箭头的形状，用来为鼻翼提供横向支撑，形成鼻孔。吉利斯将这块软骨植入斯普雷克利前额靠近发际线的位置，并在此处静置了六个月。接下来，他制作了一个皮肤移植嵌体，为未来的鼻腔提供衬垫，并把它置于软骨下方。在建立了可行的血液供应后，吉利斯将软骨和皮肤移植嵌体向下移动，构建了斯普雷克利的鼻梁。然后，他用一块从斯普雷克利前额取下的皮瓣覆盖住了鼻梁。[31]

最初，斯普雷克利的新鼻子硕大无比，是正常大小的三倍。中尉的脸中央以前只有一个大坑，而现在则是一团鼓鼓囊囊的皮肤和组织。吉利斯把它比作食蚁兽的鼻子："我所有的同事都哈哈大笑……"[32]吉利斯被这一结果打击得不轻，对这项复杂的技术失去了信心，发誓再也不会重蹈覆辙。然而，没过多久，患者鼻子的肿胀就开始消退，吉利斯得以着手切除手术部位多余的纤维组织。结果令人鼓舞，鼻子的雏形开始显现。吉利斯写道："草率的判断往往会导致原则被放弃，而原则的合理性可能会在日后得到证明。"[33]

随着斯普雷克利伤口渐愈，鼻子回归正常，他成了吉利斯的明星病人之一。"看看如今的斯普雷克利。"吉利斯后来开玩笑说。"1939年，他和他的鼻子一起回到了部队，一直服役到1950年［他离开军队］。"[34]

吉利斯所掌握的资源有限，因此他面临着巨大的压力，必须想出最好的办法,来重建那些每天络绎不绝登门造访的人。在那段可怕的日子里,正是病人们对他的信任提振了他的士气。"没有他们的话,我会迷失方向。"他写道。[35]

吉利斯必须依靠自己的想象力将复杂的手术过程可视化。人们发现,灵感来袭时,他会经常在信封背面迅速画出草图。来到奥尔德肖特的大量病人也为他提供了尝试不同技术的机会。回想起在奥尔德肖特的那些日子,他说:"我们一直在跌跌撞撞地摸索新方法,探求新结果……我的同事和我都觉得,我们是在经受考验。"[36]

吉利斯的病区笼罩在坟墓般的寂静之中,这让经受考验的感觉就更为强烈。布莱克将这个科室称为"寂静的病房,只有十分之一的病人能从破碎的下巴中咕哝出几个词"。[37] 比这种死一般的静默更可怕的是病人偶尔发出的几声痛苦的惨叫。吉利斯很是怀疑,他的一些病人是不是死于索姆河战役黑暗余波下的精神崩溃。[38]

一开始在奥尔德肖特工作时,吉利斯禁止病人在病房里使用镜子。这一禁令不仅保护了新来的伤员,免得他们第一次看到自己的伤势时受到惊吓,而且保护了那些正在进行漫长整形手术治疗的病人,以免他们在手术完成前看到自己的脸。霍尔扎普费尔上尉还记得他在接受第一次手术不久后看到自己鼻子时的反应:"当我第一次有机会在镜子中审视自己时,着实有些震惊,因为我那美丽的新鼻子看起来更像是一条短黄瓜拍在了我脸上。"[39] 吉利斯明白,这可能会影响一个人继续整形的意愿。"如果我们的整形计划出了差错,"他解释说,"不具备强大内心的病人就会陷入一种几近失控的状态。"[40]吉利斯观察到,只有那些战斗中失明的人在进行面部整形期间仍能保持良好的精神状态。

防止士兵看到自己的形象并非易事。[41]出于保护对方身份的目的,布莱克护士在笔记中用"X下士"来指代一名在索姆河攻势开始后不久就来到了奥尔德肖特的士兵。和许多来到剑桥军事医院的士兵一样,他身上还沾着战壕里的泥土,半边脸被弹片炸得血肉模糊。

最初的几日里,由于伤口溃烂化脓,X下士时而清醒,时而昏迷。布莱克说,包括吉利斯本人在内,没有人相信这个年轻人能够坚持下来。但在一定程度上多亏了她的持续照顾,包括全天候喂食,这名士兵最终恢复过来。虽然脸部伤势严重,但X下士并未丧失说话的能力。没过多久,他就开始向病房里的每个人讲述他未婚妻莫莉的故事。

X下士自从儿时在舞蹈课上遇见莫莉后就爱上了她。18岁那年,他考上了法学院,拿到学位后回乡开了自己的律师事务所。在接下来的几年里,他努力工作,建立起自己的客户群,而后才开口向莫莉求婚。尽管事业蒸蒸日上,但他仍旧担心莫莉会拒绝,因为她的父母是当地富有的地主,曾公开反对他们结合。不过,事实证明,莫莉同他一样,用情至深。她不顾父母的反对,欣然接受了他的求婚。

战争爆发后,他立刻志愿投军——这一决定遭到了莫莉父母的反对。他们认为他应当在被任命为军官后再去部队。莫莉却十分支持他的决定，每周都会给他写信，分享着她对爱人回归之后二人生活的憧憬和计划。她的言语鼓舞了处于至暗时刻的他，其中最难熬的，是他的脸被滚烫的金属碎片撕裂后，那漫长的恢复期。

"在把这些可恶的绷带拆掉前，我不想让她来。"有一天，当布莱克给他清理患处时，他说，"如果看到我像木乃伊一样躺在这里的话，她会吓坏的。"X下士从受伤之前就没有照过镜子，他一直希望自己的毁容程度不会太深。

就在绷带终于被拆掉的那天，他的母亲刚好前来探视。布莱克回忆说："她脸色煞白，我一度以为她会晕倒。但她的表情和声音丝毫没露出情绪破绽。"布莱克小心翼翼地拆开绷带，X下士的母亲继续闲聊，尽管眼前的男子和她记忆中英俊的儿子几乎没有任何相似之处。那一夜晚些时分，年轻人叫来布莱克，请她帮忙在病床周围放上屏风。就在她如此操作时，一道闪光从挂在他储物柜里的剃须镜上反射过来，引起了她的注意。她惊愕地发现，X下士已然看到了自己的脸。"每个护士都知道，某些时候最好别去打扰病人，因为同情只会让事情变得更糟。"

X下士陷入了绝望。他对自己未来的想象似乎随着对自己形象的那一瞥而烟消云散。他把社会上看到毁容脸就会产生的厌恶感内化到了自己身上。由于容貌的改变，他不再觉得自己值得被爱。事实上，镜子禁令很可能强化了他的一种感受：他的脸不值一看。布莱克认为："他一定是在深夜里进行了思想斗争。"第二天一早，他就托她给莫莉寄去一封信。完成嘱托后，布莱克回到病房,对年轻人说道:"你现在已经好得差不多了,随时都可以见她。为什么不让她过来呢?"

X下士声音悲痛,平静地答道:"现在,她永远都不会来了。"然后,他告诉布莱克,他在信中对莫莉撒了个谎,告诉她自己在巴黎遇到了一个女人,这才意识到他们的订婚是个错误。"把莫莉那样的女孩和我这样的可怜虫硬绑在一起是不公平的。"他对布莱克说:"我不想让她因为同情我而牺牲自己。我这样写,她就永远都不会知道实情了。"

布莱克对事情的发展感到失落。她感叹道:"吉利斯上尉已经竭尽一切所能,但他也无法创造奇迹。"在同样的审美标准下,吉利斯的一些工作被认定为必要之举,却也导致了一些病人被视为"失败者"。当手术无法以符合那些标准的方式改变他们的容貌时,就连他们自己也这样认为。开始的一段时间里,吉利斯仍在磨炼——主要是发明——他的技术,而且是在人们所能想象到的最具挑战性的病例上进行的。出现大量令人遗憾的不良结果在所难免。

阿布斯诺特·莱恩认为:"没有什么比[这些人的]孤独感更让人痛苦的了。"[42] 就X下士而言,他并没有做错。等这个年轻人最终可以离开剑桥军事医院时,他返回故土,选择去过平静的隐居生活。[43]

战争期间,面容的破损常常会导致心灵的破碎。索姆河攻势开始后不久,西约克郡第18军团的二等兵沃尔特·阿什沃斯

（Walter Ashworth）醒来后发现自己正身处奥尔德肖特。[44]第一天的战斗结束后，他是所在连队里仅有的几名生还者之一。面对敌人的猛烈炮火，大多数士兵甚至还没有冲到己方战壕的前线，就已倒在了战地草皮上。阿什沃斯的脸颊被子弹击中，下巴碎掉一大块，半边脸也被打掉了。他跌进了一个积满水的弹坑，在那儿躺了三天，直到有人发现他尚存一息，将他拖回安全地带。

他很快被送回英国，并于1916年7月5日住进了剑桥军事医院。亨利·唐克斯在阿什沃斯入院后不久，捕捉到了护士为他冲洗脸上的可怖伤口时的情景。在这幅粉彩画中，阿什沃斯懒洋洋地坐在一个肾形盘边上，盘子置于他的下巴下面，用来接住从伤口流出的血水和黏液。他眸色湛蓝，目光锐利，凝视着远处，一缕头发散落于眉毛之上。这幅肖像中的人，才刚刚意识到自己的恐怖处境。

阿什沃斯的病例尤其困难，因为他丧失了大量的面部骨骼和组织。"不幸的是，[战场上的]飞弹不仅造成了撕裂伤和骨折，还炸掉了他面部的大块组织，这就像是拼图已经丢失了一些碎片。"吉利斯写道。[45]此刻的他已经明白，如果不先修复下半张脸的结构，仅仅将相邻的皮瓣拉拢在一处，是不会得到理想结果的。更为复杂的是，在尝试手术之前，必须对骨折的下颌骨进行重新对位和固定。在没有骨头或组织损失的情况下，可以使用牙科夹板将碎骨固定在一起，直至愈合。当患者因受伤或蛀牙而导致牙齿大面积脱落时，牙医既可以使用套在牙齿上的冠状夹，也可以使用固定在面部外侧的外部夹板。

在"面部的大块组织"缺失的情况下，想要面骨复位成功，夹板就得一直保持在原位。这意味着吉利斯在用骨头和软骨植体加固下颌结构时，病人需要一直佩戴牙科器械。植体的结合需要三到十二个月的时间，在此期间，由于下颌被固定，病人难以进食固体食物。改食流质食品算是一种解决方案，但如果患者的硬腭（口腔顶部）也受到了损伤，那么进食流质也会变得十分困难，因为食物会进入鼻腔。更糟的是，长时间无法移动下颌会导致铰接上下颌的颞下颌关节锁死。[46] 凡事都不简单。如果医院里没有能力出众的牙医提供协助，任何面部重建都是不可能实现的。

阿什沃斯经历了三次痛苦的手术，重建了他破碎的脸庞。[47] 在这个过程中，有一张罕见的手术图被保存了下来。图片显示出吉利斯是如何通过缝合面颊和下颌的皮瓣及组织来合拢伤口的。吉利斯后来写道，为了缝合阿什沃斯脸颊上的大裂口，必须牺牲嘴唇的部分长度，因此病人留下了一副"异想天开的单侧表情……并非全然令人不悦"。[48]

遗憾的是，阿什沃斯的未婚妻却有不同想法。在得知阿什沃斯毁容的消息后，她与他解除了婚约。他的未婚妻的朋友路易斯·格莱姆（Louise Grime）听说了令人难过的解约之事。不忍于这份心碎，她开始给身处奥尔德肖特的阿什沃斯写信。通了几封信后，格莱姆鼓起勇气问对方，她是否可以去医院探望这名年轻的士兵。他热切地回应了。不久之后，二人坠入爱河。[49]

阿什沃斯退伍后回到了家乡布拉德福德，战前他曾是这里的一名裁缝[50]。与威廉·杨——维多利亚十字勋章获得者，在吉利斯治疗期间死于麻醉并发症的士兵——不同，阿什沃斯没有受到英雄般的欢迎。没有军乐队或游行队伍迎接他的到来，而他的前未婚妻也不是唯一一个对他的容貌改变持负面反应的人。他回到了原先工作的地方，老板却只让他待在店铺后面做一些琐碎事情，这样顾客们就不会被他的样子吓到了。这次降职令他非常难过，于是他递上辞呈便离开了。[51] 伤口不仅是战场赋予的。

尽管个人生活遭遇了种种挫折，但阿什沃斯与格莱姆的感情在持续升温。最终，他向格莱姆求婚，有情人终成眷属。战后，这对夫妻跨越半个地球来到澳大利亚开始新生活。多年后，阿什沃斯在一次教学访问中偶遇吉利斯。这位外科医生出言询问，是否有可能再次尝试为他曾经的病人进行面部手术。据阿什沃斯的孙女说，阿什沃斯向吉利斯表达了感谢之情，却婉拒了手术邀请。或许他已坦然接受了吉利斯给他造就的这张面孔，就在他以为一切正常生活的希望都已破灭的那段时期。[52]

第七章　锡鼻铁心

正当哈罗德·吉利斯在剑桥军事医院辛勤工作之时，一名叫作弗朗西斯·德温特·伍德（Francis Derwent Wood）的英国艺术家也在别处酝酿着自己应该如何帮助毁容士兵的想法。伍德出生于 1871 年，父亲是美国人，母亲是英国人，他自小就已展露出雕刻天赋，曾在世界各地不同的艺术学院接受训练，精心培养这份才能。作为著名雕塑家爱德华·朗特里（Édouard Lantéri）和托马斯·布洛克（Thomas Brock）爵士的学生，伍德成为一名备受尊敬的艺术家，自 1895 年起直到 1926 年离世，每年都在皇家学院展出自己的作品。

和唐克斯一样，伍德在战争爆发伊始也因超龄而无法服现役。[1] 44 岁时，他应征入伍，成为皇家陆军军医队的一名二等兵，并被分配到位于旺兹沃思的伦敦第三综合医院，担任设计夹板的勤务兵。在那里工作时，伍德被医院访客面对脸部受伤患者时的反应触动至深。他意识到，自己的艺术能力或许能派上用场，于是便开始为这群病人制作面具。他们中的许多人都遭受过大量面部组织缺损的痛苦折磨,并且经历过多次手术。"外科医生工作结束之时,我的工作便开始了。"伍德说。[2]

面部假体的概念由来已久。1566年,著名天文学家第谷·布拉赫(Tycho Brahe)在一次决斗中被割掉了部分鼻子,紧接着,他从随身携带的金属小盒中取出了一个替代品,用糯米黏了上去。根据传说,这个鼻子是银制的。但当他的尸体在2010年被挖掘出来时,科学家对他鼻腔周围的骨头进行了化学分析,发现这个假体实际上是用黄铜制成的。

疾病也在此类器具普及的过程中扮演重要角色。许多因感染梅毒而容貌受损的人会使用鼻假体来掩盖难看的感染痕迹。19世纪60年代,美国发明家约翰·韦斯利·海亚特(John Wesley Hyatt)和他的兄弟以赛亚(Isaiah)发现,硝化纤维可以与樟脑混合,产生一种可以成型或塑形的物质,即赛璐珞。作为第一种人造塑料,赛璐珞很快便成为制作人造鼻的首选材料。可惜,这种材料高度易燃。由于19世纪末烟草盛行,赛璐珞鼻子变成棕色甚至起火的故事比比皆是。[3]

早在几个世纪前,战争就为外科手术和艺术创新提供了机会。16世纪的军医安布鲁瓦·帕雷(Ambroise Paré)撰写了一本书,其中包含了用金银制成的珐琅眼睛、耳朵和鼻子的插图,[4]这些都曾为伤兵所用。1832年,22岁的法国炮兵、二等兵阿尔方斯·路易斯(Alphonse Louis)被一块七磅重的弹片击中,失去了大部分下颌。路易斯被送往野战医院,外科医生尝试通过拉拢剩余软组织来缝合伤口。他的预后极其糟糕。路易斯的舌头肿胀到正常大小的四倍，这让他无法有效地进食和饮水。在康复期间，路易斯靠一种肉汤、柠檬水与葡萄酒的混合物来维持生命。给他喂食时，要用一个弧形汤匙将这些流质送到他的舌后。

病情稳定后，他接受了陆军少校、外科医生福杰特（Forjet）的治疗。福杰特先是为路易斯受伤的面部制作了一个石膏模型。然后福杰特请来一位工艺大师，打造了一副纯银面具。这款面具重达三磅，嵌有铰接部分，可以让路易斯张开嘴吃东西。面具内部附有一个收集唾液的引流槽。对面具机械装置的关注和精心制作也延伸到了面具的外部，上面涂有和路易斯肤色相匹配的颜色，并配有用真人毛发制成的小胡子。路易斯以"银色面具火枪手"的称号开始在医学界内外闻名遐迩。[5]

尽管有这些成功的案例，但直到第一次世界大战期间，面部假体才开始大量生产。大部分工作始于伍德，他于1916年3月在伦敦第三综合医院成立了"脸部缺陷面具部"（Masks for Facial Disfigurement Department），和吉利斯在奥尔德肖特成立自己科室的时间相差无几。没过多久，人们就开始将他的部门唤作"锡鼻子商店"。事实证明，这一称呼用词不当。

伍德的创作从为病人的面部制作石膏模型开始。然后，他参照患者战前的照片，用黏土填补石膏上因脸部原型的组织与骨骼缺失而造成的差异。这个过程完成后，伍德就铸好了一副"新面孔"，还为它镀上了一层铜。这就相当于根据患者的面部结构量身定制了一层薄薄的金属皮肤。然后，他再将其他必要部件（如眼镜或玻璃义眼）固定其上，而后给它镀上一层银。接着，他亲手给面具涂上与病人肤色匹配的颜色，然后加上用有色金属箔制成并焊接在假体上的眉毛和睫毛。

　　伍德的新型金属面具比以前使用的硫化橡胶假体重量更轻，是为恢复佩戴者的战前外貌而设计的。他并没有试图改善人们的外貌。"他们以前是什么样子，我就试图让其重现于世，无论美丑；我唯一所愿，就是让他们恢复天生容貌。"他写道。[6]（与之相反，吉利斯倒是十分乐意为他的病人创造全新的外貌。就像他为二等兵"大鲍勃"西摩所做的那样，他还经常在跟士兵打招呼时问他想要一个什么样的鼻子。[7]）

　　与假肢不同的是，面具的制作永远无法标准化，因为面部伤患具有多样性，要恢复每个人独特的外貌，还需要高超的艺术技巧。[8]就像整形外科手术一样，每副面具都是高度定制的。制作过程烦琐耗时，塑造一个面部假体大约需要一个月的时间。[9]此外，面具需要经常调整，因为随着时间推移，伤口愈合的状态或疤痕组织的形成可能会改变病人的面部轮廓。如果面颊基层组织结构变化太大，伍德就不得不将一切从头来过。[10]

　　尽管如此，伍德的面具很快就被誉为"神奇之举"。《泰晤士报》的记者写道，这名艺术家能够用他的作品"消除战争的终极恐怖"。[11]在为《柳叶刀》撰写的一篇文章中，伍德描述了他为尽可能还原一个人受伤前的容貌而付出的艰辛努力。他将面具带来的心理影响比作成功接受整形手术的病人所经历的体验。"病人恢复了昔日之自尊、自信与自立，摈弃了心灰意冷、意志消沉的情绪，再次对外表感到自豪。"他断言。[12] 他的作品激励了其他艺术家投身于这项事业，其中最著名的就是安娜·科尔曼·莱德（Anna Coleman Ladd）。

莱德的本名是安娜·沃茨，她于1878年出生在一个富有的美国侨民家庭。她在巴黎长大，并在那里接受了现代语言和艺术方面的私立教育。22岁时，她到罗马学习雕塑艺术。不久后，她遇到了哈佛大学的内科医生梅纳德·莱德（Maynard Ladd），二人结为伉俪。这对夫妻迁至波士顿，在那里，她成为一名杰出的社会艺术家，为城市的精英阶层创作装饰喷泉和半身肖像。第一次世界大战爆发后，安娜·科尔曼·莱德的丈夫前往法国，在美国红十字会儿童局工作。他在当地为受战争影响的妇女和儿童建立了一系列医院和救济站。

莱德并非那种甘于袖手旁观的女性。受伍德的作品启发，她开始游说美国红十字会在法国建立工作室。在此期间，她还与伍德通信，对方向这名热心的艺术家详细描述了他的技术。1917年，莱德前往巴黎，先是在圣宠谷军医院观察希波吕特·莫雷斯汀的工作，这名暴脾气的外科医生曾拒绝哈罗德·吉利斯进入其手术室。同年11月，莱德的活动取得了成果，她在美国红十字会的资助下开设了一家肖像面具工作室。

莱德的工作室位于巴黎拉丁区，宽敞明亮，俯瞰着一个长满常春藤的封闭式庭院，里面立有许多古典雕像。她在房间里摆满新鲜花束，为客人们营造出欢快、温馨的氛围。爬上五层楼梯后，进入工作室的访客还会看到墙上挂着的其他毁容者的石膏像，似在迎接他们。这里通常每天都会来六七名法国士兵，他们有的在屋里随意走动，有的在抽烟、玩多米诺骨牌，排队等待接受莱德的艺术魔法改造。每周二，莱德都会在她的工作室举办茶会，让已经安装了面部假体的人向那些还未安装的人展示，以示他们的外表是可以恢复"正常"的。[13] 这些毁容者，在法国被叫作"破碎的脸"（les gueules cassées）的这些人，甚至会在圣诞节一起围着圣诞树分享礼物。"他们从未被当作非正常人来对待。"莱德回忆说，"我们和他们一起开怀大笑，帮他们忘却烦恼。这正是他们渴望已久的，也是他们由衷感激的。"[14]

和伍德一样，每当一例整容手术失败时，莱德都会挺身而出——在混乱的战争时期，这种情况经常发生，因为士兵们往往会被首先送到整形经验有限的外科医生那里。美国护士兼记者艾伦·拉莫特（Ellen La Motte）在美国参战前就自愿去前线工作。拉莫特曾遇到一名法国士兵，他受了重伤而不得不切除四肢。他的脸上还顶着一个"以独特技巧利用他的胸部血肉捏成的狰狞可怕、软炮炮的一堆（鼻子）"。他的外科医生几乎没有对他已经毁掉的嘴巴进行任何矫正。"他的门牙都掉光了，"她写道，"他衣服口袋里有一个地址，人们可以从那儿买到人造义眼。"这名士兵被送回家后，抑郁的情况更加严重。别人告诉他，这已经算得上是一个医学奇迹，然而"他不断抽泣，泪水不停地从他已经失明的双目中渗出，四条断肢也在一直抖动以示哀告，嘴里不住地痛苦乞求：'杀了我吧，爸爸！'"[15]

一些士兵放弃了希望,另一些人则在等外科医生放下手术刀后,转而向莱德求助。"一个找到我们的人,已经受伤两年半之久,从未回过家。"莱德在谈到一名患者时写道,"他不想让母亲看到自己的惨状。他的脸上仅剩下一只眼睛,经历了50次手术后……他来到了我们这里。"莱德依靠她的解剖学知识和艺术感知力设计了一副面具,合理地模拟了士兵之前的容貌。和伍德一样,她根据患者战前的照片倒推,从而达到逼真的惊人效果。"为了使[面具]尽善尽美,我们日复一日地研究士兵们的脸,无论是静态的还是动态的,他们手上所有的照片都被拿来辅助这项工作。"她解释说,"然后根据照片或口头描述,我会将那些缺失的或被毁坏的五官与他们习惯的或自然的表情结合起来进行构建。"[16]

莱德的工作量很大,因此她找来四个帮手——哈佛大学医学院的戴安娜·布莱尔(Diana Blair)、雕塑家简·普佩莱(Jane Poupelet)、路易斯·布伦特(Louise Brent)和罗伯特·佛莱克(Robert Vlerick)。莱德住在法国的11个月时间里,他们共同制作了97副面具。[17]每副面具售价18美元,考虑到制作单个面具所需要的工作量,这个价格并不算高。[18]一名前来采访莱德的记者在周围的桌子上发现了几副制作精美的面具。这些作品如此逼真,她不禁评价道:"它们看起来简直就像是为食人族的晚餐摆上桌子的人类鼻子和下巴。"[19]

虽然莱德制作的面具往往比伍德的略重,但她的面具被认为在仿真程度上更胜一筹。据称,戴上莱德面具的人能够让一群外科医生围观猜测，这双眼睛究竟是真的还是画上去的。[20] 她有不少面具的嘴唇都呈微微张开状，方便佩戴者抽烟。莱德回忆说，她的许多病人"之前只会纹丝不动地呆坐在医院里，直到某天得到了面具的保护，他们得以重新走在大街上，还被朋友们认出；他们可以回归生活，重新开始奋斗并取得成就。他们可以抽烟，可以捻胡须；他们的孩子可以喊出：'爸爸来了！'"[21]

随着战争的进行，"锡鼻子商店"水涨船高的受欢迎程度也反映出当时居高不下的伤患人数。然而，与外科医生的处境一样，没有足够的艺术家来满足人们对面具的需求。在法国作战的英国人亨利·布鲁克斯（Henry Brooks）因为枪伤失去了部分鼻子，却被告知伤势太轻，不需要立即进行手术治疗。布鲁克斯在战前是光学机械师。他利用自己的技能，用铝皮制作了一个假鼻子并用酸进行处理，使其具有人类皮肤轻微凹陷的外观。然后，他将新鼻子涂成肉色。结果非常成功，于是布鲁克斯也开始为其他战争伤员制作类似的假体。[22]

但是，在吉利斯看来，面具的存在本身就是对整形外科局限性的刺目提醒。[23] 伍德看到："前来找我的病人都是伤口……十分严重的，甚至超出了最先进的整形外科手术能够处理的范围。"[24] 吉利斯发现，他常常别无选择，只能向他治疗过的一些人推荐面具。有一名患者叫作莫斯，是步枪手。他失去了双眼、大部分鼻子和上颌。吉利斯为这场整形手术竭尽所能的同时，还给这名士兵配了一副由墨镜固定在脸上的面具。

就算迫不得已要用上面具，吉利斯也倾向于将其作为康复者等待进一步手术的临时解决方案。一名南非病人每次获准出院去伦敦探访亲友时都会戴上面具。天气炎热时，他会被迫摘下这一金属假体。等这名年轻士兵休假结束回到医院，他会竖起两根、三根，有时甚至是四根手指，示意街上有多少人被他面具之下的容貌吓到。偶尔，公交车上的女士们"看着他，有的吓晕了过去，有的为他难过落泪"。[25]

吉利斯对面具能否为病人提供长期的解决办法深表怀疑。虽然面具的渲染效果很好甚至很美，但它们一成不变的表情可能会让旁观者坐立不安。简而言之，面具永远无法流露出人脸的表情。当伍德的一名病人获准去伦敦南部探望家人时，孩子们在看到他僵硬的面容后吓得逃开了。[26]吉利斯对此深有体会。"我们可以理解当爱人吻上一副形状完美却毫无反应的上釉〔原文如此〕磷青铜制嘴唇时的那种抵触之情。"他调侃道。[27]此外，面具不会随着佩戴者的年龄增长而老化，因此戴上一段时间后就会过时。

除了美观上的局限，面具佩戴起来不太舒服且难以固定。它们还十分脆弱。随着时间的流逝，漆面会剥落，金属也会褪色。安娜·科尔曼·莱德在战争期间设计的所有面具，没有一个能够留存至今。虽然面具的目的是帮士兵恢复尊严，让他们顺利过渡到平民生活，但面具本身也在提醒人们它的终极目的：隐匿。这种做法主要是为了旁观者的利益。在1925年改编的电影《歌剧魅影》中，为了遮住角色扭曲的五官，朗·切尼（Lon Chaney）戴上了一副面具，与伍德和莱德所制作的那些并无二致。的确，这些面具总是缠绕着某种问题。出于以上原因，许多士兵开始抵制面具。"面无表情的锡皮面具一点儿也不好用。"他们抱怨说，"你就不能给我们一些能洗脸、刮胡子，走在大街上也不会掉下来的东西吗？"[28]

最终，大多数毁容者都愿意接受痛苦的试验性手术来恢复容貌。"我们从丰富的经验中了解到，病人……将经历数不清的痛苦才能恢复正常。"一名战地外科医生写道。吉利斯深有同感。他亲眼见证了治疗过程对士兵精神健康的直接影响："一旦我们开始修复伤口，他们的士气就会高涨起来。许多人的胡须都会随着吐痰和扭身的动作而上翘，这就是证明。"[29]再者，吉利斯能够提供的治疗范围也在不断扩大，因为战争的每个新阶段都会产生更多伤兵，他被要求在他们身上磨炼自己的技能。

随着索姆河战役的持续进行，源源不断的伤员拥入奥尔德肖特。待到夏季结束时，剑桥军事医院似乎已经达到了饱和状态。吉利斯知道，他需要更大的空间来容纳更多的病人。"我的时间全都被伤员的问题填满了。"他绝望地说。[30]尽管莱恩又给吉利斯分配了200张病床，但仍旧没有足够的空间容纳从西线撤下来的所有伤员。

由于接受面部重建手术的患者往往需要经历多次手术和较长的恢复周期，问题更加复杂，吉利斯的周转速度比一般外科医生要慢得多——尽管他有时也会屈服于源自患者本身的外部压力，过早地拿起手术刀。"我发觉自己动刀太快，也太过频繁了，"他坦言，"容貌的恢复需要时间，但这些面目全非的年轻士兵在坐等下一轮手术时太过无聊，便催促我为他们开刀，而他们的血红蛋白和疤痕愈合情况尚未达标。"失误在所难免，一些病人的康复受阻。吉利斯反思道："如果给他们配上一撇小胡子，出去休息一段时间，效果说不定会更好。"他在奥尔德肖特的工作不断突显了一种观点：能拖到明天的事，绝不放在今天做。[31]

由于医院人满为患的问题迅速升级，吉利斯向莱恩提出了以下设想：开发一个大型疗养机构，让病患可以在那里等待术后恢复。这样一来，就可以腾出医院床位，安排新来的病人入住。莱恩同意了这一设想，并取得了小贵族罗德尼（Rodney）夫人的帮助，她同意将自己在汉普郡大阿尔雷斯福德的乡村庄园提供给疗养者使用。[32]虽然这一新设施在某种程度上缓解了吉利斯及其奥尔德肖特员工的压力，但他们仍需要更多空间来容纳大批伤员。剑桥军事医院的设备根本不足以应对全面工业化战争所造成的大规模杀伤。

吉利斯向陆军部"高层"寻求解决办法，可都没能成功。政府不愿采取行动，他再次受挫，于是直接向英国红十字会发出呼吁。在红十字会的帮助下，一个委员会应运而生，他的请求终于得到了回应。经陆军部批准，他在奥尔德肖特的部门将迁往一处面积更大的新驻地。[33]

新成立的委员会找到了人脉颇广的地产经纪人查尔斯·肯德丁（Charles Kenderdine），希望他能就合适的地点提供指导。肯德丁提醒他们可以关注一下弗洛格纳尔宅邸。自从1914年12月房主罗伯特·马沙姆-唐森德（Robert Marsham-Townshend）去世后，肯德丁一直担任该处房产的代理人。这座18世纪早期的豪宅位于伦敦东南12英里处的锡德卡普镇，占地1 740英亩。[34] 它靠近通往多佛的铁路干线，从而确保可以直通法国，将伤员运送回来。这里是建立新医院的绝佳地点。

肯德丁被任命为一个负责筹措资金订下这块地产的委员会的名誉秘书兼财务主管。多家组织和许多个人纷纷慷慨解囊。玛丽王后就是众多杰出的捐赠者之一，而且她最终还将自己的名字借给医院，鼓励未来有更多人对其进行资助。没过多久，肯德丁和委员会就租赁到了弗洛格纳尔宅邸及周边土地。王后医院于1917年2月正式开工。

莱恩在奥尔德肖特建立专科时曾鼎力相助，在帮助成立位于锡德卡普的新医院过程中也扮演着重要角色。他给吉利斯写信，讲述了自己的愿景："我想让锡德卡普成为世界上**规模最大、最重要**的颌骨矫正和整形外科医院，而你将由此成为这类手术的领军人物。"[35]

不过，并非所有人都会追随吉利斯前往新址。曾在奥尔德肖特与吉利斯并肩作战的布莱克护士，在新医院投入运营之前就被派往法国。在那里，她致力于帮助患弹震症的军官们康复，并将其描述为"现代战争中最悲惨的状况之一"。[36] 在第一次世界大战期间，弹震症，或现代临床医生所称的"创伤后应激障碍"（PTSD）极为普遍，以至于这个词语几乎成了战事冲突本身的同义词。战争伊始，各级士兵中有3%~4%的人因"神经和精神休克"而撤离前线。[37] 当时的人们对战斗带来的心理阴影知之甚少。医生们最初认为，这种病症源于炮弹的震慑力，因此称之为"弹震"。而这种根本性的误解暴露了医学在治疗这类疾病方面的欠缺。布莱克护士经常觉得自己对这些遭受心理创伤身处法国的士兵一筹莫展，就像她面对奥尔德肖特的被毁容的士兵时一样。

但至少，对身体创伤的治疗正在取得进展。在吉利斯的领导下，王后医院很快便吸引了世界各地的顶尖外科医生和牙医。他们会前来医院观摩整形外科不胜枚举的最新创举。吉利斯为那些既关注功能又注重美观的新一代整形外科医生开辟了先河。他的技术将帮助数以千计的伤员恢复容貌。

作家雷金纳德·庞德曾说，奥尔德肖特的剑桥军事医院是现代整形外科的产前诊所，而它的诞生地则是位于锡德卡普的王后医院。[38] 正是在那里，现代整形手术的诸多原则得以确立，最终在全球范围内被采用。[39]

1917年8月18日，也就是医院建设开工五个月以后，吉利斯抵达锡德卡普，立即投入工作。"我们甫一放下行李便拿起了针筒。"他写道，"还有比这更好的开院方式吗？"[40]

第八章　缔造奇迹

　　吉利斯招手示意正在门口徘徊的一脸茫然的男人走近些。"这些部位是眼睛。"他向哈罗德·贝格比（Harold Begbie）——一名正以官方身份访问锡德卡普的记者——解释说。[1]自冲突开始以来，贝格比一直在报道医学界对战争的回应，因此，在过去几年里，他见证了人性中最好的和最坏的一面。

　　"战争，可怕而邪恶，令人厌恶到难以言喻。"贝格比曾在《利物浦每日邮报》做过这样的报道。早些时候访问前线附近的一家临时医院时，他遇到了一个头部多次中弹却幸存下来的年轻人。外科医生取出了其中的四颗子弹，但仍有两颗牢牢地嵌在了他的颅骨里——它们终生都在提醒他，曾经与死亡擦肩而过。还有一次，贝格比在英国一家酒店的大堂里听到了一位著名细菌学家和一位杰出外科医生觥筹交错间的交流。细菌学家转向他的朋友，用手指了指房间里喧闹的、身着制服的士兵，继而对战时医学做了一个简单粗暴的计算："站在此处的你和我，负责拯救生命；身边围绕的那些人，负责毁灭生命。"[2]

如今，在这所新建的王后医院的手术室里，贝格比目睹了这场战争带来的毁灭。随着他步步靠近，病人的模样逐渐清晰起来。病人上身赤裸，身上涂满碘酒，皮肤呈现出诡异的橙色。吉利斯用手术刀指着他胸口上方某处，那里有一张模糊的、手绘面孔的轮廓。"这就是鼻子的位置。"吉利斯向贝格比解释，"还有这儿，你看，我们要给他做一张嘴巴。"[3]贝格比无比惊恐，却又看得出神，无法挪开视线。后来，他为《约克郡晚邮报》撰写了一篇关于这次经历的文章，回忆道："我看得出这名病人是男性，我也看得出这名男子曾经拥有过一张脸。可我脑中想到的并非……战争带来的可恨罪恶；我只想知道，盯着这具可怕的人形生物，自己还能忍耐多久。"[4]

即使观察者看起来面色不虞，吉利斯也不会注意到。这些日子以来，一张张残缺不全的脸几乎没有给他任何喘息的机会。但贝格比无法适应这种景象。这名记者尤其被那令人毛骨悚然的场景所震慑，"那人胸腔上有一张铅笔描绘的脸，如同一副面具，往上看去……则是一张被炸得支离破碎的旧面孔，不久前还展现着青春的俊美与活力"。[5]贝格比想知道的是，躺在房间中央处于麻醉中的那个人在战前是谁，经过这一系列痛苦的手术之后，他又将变成谁。

吉利斯握住病人的肩膀调整位置，打破了贝格比的恍惚。当吉利斯调整好手术刀的角度，切下第一刀时，房间里充满了期待。这时，一名工作人员小声对贝格比说："你看到肩膀上的小肿块了吗？那是从这人的肋骨上取下的骨片，然后嵌在那里做成鼻子软骨。"[6]贝格比带着惊骇的神情，审视了三天前植入的那两根明显不同的骨头隆起。

吉利斯灵巧地操起刀片，开始从病人的胸部取下皮肤，移植到他失去特征的脸上。在吉利斯操作的过程中，那名工作人员继续解释道："胸前画的整张脸皮都会被揭起来，覆盖在毁容之处；鼻子是用取自肋骨的软骨来建造的，会贴上有活性的皮肤；由血液自然供给的皮肤组织会像移植物一样在新的地方生长；在那之后，我们会切掉所有疤痕。"[7]

就在吉利斯全神贯注地工作之时，贝格比突然产生了一种想要逃跑的绝望冲动。这名记者被送出房间，来到一扇敞开的窗户前，并得到了一支香烟。虽然刚刚目睹的一切令人毛骨悚然，但贝格比明白其中蕴含的重大意义。"德温特·伍德先生是我们英国最富想象力的雕塑家……他为毁容士兵们制作了面具，效果非凡，从任何角度来看都十分自然。但现如今，手术本身便是雕塑。"他后来回忆道。[8]当他站在走廊上时，有人递给他一本相册，里面是病人手术前后的对比照。贝格比对这些术后变化感到无比震惊。"一场革命已经到来，"他惊叹道，"一副新面孔被移植过去，并在那里落地生根，长出一张真正的脸，而不是一副用来遮丑的面具。"[9]看着无数通过整形手术改善了生活质量的士兵的照片，贝格比不禁认定，吉利斯及其医疗团队所做的工作是一个"奇迹"。[10]

并非只有盟军创造了这样的"奇迹"。德国人在处理和治疗面部创伤方面也取得了进展。从1916年6月到1922年1月，犹太裔德国外科医生雅克·约瑟夫（Jacques Joseph）在柏林夏里特医院掌管着一个科室，与吉利斯在奥尔德肖特所设立的那个并无二致。

约瑟夫对毁容一事并不陌生。他的左脸颊上有一道伤疤，那是19世纪90年代他还是一名大学生时舞弄军刀留下的。不过，他或许并不介意，因为在德国，决斗留下的伤疤是一个男人勇气可嘉的明证。正因如此，大学生们纷纷加入决斗兄弟会，并理所当然地互相挑战。决斗者会护住自己的眼睛和喉咙，却让面部暴露于刀锋之下。在决斗中被砍伤或割伤的人很少得到治疗。一名观察者报告说："［伤口］被刻意地草草缝合，希望凭借此种方式留下毕生不愈的刀疤。"[11]

进入20世纪后，年轻的德国人仍在追求"光荣的伤疤"——20世纪20年代的一名彩票中奖者就曾要求外科医生在他的脸上制造一个人为的决斗标记。[12]他希望能够"冒充"有决斗资质的人。遭医生拒绝后，他又去找了理发师，后者欣然同意在他的脸颊上划上一刀，还赚了他一笔钱。不幸的是，理发师在划破脸皮的过程中割断了这人的唾液腺。[13]

"光荣的伤疤"这一观念或许减轻了毁容对德国士兵造成的心理影响。然而，士兵面部的伤口远比简单的划伤严重许多，不久后，约瑟夫在夏里特医院的新科室就被需要急救的病人挤爆了。

与吉利斯不同的是，约瑟夫在战前就已拥有整形外科的经验。19世纪90年代，他曾为一个10岁男孩实施手术，帮他把那双硕大的招风耳复位，男孩曾因耳朵被同学嘲笑而拒绝上学。尽管手术十分成功，但约瑟夫因此丢掉了工作。他的上司们担心这类实验性手术会影响医院的声誉。[14] 他们认为，不应该仅仅为了虚荣而进行医疗手术。但此事并未打消约瑟夫对整容手术日益浓厚的兴趣。

此后，约瑟夫加入了一家私人诊所，开始进行其他类似的手术，包括为那些希望改变种族面部标志的犹太客户做隆鼻手术。[15]（约瑟夫亲历过类似的转变，他在学生时代就把自己的名字从雅各布改成了雅克。）当时，大多数外科医生都十分瞧不起这类"肤浅"的手术，而约瑟夫认为，整形手术带来的心理影响与其恢复面部功能的功效同样重要。在他承担起为战争中受伤士兵重建面部的任务时，这一理念对他助益良多。

从许多方面来看，约瑟夫与吉利斯的研究如出一辙。二人都对形式和功能兴趣浓厚。约瑟夫在为一名叫作穆萨弗·伊帕尔（Musafer Ipar）的士兵重建面部后赢得了赞誉。伊帕尔在加里波利战役中不幸严重毁容，这次战斗是盟军对土耳其军队发起的进攻，企图夺取一处战略要地，一条分隔欧亚的海峡。他的脸颊、嘴唇、鼻子、上颌和右眼眶被完全抹去。鉴于伊帕尔伤势严重，红十字会将他空运到柏林，送入夏里特医院。在那里，约瑟夫不知疲倦地重建了这名士兵面部中央的三分之一区域。[16]

纵观诸多医案，约瑟夫的工作堪称奇迹。然而，和巴黎的希波吕特·莫雷斯汀一样，他抗拒合作。当外科医生们前往夏里特医院观摩他在手术室里的操作时,他们被禁止发问,而且常常遭到漠视。[17]这与吉利斯形成了鲜明对比,吉利斯正努力在锡德卡普组建一支多学科团队,其中包括外科医生、内科医生、牙医、放射科医生、艺术家、雕塑家、面具制作者和摄影师——所有这些人都将自始至终地协助面部重建工作。

吉利斯深知,多方合作是发展整形外科新技术的关键所在。关于王后医院的愿景,他与阿布斯诺特·莱恩不谋而合,莱恩不断向他强调,务必将锡德卡普打造成世界上最杰出的颌骨和整形外科医院。"医院越大,涉及的相关人员越多,你的地位也就越稳固。"莱恩致信给吉利斯时写道。[18]

吉利斯在组建医院时对细节极为关注,这与他在手术室中所展现出的工作态度一以贯之。弗洛格纳尔宅邸被赋予了新的使命,提供行政办公场所、护理人员宿舍,还有一大片场地专门用于军官们的康复与疗养。唐克斯教授的艺术工作室也设在这座18世纪豪宅的围墙之内,当时他还在斯莱德美术学院和锡德卡普之间往返奔波。在这座历史悠久的建筑之外,还有一系列用作病房的木屋,每间木屋设有26张床位。木屋呈马蹄形排列,将主楼围在中央。每间病房都设有一个阳台。从马蹄形的入口望去,脓毒性病例被安置在右侧,然后按逆时针方向排过去,每间后续病房收治的患者的病情都比上一间的轻。[19]在这个半圆形范围内,有多个外科和牙科手术室,以及检查室、X光室、理疗室和摄影室。记者哈罗德·贝格比造访时,王后医院能够容纳320名病人。随着时间的推移，这里将扩大到可以容纳600多名病患的规模。[20]

吉利斯和他的家人住进了特维斯登斯——一栋位于弗茨克莱的维多利亚风格的大房子，与锡德卡普相隔只有几英里。它既为凯瑟琳和孩子们提供了私人空间，也让吉利斯从医院日复一日的紧张工作中得到片刻休憩。

从一开始，吉利斯就认为，让战时专门从事颌面创伤治疗的外科医生在同一地点受训和工作十分重要。"在新的大本营组建以前……这个外科部门只能做些杂乱无章的研究。"他说。[21]在锡德卡普，一切都将改变。

这所医院是英国和加拿大、澳大利亚以及新西兰等国伤员的治疗中心，因此相应划分为四个分部。这些分部行动自主，并且配备了各自的外科医生、牙医、放射技师、艺术家、摄影师和模型师团队。吉利斯是英国分部的负责人，牙科医生威廉·凯尔西·弗莱协助他开展工作。战争初期，弗莱曾将一名面部受伤的男子送到团部救助站，医护人员将他仰面放在担架上后没过多久，伤者就被发现窒息而亡。这个教训令他终生难忘。[22]弗莱负责面部重建的硬组织工作，吉利斯则负责软组织部分。英国分部是四个分部中人数最多的，占锡德卡普病人总数的五分之二。[23]吉利斯还被任命为首席医务官，负责监督整个医院的运作。

澳大利亚分部的病人占王后医院总人数的五分之一，由亨利·辛普森·纽兰（Colonel Henry Simpson Newland）中校领导，他是一个身材魁梧、性格严肃的人。纽兰出生于 1873 年，在观念上是维多利亚时代晚期的典型代表。澳大利亚艺术家达里尔·林赛（Daryl Lindsay）曾在锡德卡普为纽兰工作，如同唐克斯之于吉利斯。他评价纽兰："他是一个纪律严明的人，不断鞭策激励着每个人；他也从不放松对自己的要求，希望人人都能跟上他的步伐。"[24] 纽兰是四个分部指挥官中年龄最大、级别最高的军官。不过，纽兰对吉利斯担任首席医务官一职毫无不满之意，因为吉利斯在颌面外科方面的经验之丰富远超纽兰。（与步兵部队不同的是，军医院在决定领导职位时更看重医生的技术水平而非军衔高低。）

接下来是卡尔·沃尔德伦（Carl Waldron）少校，他负责加拿大分部的事务。他接受过耳鼻喉科和颌面病理学的训练，因而具备处理颌面伤口的特别资质。战争爆发之初，沃尔德伦打算应征加入加拿大陆军军医队，但他懊恼地发现，自己前面排了将近 400 名应征者。对参战的强烈渴望促使他自掏腰包前往伦敦，并带来了威廉·奥斯勒（William Osler）爵士的推荐信。奥斯勒爵士不但是加拿大著名医生，而且是约翰斯·霍普金斯医院的创始人，革新了医学教育的方法。不久后，沃尔德伦就获得了英国陆军的中尉军衔。从 1916 年起，他专门负责治疗加拿大伤员的面部创伤，先是在肯特郡的韦斯特克里夫加拿大眼耳科医院，后来在距离锡德卡普仅 6 英里的奥平顿安大略军事医院。富尔顿·里斯顿（Fulton Risdon）协助沃尔德伦开展工作，和弗莱一样，他接受过外科和牙科的训练。[25]

最后一位是亨利·珀西·皮克尔少校，几人中最不情愿走马上任的军官。他是奥塔哥大学牙科学院的前任院长，被任命为新西兰分部的负责人——尽管吉利斯作为新西兰人原本可以兼管这个分部。与其他三位科室领导不同，皮克尔是一名牙医，没有接受过正规的外科训练。1917年3月抵达英国后，他被派往位于萨里郡泰晤士河畔沃尔顿的新西兰第二总医院。起初，他被安排负责一个普通病房，里面包括"所有能想到的内科和外科病例，因此我必须重温并提升自己在外科及医药方面的业务知识"。[26] 渐渐地，他开始专攻颌面损伤，成为骨移植的先驱，并从一名学院院长转变为颌面外科医生[27]。

皮克尔起初拒绝将他的病人们迁往锡德卡普，因为他相信自己所在的医院可以为患者提供最好的服务。然而，当玛丽王后到新西兰第二总医院参观时，对他的科室尚未搬迁表示惊讶。王后曾推动了将白金汉宫皇家走廊部分改建为医疗病房的举措，并定期前往医院探望伤员和垂危的军人，她与皮克尔讨论了他的顾虑。但在最后，王后表明了自己的意愿。"好吧，少校，**我其实更愿意看你搬往锡德卡普。**"[28] 不出所料，王后到访后不久，皮克尔及他的29名病人就迁到了新址。

除了这四位，还有一些来自美国的外科医生驻扎在锡德卡普。他们没有自己的独立分部，而是分散在医院的不同科室。这一举动是基于对未来的预测，美国早在数月前的1917年4月开始参战，之后可能会有大量美国士兵需要接受整形手术。促使美国决定参战的部分原因是他们截获了德国外交大臣阿瑟·齐默尔曼（Arthur Zimmermann）发给德国驻墨西哥大使海因里希·冯·艾克哈特（Heinrich von Eckhardt）的一封电报。齐默尔曼在电报中指示艾克哈特向墨西哥提议两国结盟。作为协议的一部分，德国将支持墨西哥人收复得克萨斯州、新墨西哥州和亚利桑那州，那些他们在19世纪中叶的美墨战争中失去的领土。电报上的消息让美国上下为之震惊。不久之后，伍德罗·威尔逊（Woodrow Wilson）总统在国会特别联席会议上要求对德宣战。两个月后，被戏称为"面团男孩"的首批美国军队登陆欧洲。

尽管这些发展让吉利斯的团队充满了国际氛围，但仍有一些缺席者值得关注。医院投入运营的初期，吉利斯邀请牙科医生瓦拉兹塔德·卡赞詹加入他的团队。有消息称，这位亚美尼亚裔美国人曾在法国为受伤士兵的脸部创造了奇迹。但卡赞詹拒绝了吉利斯的邀请。"我已被哈佛大学派往法国，责任在肩。"他写道。[29] 他终究还是觉得，最好的工作是在靠近前线的地方，"让双脚踏在泥泞中"。尽管如此，二人仍保持着书信往来，卡赞詹的许多病人被转回英国后，最终由吉利斯负责治疗。这位牙医回忆说："随着战争岁月的延续，我经常去锡德卡普的王后医院探望哈罗德爵士，我的许多病人也都在那里接受了进一步的整形手术。"[30] 目前尚不清楚，吉利斯是否邀请过瓦拉迪埃加入他的行列，但就像和卡赞詹的关系一样，吉利斯在整个战争期间都与这位古怪的法国牙医保持着联系，他长期以来收治了瓦拉迪埃的许多病人。

谈回锡德卡普，吉利斯希望建立一所单一地点的专科医院，以鼓励不同科室的医生彼此之间展开精诚合作。吉利斯对王后医院的多样性赞不绝口："这的确是一个令人印象深刻的阵容……［在王后医院］许多激烈的会议上都回响着夹杂各种口音的交响乐，有加拿大北爱尔兰口音、新西兰斐济口音、澳大利亚口音、美国中西部口音、费城口音和纽约牛津口音。"[31]斗转星移，这个风格迥异的团队将通过创造可被验证、测试及标准化的技术，推动整形外科的学科发展。就连原本反对搬到锡德卡普的皮克尔也逐渐明白了迁至此处的优势。"整个医院就是大英帝国和美国军队和谐联动的典范。"他评价道。[32]

因此，与其他地方的研究工作相比，吉利斯和他的同事们在如此有限的时间内完成的这一切确实堪称奇迹。王后医院甚至赢得了世界顶级医学期刊《柳叶刀》的关注，《柳叶刀》对其整形外科方法的新颖之处发表了评论。"在集体兴趣和互相批判的激励下，［王后医院里］这种科学方法的强化培养所产生的结果，是一代人零星的个体努力难以企及的。"《柳叶刀》在1917年的报告中写道。[33]

如此多的人才汇聚一堂，也激发了医院里不同外科医生之间的竞争，尤其是吉利斯，作为天生的运动健将，他从不会放过任何一个超越对手的机会。和其他领域的艺术家一样，每位外科医生都有自己独特的风格。人们很快便能轻易从一众鼻子中分辨出，它们是出自吉利斯、纽兰、沃尔德伦还是皮克尔之手。"由于我们的艺术成果经常在病房里展出，不仅病人会对我们的成绩做出评价,我们自己也会这么做,哪怕只是用眼角的余光,酸溜溜地将自己的作品与同事们的进行比较。"吉利斯坦言。[34]正因如此,重建标准得到了全面提高。就连阿布斯诺特·莱恩也认识到了这些专业竞争的价值,并指出:"竞争造就了整形外科领域的许多非常出色的人物,在推进这种特殊形式的外科手术方面,他们也在一较高下。"[35]结果往往令人瞩目。

但也有不利的一面。到了一定时候,这种"友好的较量和激烈的竞争"——吉利斯如此描述——就成为紧张关系的根源。外科技术的医学专利非常罕见,因为它们被视为与该行业的道德使命相违背,这种道德使命要求医生将病人护理置于自身利益之上。[36]如果难以获得经济回报,那么外科医生至少会为自己的创新成果寻求认可。在这样的环境中,关于是谁最先设计出某种手术技巧的争论时有发生。[37]在这些问题上,皮克尔经常与吉利斯发生冲突。战争结束后很久,他给吉利斯寄了一篇自己撰写的文章,先发制人,避免了一次争论。他自己的档案里夹有一张字条,上面写道:"重印摘录并寄给吉利斯……由此可见,关于谁才是第一个在压力下利用开放式游离移植法进行颊沟[面颊和下颌骨之间的凹陷处]植皮的人,再无疑义。"[38]

这就是雄心勃勃的外科医生与生俱来的本性,无论在战争时期还是在和平年代。

1917年10月3日,一等水兵威廉·维卡拉吉(William Vicarage)被推进了锡德卡普的手术室。18个月前,他在日德兰海战中登上"马来亚"号战列舰时被严重烧伤,面部留下了大面积疤痕。他的眼睑和下唇向内翻卷,因此无法正常闭眼或张嘴。他的双手也被严重烧伤,一段时间后,疤痕组织导致手指蜷缩,让他的手看起来像是禽类的爪子。

维卡拉吉是吉利斯见过的烧伤最严重的患者之一。"很难想象,一个人是如何从那样可怕的烧伤中生还的。"他回忆说。[39] 患者只有20多岁,伤势让人不忍直视,带来的痛苦更是难以置信。他的情况异常凄惨,吉利斯后来写道:"若想对这种伤情进行较为彻底的手术,需要相当大的道德勇气。"[40] 但吉利斯逐渐意识到,那些遭受过与维卡拉吉的伤势相似的创伤并幸存下来的人,会表现出一种"永不熄灭的乐观主义精神,这种乐观几乎能带领他们闯过一切难关"。[41] 事实证明,这名水手正需要百折不挠的精神来忍受修复伤口所必须经历的手术磨难。

维卡拉吉抵达锡德卡普后不久,吉利斯就做出了决定,最佳方案是从这名水兵的胸部取下皮瓣来替代他面部的受损区域——这是一个复杂且痛苦的过程,与记者哈罗德·贝格比目睹的过程一模一样。虽然吉利斯在许多病人身上实施过这项技术,但他知道这项技术存在一定的风险,而在处理大面积表面时,风险还会提高。然而,为了治疗维卡拉吉脸上的大面积烧伤,医生并没有太多选择余地,因为植皮更不可靠。

皮瓣的一侧仍与原部位相连,保持自体供血,与之不同的是,植皮在转移前完全与身体割离。当氧气和营养物质从下层伤口床扩散到移植物上时,它便能存活下来。能否长期存活取决于新的血液供应能否迅速形成。因此，早期植皮的失败率很高。

与烧伤的医疗方法相同，皮肤移植的最早记录也可以追溯到《埃伯斯莎草纸》。但直到19世纪后半叶，植皮技术才取得了重大进展。一名叫作雅克-路易·雷弗丁（Jacques-Louis Reverdin）的瑞士外科医生发明了一项技术，从身体健康部位取下一小块皮肤，然后将它们覆着在伤口之上。雷弗丁的移植方法是用食指和拇指捏住皮肤，然后以锋利的工具切下表皮上的一小块，过程中没有出血。"点状植皮"（Pinch grafting，该技术后以此称闻名于世）是一个重要的进步。不过，这种移植方式愈合缓慢，并且往往会因为移植皮肤萎缩而导致挛缩。

几年后，法国外科医生路易·利奥波德·奥利耶（Louis Léopald Ollier）开发了一种不同的方式，将条状皮肤组织依次靠拢贴于伤面。德国外科医生卡尔·蒂尔施（Karl Thiersch）改进并推广了这种方法。总体来说，相对于"点状植皮"而言，这种技术愈合更快、疤痕形成更少、挛缩状况更轻。不过，这种方法也并非完美无瑕。移植物是医生用大型手术刀徒手切割下来的，尽管有专门的器械，但很难将厚度标准化。除此以外，人们还不了解成功移植所需的精确组织厚度。因此，吉利斯更倾向于使用皮瓣，尤其在处理大面积皮肤缺失的案例时。

在锡德卡普，吉利斯开始为维卡拉吉实施手术，他先是从这名水兵的胸脯上切下一块V形皮瓣，然后将皮瓣拉伸到他下半张脸部烧焦的表面。接着，吉利斯又从维卡拉吉的肩膀上取下两块较薄的条状皮肤,准备将每块皮条的自由端固定在他的面部。吉利斯在进行这些操作时注意到,两块肩部皮瓣的边缘有向内卷曲的倾向,就像纸卷一样。"如果我把这些皮瓣的边缘缝合在一起,"吉利斯想,"是不是就可以形成一条活体组织管道,增加移植物的血液供应,防止它们发生感染,而且不会像老办法那样容易出现挛缩和退化?"[42]

当他继续为维卡拉吉进行手术时,这个想法在他的脑海中挥之不去,他的双手开始不自觉地动了起来。"一针又一针,然后我在令人震惊的沉默中,将皮瓣缝成了管状。"他回忆说。[43] 不仅维卡拉吉即将迎来一次彻底的改观,甚至整个整形外科领域也将经历一场重大的革新。"水兵维卡拉吉身上的那些皮管成为历史性珍宝,"吉利斯日后总结道,"为我们打开了一扇通往更宏大、更精细的发展领域的门,里面是我们不曾窥见的世界。"[44]

吉利斯将他的发明称为"管状带蒂皮瓣"。这是一种由皮瓣缝合而成具有抗感染作用的圆柱体,其自由端与受伤部位相连接。与开放式皮瓣将未愈合的底部暴露在外不同,这种技术将组织包裹在具有保护性的外层皮肤之中,从而大大降低了感染概率。一旦在新的部位建立起令人满意的血液供应,就可以切断原来的连接。

"我可以轻而易举地将它们从病人身体上的一个部位带到另一个部位。"吉利斯兴奋地说。[45] 有了管状带蒂皮瓣,他几乎无所不能。"我可以将它们做成'U'型,两端仍然连接在基底

152

上，让内部的血管可以根据需要随时调整。"他解释说。[46]不久后，吉利斯病房里几十名士兵的前额、脸颊、鼻子、嘴唇和耳朵上都长出了树枝一样的管子——所有这些管子都有望实现奇迹般的再造功能，让越来越多的身体部位得以重建。

没过多久，吉利斯的同事们就采纳了他的技术。"这一技术得到了外科医生们的热切追捧。"他写道。锡德卡普的病房很快就"变成了缅甸丛林，到处都悬吊着管状带蒂皮瓣"。[47]战争结束十年之后，吉利斯遇到了一名病人，他的鼻子上仍留有一根树枝一样的皮管。当时，由于德军的新一轮进攻给医院造成了过大压力，吉利斯不得不将这位病人送回家乡等待进一步手术。一片混乱中，这人就被遗忘了。当吉利斯问起他这几年的生活状况时，他说（可能是玩笑话），自己一直在一个巡回马戏团里靠做"象人"谋生。[48]不过，尽管这些身体附加物在外界引起了令人不悦的窥视，但它们成为王后医院创新工作的象征。"如果把我和助手们制作的所有带蒂皮管一字排开，按每周两根半来计算，它们就会像穿香肠一样从白金汉宫一直穿到购物中心，穿过金钟拱门直达特拉法加广场，再到纳尔逊纪念碑的一半，方能停下来。"吉利斯开玩笑道，"我的理想是，在我制作完最后一个皮管前，我们要让这串皮管登上这个著名的尖塔，至少还得留有一个皮管可以插入海军上将[1]的上颌。"[49]

---

[1] 伦敦市中心的特拉法加广场有一个纳尔逊纪念柱，高51.59米，是为纪念1805年死于特拉法加海战的海军上将霍雷肖·纳尔逊而修建。柱子顶端是纳尔逊的岩石雕像。此处的"海军上将"指的就是这尊雕像。

153

早期使用管状带蒂皮瓣的病例中，有一名病人不仅与吉利斯同姓，而且同样拥有少校军衔。这就无可避免地造成了混淆。吉利斯经常意外地收到属于这名病人的信件。有一天，T. 吉利斯少校的洗衣账单误送到了哈罗德·吉利斯的手里。于是，这位外科医生便同病人开起了玩笑，他一把揪住与他同名之人的衣领，吼道："我不介意读一读你的情书，但拒绝为你的脏衣服买单。"[50]

管状带蒂皮瓣的成功让这一疗法大受欢迎，正如吉利斯后来承认的那样，有时使用管状带蒂皮瓣对病人也有不利，反而是局部皮瓣或其他类型的皮瓣更为奏效。"与所有创新一样，这种疗法的局限性……尚未明确，而在这个过程中，钟摆已经摆得太远。"吉利斯坦诚地说道。[51]

吉利斯和他的团队在曾经被忽视的外科领域取得了巨大进展。然而，成功创新的喜悦常常会被战争的阴影笼罩。一天傍晚，吉利斯穿过渐渐暗下来的天色，走到特维斯登斯，凯瑟琳和孩子们——五岁的约翰和三岁的玛格丽特——正等着迎接他归来。在医院的喧闹中劳累一天后，他十分享受这份短暂的独处。最近，这个世界压得他喘不过气来，以至于这一次，他几乎没有注意到头顶上空德国飞艇险恶的身影。它们正驶向伦敦，钢制机身里装满了燃烧弹和手榴弹。[52]

这些飞行员的任务是第一次世界大战期间德军对英国发动的长期空中轰炸行动的一部分。对英国首都的第一次空袭发生于1915年5月31日。当时，一架齐柏林飞艇在这座沉睡中的城市上空盘旋，炸弹舱门悄然在艇身下方打开。这一场景与H. G. 威尔斯（H. G. Wells）多年前在其《空中战争》(*The War in the Air*)一书中描述的场景极为相似。5月下旬的那个晚上，当城市在轰炸声中摇摇欲坠时，毫无防备的伦敦人从床上一跃而起，惊慌失措地跑到街上。在伦敦东区的库珀街，塞缪尔·莱格特（Samuel Legget）的房子被炸弹击中。他的五个孩子中有四个丧生，其中包括三岁的埃尔西（Elsie），爆炸发生时她正在床上睡觉。[53]从那天起，齐柏林飞艇就被称为"婴儿杀手"。

对许多伦敦人而言，战争不再是"远在天边"，而是近在眼前。多丽丝·科班（Doris Cobban）曾写过半夜被炸弹惊醒的经历。她记得父亲来到卧室抱起自己，用毯子裹好，然后他告诉五岁的女儿："这就是历史，你一定要亲眼看到。"[54]英国的平民百姓开始真正明白了他们那些在西线作战的父亲、儿子、兄弟和丈夫已知晓的事实：战争一视同仁。没有人是安全的。每个人都是目标。

这些巨大的氢气球有着雪茄形的钢架——长度是现代巨型喷气式飞机的两倍——在突袭方面特别有效。在11 000英尺的高空，齐柏林飞艇可以关闭发动机，悄无声息地飘近目标，远超大多数双翼飞机的飞行距离。防空炮火只能迫使飞艇飞得更高。使用探照灯的目的是在天空搜寻潜在威胁，可事实证明，除了引起伦敦市民的恐慌，探照灯基本上发挥不了任何作用。"这和你在黑暗中的阿尔伯特音乐厅发现一只黑猫的概率也差不了多少。"有人玩笑道。[55]

不过，有些飞行员的运气着实不错。1915年6月7日，雷金纳德·沃内福德（Reginald Warneford）在比利时根特市上空发现了一架齐柏林飞艇，成为第一位击落飞艇的飞行员。他驾驶的双翼飞机射出的机枪子弹撕裂了这架浮空巨兽的侧翼，但仍不足以将其击落。沃内福德追逐着齐柏林飞艇，关掉自己的发动机在其上方滑行，然后向飞艇顶部投掷六枚燃烧弹。氢气爆炸的威力掀翻了他所驾乘的飞机，他只好紧急迫降在对方领地。沃内福德争分夺秒地修理飞机，就在德军发现这边的情况时，他成功起飞了。据称，他在飞机离开地面时还朝敌人喊道："向德皇致敬！"[56]但沃内福德的胜利仅是一次例外，并非常规。在战争初期，由于早期飞机的局限性，面对这些空中利维坦，英军常常束手无策。

英国人民对袭击深感愤怒。空袭非但没有摧毁他们的士气，反而让伦敦人同仇敌忾。一次致命空袭后，国王乔治五世从白金汉宫的窗户里探出身，指着维多利亚女王的雕像喊道："德皇，该死的德皇，他甚至想要炸毁自己祖母的雕像！"[57]

然而，伴随愤怒而来的还有警报。随着爆炸的升级，人们开始躲进伦敦地铁。当局下令全城停电，甚至抽干了圣詹姆斯公园的湖水，防止湖面反射的月光指引齐柏林飞艇攻击白金汉宫。政府还集中精力着手研制飞行器，这些飞行器不仅可以到达更高的高度，而且配备了两种弹药：爆炸弹可以摧毁飞艇的气囊，让氧气混入氢气中；继而，燃烧弹可以点燃混合气体，让飞艇爆炸。[58]

1916年9月2日，16架齐柏林飞艇在伦敦夜空集结，英国皇家飞行军团获得了检验新技术的机会。这是迄今为止规模最大的空袭之一。当炸弹开始向首都坠落时，威廉·利夫·罗宾逊（William Leefe Robinson）中尉爬进驾驶舱，向敌人飞去。当罗宾逊驾驶的飞机爬升至11 000英尺的高度并开始用子弹扫射齐柏林飞艇时，地面上的探照灯照到了他的飞机。很快，飞艇着火了。当齐柏林飞艇从空中坠落时，成千上万名拥上街头观看空中追击战的伦敦市民开始高唱爱国歌曲。[59]飞艇坠落在年轻的帕特里克·布伦德斯通（Patrick Blundstone）家旁边的田野里，他在写给父亲的信中兴奋地描述了这一事件。"飞艇断成了两截……一边燃烧一边发出轰鸣和噼啪声。"少年在信中写道。他和家人走出家门前去探个究竟，与消防队同时到达现场。布伦德斯通用小学生的口吻描述了机组人员当时的状态："他们被火烘烤着……就像是烤牛肉的外皮。有个人的腿从膝盖那里断掉了，你都可以看到他的关节。"[60]

飞行员罗宾逊在击毁齐柏林飞艇后的48小时内就被授予了维多利亚十字勋章，这是该勋章授给士兵最迅速的一次。

飞艇暴露了自身的脆弱性，它竟然如此容易被摧毁。第一次世界大战期间，德国投入了80艘飞艇，其中34艘被击落，另有33艘在事故中损毁。随着战争的推进，德国开始部署重型双翼轰炸机，与飞艇一起空袭英国。到战争结束时，德国人通过有计划的轰炸行动，已经造成约1 400名平民身亡，另有

3 000多人受伤——这是发生于第二次世界大战中更为致命的闪电战袭击的前兆。[61]（由于盟军的封锁限制了德国的海上货物供应，德国本土因此死亡的平民人数要多得多——到第一次世界大战结束时，死亡人数在50万到80万之间。[62]）

1917年10月底的这个夜晚，当齐柏林飞艇在头顶嗡嗡作响时，吉利斯却心不在焉。他一心想着如何才能处理好水兵威廉·维卡拉吉的眼睑，由于严重烧伤的疤痕组织收缩，水兵的眼睑仍然内翻扭曲。"这个可怜的家伙不得不戴上面具眯着眼睛睡觉。"他说。[63]吉利斯一直被维卡拉吉没法闭眼将世界"拒之门外"的问题困扰着。自日德兰海战以来，这名水兵的生活就像一场清醒的噩梦。很难想象还能有比这更糟糕的境况，尽管吉利斯确实见过许多可以与之相提并论的情况。

要修复眼睑这样的脆弱不堪的部位，并没有什么简单可行的方法。关于眼睑手术的最早记载可以追溯到公元1世纪，古罗马作家奥卢斯·科尼利厄斯·凯尔苏斯（Aulus Cornelius Celsus）描述过一种手术方式，即切开眼睑，放松眼周紧绷的皮肤。1818年，德国外科医生卡尔·费迪南德·冯·格拉夫（Karl Ferdinand von Gräfe）创造了"眼睑成形术"（blepharoplasty）——这个术语源自希腊语"blepharon"（眼睑）和"plastikos"（塑形）——指的是修复某些眼睑畸形的手术方法。然而，要解决像维卡拉吉的伤情这样严重的眼睑损伤，可供选择的方法十分有限。但吉利斯仍在想办法。

他知道有一种叫作"上皮镶嵌"的技术，是由约翰内斯·F. 埃塞尔（Johannes F. Esser）发明的。这名荷兰外科医生曾在战前的巴黎师从脾气暴躁的希波吕特·莫雷斯汀。[64] 1916年，埃塞尔从病人的大腿上取下一块移植皮片，将其生皮面朝外，包裹在坚固的支撑材料或"支架"上。然后，他将这个装置嵌入一个手术造口中，这个造口就是需要植皮之所在。当造口和皮片的两面互相贴合后，埃塞尔取出支架，打开皮片，露出里面健康的皮肤。这样一来，就确保了伤口完全由上皮组织覆盖，而上皮正是覆盖器官和腺体内外表面的重要组织。[65]

在这种方法出现以前，没有上皮覆盖的伤口往往会因为疤痕的形成而感染和萎缩。埃塞尔的上皮嵌体则可以解决这类问题，它的作用是将移植的皮片紧紧贴在伤口上，在皮片长牢的过程中防止其发生移动和出血。他先后用德语和英语发表了自己的研究成果。[66]吉利斯在一本医学期刊上读到这种方法后，决定用它来解决自己的问题。

维卡拉吉经历了第一次手术几周之后，吉利斯又把他推进了王后医院的手术室，准备复制埃塞尔的嵌体手术。只是，吉利斯在一个关键之处做出了改变。他用采集下来的皮肤组织包裹住支架，如同埃塞尔所做的那样，生皮一面朝外。不过，他并没有将这个装置嵌入伤口，而是将其固定在**外部**，就在维卡拉吉的眼睛上侧，然后用马鬃缝合。[67]

吉利斯的同事们对他这一富有想象力的解决办法是否真正有效"既怀疑又好奇"。八天后，吉利斯拆除了支架和缝线，新皮肤得以展开。令他无比惊喜的是，"在我们面前闪耀的是迄今为止最完美的眼皮"。自从这名水兵在日德兰海战中被严重烧伤以来，已经过去了18个月；自从他能够闭上眼睛切断与外界的连接以来，也已经过去了18个月。现如今，他终于可以享受一个安静的夜晚了："这在锡德卡普引起了不小的轰动。"吉利斯自豪地说。[68]

确实，在接下来的几十年里，"上皮外置"——吉利斯如此命名——对整形外科医生来说甚至有着更大的用处。因为他在第一次世界大战期间取得的这些成就，将决定医生们可以在第二次世界大战中为新一代伤兵做些什么。[69]

第九章　蓝色长椅

当父亲第一次带多丽丝·莫德（Doris Maud）去探访离家不远的王后医院时，她才 11 岁。每个周日的早晨，他们都会登上一辆开往锡德卡普的红色双层巴士，随身带着几十包香烟，准备分发给在那里休养的士兵。[1]

巴士以每小时 12 英里的速度飞驰——这是 1917 年的速度极限——多丽丝透过凝结在车窗上的水汽向外看去。在通往医院的路边，到处都是外出散步的伤员，他们身上的白色绷带与锡德卡普所有休养人员穿着的海军蓝制服形成了鲜明的对比。许多人把整张脸都用绷带包起来，即便有人在日常生活中偶遇这些孤独的漫游者，他们也看不到掩盖这些绷带之下的人们为战争付出的代价。

对于平民百姓来说，亲眼见到毁容士兵令他们惴惴不安，因为这些人证明了西线正在发生的大规模杀戮。报纸有时会刊登一些失去四肢的士兵的照片——他们在护士和医生的照料下面带微笑——却很少以那些失去部分面容的士兵的照片为专题。

尽管如此，记者们并不一定会粉饰颌面损伤的现实。《每日速写》的一名记者在文章开篇就对读者发出疑问："当你听到或看到'受伤'这个字眼时，脑海中会浮现出怎样的画面？"然后，他继续写道：

> 如果你是一名普通市民，可能会联想到一个身着蓝色病号服、一瘸一拐的人，抑或，最坏的情况不过是一个躺在担架上、蜷缩着身体的、无法确认身份的身影。然而，还有一些伤情是人们出于本能避免去想的。有些人从战场上下来，仍然步履稳健，双手有力，身体完整，但他们是所有战争受害者中最悲惨的存在，他们的忍耐力在最艰难的日子里经受考验，他们如今在自己的亲友中变成了半个陌生人，甚至不愿踏上渴望已久的回家之路。在医学术语中，他们被归类为"面部和下颌病例"。请花上一分钟思考这个短语，想想它意味着什么。[2]

大多数战时记者都认为，面部受伤是"战争能造成的最残酷的打击"，[3]因为它剥夺了一个人的外在特征。《曼彻斯特纪事晚报》的一名记者写道："他知道，在悲伤的亲人或好奇的陌生人面前，他只能戴着那张多少有些令人生厌的面具，那个位置以前曾经是一张英俊帅气或赏心悦目的脸。"[4]

与这些报道不同的是，许多士兵在家书中克制隐忍，甚至轻松愉快地谈起自己的伤情。雷金纳德·埃文斯，曾被吉利斯一视同仁的态度所折服的那个伤兵，在西线执行夜间侦察任务受伤后不久就给母亲寄去了一封家书。虽然他因伤势严重而无法进食，但他告知母亲"不必有丝毫担心"。[5] 尽管如此保证，埃文斯显然还是在意自己的外表。

有一次，他去韦弗利修道院参观，一位牧师在布道时说，每个人都有责任"注重仪容仪表，做到尽善尽美"，[6] 他忍不住在下面窃笑。埃文斯意识到，他毁容一事可能会在家乡引起风波，于是在另一封信中提醒母亲，她"将不得不准备接受一只长得比以前更难看的丑小鸭"。[7] 尽管语调轻松，但不禁让人疑惑，这句话在多大程度上是为了安抚母亲。埃文斯以一句调侃给这封信收尾："等着吧，我会戴着假牙和人造下巴大摇大摆地回到家里，我要让你们好好见识一下。"[8]

尽管公众不愿直面战争中的这一禁忌，但王后医院的许多病人并不会只待在原地不动。吉利斯和他的员工们鼓励那些身体足够强健的病人出门呼吸新鲜空气，到周边地区散散步。于是他们穿过小镇，挤进高街上的"休息室"。这是一家空置的商店，由于病人在疗养期间不能饮酒，它经过改造，为医院的病患提供软饮料。休息室的存在还能让他们避开镇上居民好奇的眼光。[9]

医务人员敏锐地察觉到不恰当的关注可能会对这些士兵产生负面影响。皇家陆军军医队下士沃德·缪尔描写过普通人在与毁容士兵交往时遇到的种种困难。"他很清楚自己现在的模样；因此你能强烈地感觉到他知道你知道，然后你那不经意的一瞥可能会伤害他。"他写道。[10] 缪尔意识到自己的不自在可能会影响别人。"这样的病人，你是不敢直视他的；并非自己害怕，而是担心他会多想。"他补充道。[11] 但大多数人并不像缪尔那样敏锐，他们很难压抑或掩饰自己的反应。此外，无论是通过报纸报道还是个人接触，面部受损者在公众前的曝光度都十分有限，这样只会加剧人们在遇到这些伤者时的不安和焦虑。

霍勒斯·斯韦尔（Horace Sewell）是一名准将，他在王后医院度过了四年半时光，接受了20次痛苦的手术。他还记得，自己曾在手术间隙被送到克劳奇河畔伯纳姆附近的一家疗养院休养。"那个地方的好心人请求疗养院把我们关在院里，因为我们把他们吓得发抖。"他回忆说。[12] 就连威尔士亲王在看到面部损伤时，也无法掩饰自己的不适。在造访锡德卡普时，未来的国王爱德华八世被婉拒进入医院为最严重病例预留的病房。工作人员担心，对于之前从未接触过如此严重毁容病例的人来说，这种经历会太过刺激。不过，亲王依旧坚持要进去查看究竟。斯韦尔写道："他径直走了进去，后来据我所知，他不得不被抬着出来。"[13]

在王后医院周边地区，人们想出了一个简单粗暴的办法来"保护"公众。一些露天长椅被漆成亮眼的蓝色，专供锡德卡普的病人使用。当路人看到其中一张长椅已被占用，就知道要移开目光。这些人身上的蓝色医院病号服也起到了警示公众的作用。遗憾的是，这些做法进一步加深了对毁容者的"异化"，肯定会让一些病人在锡德卡普就医期间感到更加孤独。

巴士上的乘客有带着香烟作为礼物的多丽丝·莫德和她的父亲，是少数一些从不回避伤员的平民百姓，因为他们对这些在战场上奋战的人怀有一种爱国责任感。普通人最细微的善举往往会给正在疗伤的士兵带去极大的鼓舞，没有人比王后医院的首席外科医生更清楚这一点。

吉利斯站在二号病房和三号病房之间的小巷里，手中紧握着一根高尔夫球杆。在手术室中度过几个小时后，他经常来到这里清理思绪。在没有任何教科书指导的情况下，日复一日必须进行下去的面部重建工作带来了巨大的压力，常常让他透不过气，虽然他很小心地没有显露出半分。吉利斯双脚分开，与肩同宽，挥杆划出一道专业的弧线。白色小球嗖嗖地飞过小巷，然后在人行道上发出咔嗒咔嗒的声响。又打了几杆后，吉利斯收拾好球杆，回到医院。[14]

王后医院的病人已经习惯了他们的外科医生拿着一袋在走廊间叮当作响的高尔夫球杆的奇特景象。他不仅喜欢在医院的空闲时光挥上几杆，还经常光顾锡德卡普的高尔夫球场。在那里，他经常和朋友们一同打球，其中一些人成了他恶作剧的牺牲品。有一次，吉利斯设法将一名同伴的球换成了一个用巴黎石膏制作的复制品，医院的艺术家们就是用这种材料为病人的脸部制作模型的。毫无防备的球员随即被一团白色粉末笼罩，大伙儿被逗得乐不可支。[15]

这项运动让吉利斯的压力得以舒缓，却并不能每次都让他从工作中的困扰中抽身而出。有一天，他一反常态地迟到了，一个朋友关心他是否还好。听到这句询问后，吉利斯忍不住流下了眼泪。那天早些时候，他的一名病人去世了。"我们打了一场比赛，我想这是唯一一次，我赢了他。"这位友人后来回忆道。[16]

然而，这种深情流露在吉利斯身上并不多见。正是顽皮的天性和对恶作剧的热爱，为他赢得了在医院接受康复治疗的士兵们的心。一名曾经的病人感慨地回忆道，"吉利斯少校本人就是'男孩中的一员'。他说着他们的语言，走进他们的精神世界。"[17]吉利斯付出超额的工作时间，让他们在医院经年累月的治疗中维持良好精神状态。修复士兵的容貌绝非易事，而解决受伤导致的心理创伤更是难上加难。"毁容对潜意识造成的伤害并非总能轻易抚平。"吉利斯写道。[18]但这并没有阻止他进行尝试。

病人心理健康的最佳预测指标是重建工作本身的结果。"我们注意到，拙劣的修复会让可怜之人的性情变得更糟糕。"吉利斯发现。相反，如果手术成功，病人就会"重拾往日品性与习惯"，成为一名"快乐的康复者"。吉利斯认为，这说明了外貌对一个人的心理影响。他开玩笑说："如果我的光头上突然长出一撮红色鬈发，后缩的下巴变得厚实方正，想象一下，我的个性会变得多像农民。"[19]

让病人满意是吉利斯最核心的关注点之一。白天，他严格遵守并执行医院的政策。但当夕阳西下时，这位调皮的外科医生——经常以另一个自称为"斯克罗吉医生"(Dr. Scroggie)的身份出现——鼓励小伙子们去打破规矩。例如,病人有时用来做饭的便携式煤气罐每晚八点就会被锁起来。但当饥饿袭来(通常在十一点左右),一些行动敏捷的士兵就会偷走钥匙,为病友们做上一顿大餐。煎鸡蛋的香味常常把吉利斯吸引到厨房,他会站在门后开玩笑地喊道:"给我来两个鸡蛋,两条吐司,不然我就要知道这里每个人的姓名和编号。"偷偷摸摸的厨师们则会回应道:"这儿有俩鸡蛋,一大堆面包,自己过来做你那该死的晚餐吧。"[20]

锡德卡普的食物相当丰盛,士兵们经常以此来缓解等待下一步治疗时的乏味无聊。J. G. H. 巴德(J. G. H. Budd)上尉在一次炮弹爆炸后失去了鼻子,他回忆起医院的伙食时仍念念不忘。"我现在还能回想起我们吃过的早餐,真不知道当时是怎么解决掉它们的。"他写道,"餐板上总摆着两个大盘子,一个堆满了煎蛋,另一个盛满了培根。"[21]

吉利斯认为,他的病人不应该成为循规蹈矩的奴仆,作为"斯克罗吉医生",他时不时地鼓励病人在病房里偷偷喝酒,甚至对赌博也是睁一只眼闭一只眼。士兵菲利普·索普(Philip Thorpe)——在送往锡德卡普之前接受过法国牙医查尔斯·瓦拉迪埃的治疗——回忆起教吉利斯玩纸牌游戏拉米的往事。当大伙儿把吉利斯洗劫一空后,他记下了他们的名字,并开玩笑威胁说要举报他们。"然而,"索普写道,"我们能证明,他一局都没赢过,而我们也没人输掉过任何东西,所以这不可能算是赌博。"[22]

吉利斯的人格魅力无疑是王后医院大获成功且声誉日隆的推动力。来自全国各地的捐款源源不断，这部分归功于全国性媒体对医院的正面报道。一名记者以《重塑破碎之人》为题，告诉他的读者："这些手术巫师真的可以重塑容貌，变丑为美，化腐朽为神奇。"[23] 报纸呼吁人们慷慨解囊："你还能忍心不捐款吗？——从1先令到100先令，金额随意——难道眼看着这些为你付出一切的英雄继续遭受孤独的蹂躏？"[24] 捐赠者只需拿出50英磅，就能为一名"严重毁容的……战斗英雄"维持一整年的床位费用。[25]

医院不断发展壮大，增设了小教堂、食堂乃至电影院。虽然王后医院的建筑占地近90英亩，但吉利斯仍在努力开拓新的空间，以容纳从前线源源不断撤下来的伤员。最终，一座被病人称为"丛林"的混凝土建筑落成，床位增加了近一倍。除此之外，吉利斯还出力帮忙，征用了附近附属医院的疗养床位。"除非拥有相应数量的康复床位，否则任何整形外科都是不合格的。"吉利斯主张。[26] 这些附属医院允许他和其他外科医生按需将病人转入或转出。"只要拿起电话，我们就能将一名病人送去休养，再把另一名病人叫回来继续接受手术。"吉利斯后来写道。[27]

1917年秋天，战争仍未见终结迹象。领土在一场没有结果的拉锯战中失去，占领，再失去。世界上最强大的军队将地下战壕越挖越深。双方在互相残杀方面变得更为高效。炮弹被掏空，弹膛里面装满了数百只小钢球或铅球。这些弹丸按照设计在战壕上空引爆，给防护装备仍显不足的士兵造成面部和身体上的重伤。

22岁的西德尼·贝尔丹（Sidney Beldam）就是这种炮击的受害者之一，他在第三次伊普尔战役中身受重伤。这场战役更广为人知的名字是帕斯尚尔战役，以附近一处见证了战争最后阶段的村庄命名。经过三个月又一周零三天残酷的堑壕战，盟军最终夺回了这座村庄，却付出了惨痛的生命代价。

时光荏苒，"帕斯尚尔"一词终究会唤起亲历者的恐怖回忆。参加过索姆河战役的加拿大医生弗雷德里克·W.诺伊斯（Frederick W. Noyes）将帕斯尚尔战役描述为"索姆河战役十倍放大及强化版"。[28] 这不仅是第一次世界大战中最为血腥的战役之一，也是最泥泞不堪的战役之一。在战斗白热化的阶段，滂沱大雨连下了近三个月。这片战场上，凹凸不平地布满了前期炮击战中约400万枚炸弹和炮弹造成的弹坑，很快就泛起了洪灾。一名士兵在谈到帕斯尚尔时写道："整片大地都好似被炮弹犁过，坑里积满了水，即使你没被炮弹炸死，也可能会掉到弹坑里淹死。"[29]

马匹、骡子、枪支和其他装备深陷泥潭。士兵们被困在原地，不能移动也无法逃脱，很容易成为机枪手的目标。还有一些人直接就地溺亡。埃德温·坎皮恩·沃恩（Edwin Campion Vaughan）还记得听到过"伤员的呻吟与哀号"，他们爬进弹坑以求掩护,却发现这些深坑正慢慢被雨水填满。"大水在他们四周上涨,他们无力移动,只能慢慢被水淹没。"[30]他惊恐地回忆道。第二天一早,他看到水从弹坑边缘溢出,这就是那些人的哭喊声最终消失的原因。

1917年11月,贝尔丹发现自己身处这片地狱般的土地上。和其他许多人一样,他很快就受伤了。一块弹片向他飞来,划破了他的右脸,扯下了他鼻子的一大块。贝尔丹脸朝下倒在泥地里,虽然他当时或许并没觉得自己有多幸运,但如果他是仰面倒下,就极有可能会被鲜血呛死。他在那里躺了三天,蛇虫鼠蚁从他身上爬过,停在战友的尸体上筑巢——这是充满积水的战场上十分常见的一幕。一名士兵解释说:"老鼠当然是为了躲雨,因为肋骨上的布片可以很好地为它们遮风避雨,成为巢穴,当你触碰尸体时,大群老鼠就会从前面窜出……一想到人体变成了鼠穴,我就觉得后背发凉。"[31]由于在帕斯尚尔的经历,贝尔丹对老鼠和蟑螂产生了持续终生的畏惧。[32]

当一群负责运尸体的人走向贝尔丹时,有士兵用靴子踢了踢他,想把他的身体翻转过来。直到此时,人们才意识到他还有呼吸:"天哪,这个人还活着呢。"不能责怪救援人员,因为他们以为眼前血肉模糊的这一堆只可能是具尸体。战场上到处都是腐烂程度不同的死人。"我用一把铲子为一名优秀的勇士收敛遗骨,"一人回忆说,"那只是一小堆附着蛆虫的骨头,之后会埋进公墓。"[33]战斗结束后,这些救援人员面对着难以想象的恐怖景象。"我一边颤抖一边用沾满血肉和黏液的双手四处搜寻名牌……我不得不扯破尸身，以免他们被埋葬时无名无姓。埋葬无名之人让人痛苦万分。"[34] 他补充道。

人们将这名伤残士兵抬回了战壕。贝尔丹随后踏上了返回英国的艰苦旅程，最初他被送往兰开夏郡罗滕斯托尔的一家辅助医院。由于他伤势严重，整体状况不佳，医生估计他只有六个月的生存期。[35] 也许正因如此，他们匆忙缝合了他的伤口，却没有处理他面部大量组织缺失的问题。结果，他的上唇右侧永久性翘起，好似一直在咆哮，而鼻子则呈扭曲凹陷的状态。

但幸运之神还是眷顾了贝尔丹，就像他在帕斯尚尔战役中跌入泥潭时那样。受伤几个月后，当局决定将他转移到王后医院，据说那里每天都会出现医学奇迹。到达医院后，贝尔丹的情况再次向吉利斯证明为什么不能草率地缝合伤口，除非预先处理好伤口下面的面部结构。吉利斯告诉这个年轻人，虽然会很痛苦，但他必须重新打开伤口，修复之前的手术造成的失误。他需要切开紧密的疤痕组织，然后将健康的组织瓣缝在合适的位置，填充大面积损毁的脸颊。

对于贝尔丹来说，这将是由吉利斯主导的近40次手术中的第一场。

和成为吉利斯私人秘书的"大鲍勃"西摩一样，贝尔丹也在这位外科医生日益壮大的追随者队伍中找到了一席之地。战后，他成了吉利斯的私人司机[36]——这份工作充满惊喜。有次吉利斯忘记更新自己的驾照，他派贝尔丹去郡政厅代为补办，并严令贝尔丹务必快去快回，因为当天晚些时候还得开车送他去医院做手术。贝尔丹赶到郡政厅时，沮丧地发现前面已经排起了长队。无奈之下，他只好离开队伍，跑去恳求办事员帮忙更新驾照，这样他才赶得及回去送老板到医院。办事员板起了脸，斥责这名司机，强调说他的雇主不该拖到最后一天才来更新驾照。

没办法，贝尔丹只好找到了艾伦·戴利（Allen Daley），他是吉利斯的熟人，当天正好也在郡政厅上班。戴利打电话给办事员，向他说明这个司机是为"著名整形医生"哈罗德·吉利斯办事的，医院急需他回去做手术。但办事员对于戴利的请求似乎充耳不闻。就在他打算放弃时，办事员突然问道："他是那个差点儿赢得业余赛冠军的高尔夫球手吗？"戴利再三确认，他说的就是同一个哈罗德·吉利斯。"你为什么不早说呢？"那人嚷嚷道，"对这样一位杰出的高尔夫球手，我自然乐意效劳。让他的司机到我的办公室来，我亲自去办。"贝尔丹手持新驾照离开郡政厅时，时间还十分宽裕。[37]

但此时此刻，这一切还未发生，贝尔丹仍在康复的道路上踽踽前行。如果说他当时正处于人生低谷，那么一位年轻女士的到来无疑让他的精神为之一振。她名叫薇妮弗雷德（Winifred），是一位出色的钢琴家，就住在锡德卡普。她听说毁容士兵们正在吉利斯的医治下养病，于是在他们疗养期间自告奋勇前去表演，施展自己的音乐才华为他们奉上娱乐时光。她腋下夹着乐谱穿过熙熙攘攘的弗洛格纳尔庄园时，与受伤的贝尔丹不期而遇。他们一见钟情。[38]

虽然吉利斯的病人从他的研究中受益匪浅，但并非所有人都认为这些创举完全出自他手。新技术问世后不久，就出现了关于谁是管状带蒂皮瓣术开创者的争议，并在战后几年里升级为吉利斯和他的同事约翰·劳·艾玛德（John Law Aymard）上尉之间的全面争论。

艾玛德是一名英国外科医生，曾在南非接受培训，并与吉利斯同在奥尔德肖特和锡德卡普工作。战后，艾玛德对吉利斯声称自己是这项技术的发明者这一说法提出了质疑。他在致《柳叶刀》编辑的一封信中写道："我想提醒吉利斯少校关注一下他异常重视的双蒂皮瓣术的发展历程。完成锡德卡普第一例双蒂皮瓣手术的是……我本人。"[39] 接着，艾玛德详细介绍了他在1917年10月进行的一次手术，当月吉利斯也为二等水兵维卡拉吉进行了手术。这是他在另一篇论文中讨论过的一例鼻整形手术，该文在手术完成数月后发表在《柳叶刀》上。[40] 艾玛德在书信结尾处毫无说服力地声称，他给医学期刊致信的动机并非出于职业嫉妒。"我无意涉足任何争论，只希望抛开所有战争病例以及诸多相关琐碎细节，单纯描述战争外科手术对民事实践产生的影响。"他写道。[41]

吉利斯并没有对艾玛德的说法置之不理，他在一周后写给《柳叶刀》的信中援引了自己的一个病例。在这封回信中，吉利斯写道，"王后医院的手术记录、外科记录和病房护士记录都表明了以下事实"——艾玛德提到的手术发生在10月18日，也就是他给维卡拉吉实施带蒂皮瓣手术的两周后。因此，这一创新理应归功于他，而非艾玛德。吉利斯在信件结尾试图化解剑拔弩张的气氛。"都怪我没有在艾玛德上尉于《柳叶刀》上发表鼻整形案例时就告知他，他并非第一个提出'管状'带蒂皮瓣理念之人。"[42] 他写道。遗憾的是，在艾玛德眼中，这场纠纷并未因此而平息。当时，他已离开王后医院回到南非。尽管二人已天各一方，但这绝不是吉利斯最后一次从他那位受了委屈的同事嘴里听到关于此事的非议。

就在艾玛德给《柳叶刀》去信后不久，吉利斯得知，他作为管状带蒂皮瓣术创始人的头衔又一次受到了挑战。在一次美国之行中，吉利斯得知有位名叫弗拉基米尔·菲拉托夫（Vladimir Filatov）的俄国外科医生于1916年就已经开发了这项技术——比吉利斯为威廉·维卡拉吉做的手术早了一年。在一篇已发表的文章中，菲拉托夫阐述了他如何首先在兔子身上进行实验。在实验过程中，他了解到通过形成新的血管，可以改善管状带蒂皮瓣的血液循环。1916年9月9日，他成功结束了兔子实验，转而在人类患者身上创造出第一根管状带蒂皮瓣。这篇论文包含了这一手术的细节以及图纸和照片。

这个消息对吉利斯的打击很大。他写道："我必须承认，这在当时算是一记重击。"[43] 不过，吉利斯还是接受了这一事实：菲拉托夫早已独立发明了一种相同的技术，先于他在锡德卡普创立的管状带蒂皮瓣术。虽然他对这一系列事件的最终转折感到沮丧，但深思熟虑后，他并不觉得意外。"总的来说，管状带蒂皮瓣术是任何从事整形外科且擅长寻求突破机会的科研工作者都有可能去尝试的手段。"

事实上,名为雨果·甘泽(Hugo Ganzer)的德国牙医兼自学成才的战地外科医生,亦在1917年发展出了管状带蒂皮瓣术。他的发明也是独立完成的,在此之前,他对菲拉托夫和吉利斯的工作内容一无所知。鉴于第一次世界大战期间被毁容的士兵人数众多,三位整形外科医生就如何安全地将身体某一部位的组织移植到另一部位的问题,提出了相同的解决方案,这一点并不足为奇。从这个意义上来说,管状带蒂皮瓣术是整形外科史上的一次进化而非革命性的发展,源于战争所带来的巨大需求。[44] 不同的人在事先不了解彼此工作的情况下同时开发出一项医学创新,这在历史上也不是第一次。

虽然事实如此,但吉利斯的同事艾玛德在接下来的20年里一直怀恨在心。他不断重申自己是1917年在王后医院率先采用该项技术的人。吉利斯被迫一次又一次地自辩。在一封写给《柳叶刀》编辑斯奎尔·斯普里奇(Squire Sprigge)爵士的私人信件中,吉利斯对这些指控表达了忧虑与不安。他承认:"一想到艾玛德认为我以某种方式窃取了他的创意,我就寝食难安。"[45]

实际上早有传言说,艾玛德参加了10月17日维卡拉吉一系列手术中的第二场。那次手术是由H. C.马勒森中尉代替吉利斯进行的,正是在这一过程中,艾玛德第一次了解到这项有名的技术。[46] 吉利斯在给斯普里奇的信中证实了自己的猜测:"我不能[在《柳叶刀》上]发表我相信的真相,那就是艾玛德事先看到了我的病例，然后进行了他的手术并且事后立即发表论文。在我看来，他这样做就是为了获得优先权。"

艾玛德终其一生坚称，是吉利斯窃取了管状带蒂皮瓣术的创意。吉利斯在给他那位不开心的同事的最后一封信中写道："我很遗憾，这件事仍然深深困扰着你。而事情的真相，我认为，已经十分清楚明了……"[47]

和战争中出现的许多整形技术一样，管状带蒂皮瓣术在吉利斯于王后医院展开的指导下，逐渐成为整形外科的主流技术。他在晚年时写道："我已经被公认独立观察到了管状带蒂皮瓣术的价值所在及其巨大的发展前景，我亦觉如此。"[48]吉利斯和艾玛德之间的紧张关系表明，战时锡德卡普外科医生之间的竞争并是像吉利斯乐于描述的那般友好。但在接下来的几个月时间里，比专业争端更大的挑战将会考验他。

第十章　士兵珀西

东萨里团第七营二等兵珀西·克莱尔蜷缩在地上已经几个小时了,而康布雷战役还在四周如火如荼地进行着。战斗打响后不久,他就在距离战壕700码的地方面部中弹。鲜血从他脸颊的裂口中汩汩流出,浸湿了他的军装前襟。[1]

克莱尔自行取出了堵在气道里的敷料,那是一名叫作罗森的军官惊慌失措间帮他止血用的。可鲜血不断涌入他的喉咙,让他每隔几分钟便要呕吐一次。他的思绪不禁飘向了战斗结束后等待他的乱葬岗。

当克莱尔的朋友兼救命恩人韦曼的脚步出现在他的视野中时,他已经快要认命了。韦曼叫来帮手把他抬上担架,冒着巨大风险将他送离战场。一路上,克莱尔时而清醒时而昏迷。他手里攥着一部小开本的《圣经》,是母亲送的,现如今已经沾满了自己的鲜血。[2]"由于敌军炮火猛烈,我们的旅途危机四伏。"他后来在日记中写道。[3]

有一次,救援队迷失了方向,不得不在枪林弹雨中后退。

"我记得他们爬过河岸,又绕过来时路上已经翻越过一次的铁丝网路障。"克莱尔写道。[4]那里躺着被两发炮弹击中的士兵尸体和残肢。担架员匆匆忙忙避过尸体时,其中一人不幸中弹。他疼得猛然立起身子,差点儿把克莱尔摔到地上。但他们还是重新集合好,穿过混乱的人群,将克莱尔抬上了轮式担架,由两名执行任务的德国战俘护送上了救护车。他感激地记录道,他们"采取了一切措施,防止担架在凹凸不平的道路上发生颠簸"。[5]当克莱尔和其他七名重伤士兵一起被抬上车时,他向韦曼挥手告别。后来他才知晓,他的朋友在二人分别后不久就因伤势过重而离世了。[6]克莱尔甚至都没意识到,坚强的韦曼竟也负了伤。

救护车飞驰而去,车内的伤员被颠得东倒西歪。路上的每一次颠簸都让人痛苦不堪。"司机似乎不顾一切地要带我们飞离此处,我身下的伤员发出了可怕的呻吟和尖叫。"克莱尔回忆说。司机看似莽撞,其实情有可原。为了躲开四周不断爆炸的炮弹,他没有多余的时间。"一枚炮弹落在我们身后十码处爆炸了。"克莱尔写道。只差瞬息,救护车就会被击中。[7]

车辆在泥泞中艰难前行,最后缓缓停在了伤员救护站外面。克莱尔被迅速抬出救护车,他的担架被放在了地上。远处,枪炮声轰隆不断。他如今只是那躺成一长排,从溅满鲜血的毯子下露出靴子的数十名伤员中的一名。担架员在蜷曲扭动的、迷宫般的躯体间穿梭,挑出少数几人抬离地面,转移到忙乱中的手术室内。一名护士说:"身着白袍的外科医生密密麻麻地围在手术台旁，你根本看不到台子上面有些什么。"[8] 站外，救护车不断驶来，卸下越来越多的伤兵。

克莱尔还在候诊时，医务官弯腰检查了一下他的脸。"是的，长官：整体贯穿。"他对旁边的中士嘀咕了一句，就去检查下一名士兵的伤情了。这下克莱尔蒙了，不知道医务官到底是什么意思。[9] 他对自己的伤势只有模糊的感觉。"我当然无法告诉他们我伤在何处：我当时并不知道。"[10] 克莱尔后来才得知，一颗子弹正对他的右耳射入，弹道向下，险些击中他的右眼，造成他的颌骨多处碎裂，然后弹片从他的左脸颊穿出[11]。中士潦草地写了一张标签，别在克莱尔的上衣上。接下来的几周里，每个接触过他的人都会仔细查看这张标签。"他们只是看了看标签，就下令将我从一处转移到另一处，就好像我是肉市里的一头死兽，已经被称斤论两，标好售价了。"[12]

尽管克莱尔伤势严重，但他也算是幸运儿之一。许多伤员被敌人俘虏，又送到了战俘营，根本得不到充分救治。有些人甚至因为毁容而遭受嘲弄。马尔科姆·维维安·海伊（Malcolm Vivian Hay）少校在1914年的蒙斯战役中身中数弹，由于缺少担架，他被营部留在了欧丹库尔的村庄附近。一名法国平民救了他，却最终将他送到了当时已被德军占领的康布雷的一家医院。四个月后，他得到通知，自己将会被转移到位于维尔茨堡的战俘营。登上一列开往德国的火车时，他看到哨兵将目光投向了一名面部中弹的爱尔兰囚犯。"（这名伤兵）双目失明，溃烂流脓；脸颊撕裂，伤口愈合后留下了一个可怕的疤痕凹陷；嘴巴和鼻子都歪在一侧。"海伊回忆道。哨兵把这个面目全非的人从躺在地上的囚犯堆里拉出来，其他哨兵则站在一旁指指点点，嘲笑不已。海伊写道，没有什么比"这个年轻的爱尔兰人和对他进行无情折磨的施虐者所构成的惨象"更令他动容的了，即便是伤员被枪杀的场景也不过如此。[13]

克莱尔可能会觉得自己像一块被推来搡去的牛肉，但至少，他没有落入敌人之手。在伤员清理站，他得到了悉心照顾。他的衣服被剪开剥下，接着他得到了清洗、包扎，被注射破伤风针。一名医务官告诉他，鉴于伤口的性质，他必须被送回英国。战场近在咫尺，每时每刻都有伤员拥入，没人能为他做更多治疗。

一想到要回家，克莱尔就激动不已。"得知自己即将重返英国，我难以用言语来表达这个通知对我来说意味什么。"他后来写道。不久之前，他还在幻想着自己的葬礼。"我早上受伤躺在战场上时已经放弃了任何希望，可没过几个钟头就发生了这样的转折，真是不可思议。"[14] 不幸的是，在踏上漫长而艰辛的康复之路时，他发现自己燃起的希望遭到了严峻的考验。

从伤员清理站出来后，克莱尔被送往鲁昂的基地医院。在那里，他第一次被允许照镜子。他回忆说："我的胡须约有半英寸长，上面沾着干涸的血迹和污垢，只有把胡子剃掉才能清理干净。我看上去非常恶心，外貌的改变让我十分难过……"[15] 护士安排了一名理发师仔仔细细地为克莱尔刮掉了胡须，之后又让他照了一次镜子。由于血迹和毛发已全被清理掉，他的伤势非常显眼。震惊之余，克莱尔第一次看到了重创他面部的两处贯穿伤口。

几天后，克莱尔被送上一艘医务船——战争期间服役的77艘医务船之一，船队中最大的"阿奎塔尼亚"号，它拥有4 182张床位。在从达达尼尔海峡出发的一次航行中，这艘船承载了大量需要返回英国的伤员，甚至动用了20辆救护列车才将他们从停泊地运至全国各地的医院。[16]

理论上讲，医务船受《日内瓦公约》保护，因为它们并未直接参与战斗。然而，这些漆成亮白色、装饰着红色十字架的浮动医院也难逃危险。1915年至1917年间，七艘军用医务船触雷沉没或严重受损。1915年11月17日临近中午时分，"英吉利"号触雷，船上的医护人员急忙取下了病人腿上的木夹板，因为绑着夹板落水后，人的腿部会浮上水面，而躯干则会沉入水中。能够行走的病人被送上甲板，而失去行走能力的则被抬上担架，在轮船渐没之际被送上救生艇。当天，船上的388人中共有130人丧生，其中包括皇家陆军军医队的9名成员。[17]

战时损失最大的要数医务船"不列颠"号。它是声名狼藉的英国皇家"泰坦尼克"号的姊妹船，由白星航运公司在战前制造，至今仍然沉睡在希腊海岸附近的凯亚海峡水下400英尺处。维奥莱特·杰索普（Violet Jessop）是"不列颠"号上的一名护士，也是1912年"泰坦尼克"号沉没时的幸存者。她目睹了这艘巨轮的沉没，目睹了30条生命的离去。"甲板上的所有机械部件都如同孩子的玩具一般掉入海里，"她写道，"然后轮船开始了可怕的沉没过程,船尾直冲上数百英尺的高空,随着最后一声咆哮消失在海洋深处,而它消逝的声音仍在水中回荡,剧烈程度难以想象……"[18](1911年,巨轮三姐妹中最年长的英国皇家海军"奥林匹克"号与"霍克"号相撞时,异常倒霉的杰索普也在船上。)

对医务船构成威胁的不仅仅是水雷。在蓝天白云的映衬下,医务船的白色油漆表面闪闪发光,很容易成为在繁忙航道上一边巡逻一边伺机寻找猎物的德国U型潜艇锁定的目标。1917年,同盟国决定无视国际法的规定。医务船,无论标记得有多么清楚,都会被一视同仁地纳入战争游戏。1917年至1918年间,一些运送伤员的船只遭到鱼雷袭击。1918年6月27日晚,一艘U型潜艇袭击了从哈利法克斯驶向利物浦的"兰多弗里堡"号,导致该船沉没。当时船上没有伤员,却载有不少护士。救生艇和救生筏都已部署到位,但德国潜艇毫不留情,除了一艘救生艇,余者皆遭到炮击和冲撞。被击中时,船上有258人,其中只有24人幸免于难。

珀西·克莱尔至少是安全地穿越了英吉利海峡,尽管旅程充满紧张感。登船后,他由电动升降机带入船舱,并被安置在一张由固定在天花板上的绳索拉起的吊铺上。一名护士在他身上系上了救生圈,它时刻提醒着人们波涛汹涌下潜藏的危险。[19]

夜幕降临后,医务船驶出港口。由于恶劣的天气条件和U型潜艇的威胁,渡海速度十分缓慢,这艘船花了13个小时才到达南安普敦。整整一夜,克莱尔脚后方吊铺上的伤员都在哀号不止。那名伤员腹部中弹，子弹击穿了他的肾脏。尽管护士竭力抢救，但他还是在清晨时分离世。"我看到泪水顺着那名护士的脸颊流下，她对素不相识之人所表现出的温柔怜悯令我感慨。"克莱尔写道。[20]

第二天清晨，太阳刚刚露出地平线时，轮船终于抵达了英国海岸。大批红十字会志愿者开始搬运伤员下船。克莱尔和其他3 000名伤兵再次被安置在地面上。记者菲利普·吉布斯也被类似的场景所困扰。"在一座方砖建筑外面，"他写道，"'不良'病例被搬了下来：有些人的肺部和肠子里留有大块弹片，在大口大口地吐着鲜血；有些人的胳膊和腿脱离了躯干；有些人失去了鼻子，脑子在开了瓢的颅腔中跳动；有些人已然面目全非。"[21]

克莱尔的制服上别着一个标签，表明他应该被送往"伦敦特别医院"，大概就是锡德卡普。可不幸的是，克莱尔被误送上了一列开往相反方向的火车。得知这一消息后，他将伤痕累累、支离破碎的面孔转向窗外，无声地哭泣。[22]

当哈罗德·吉利斯在王后医院为士兵们做手术的时候，克莱尔却躺在60英里外的一家医院里。1914年10月，弗伦沙姆山医院成立于一位卢因（Lewin）夫人的中等大小的房子中，由弗伦沙姆志愿援助分遣队负责管理。一段时间后，房子周边又建起了木制营房，用来安置源源不断的伤兵。即便进行了这些扩建，与当时的其他医疗设施相比，弗伦沙姆山医院也仍然只能算是一个小型前哨。最重要的是，这里无法提供克莱尔的面部伤口急需的那类专业护理。

"弗伦沙姆山医院十分简陋，"克莱尔在日记中写道，"只有临时搭建的木屋，每个房间中央都有一个'龟式慢燃'火炉。"[23] 医务人员的领导是一位护士长。克莱尔形容她是一只"醋脸老猫"，[24] 每当进入房间时，她都要求男人们立正站好。她还在用餐时扣发人造黄油，来惩罚那些她认为不服从指令的行为。这家医院里缺少一种诸多病人曾在锡德卡普享受到的欢乐气氛。在这里，没有钢琴演奏，不能玩纸牌，也禁止秘密夜宵。"人们根本没有任何娱乐或消磨时间的方式。"克莱尔抱怨道。他形容在那里的日子"无聊至极"。[25] 大部分时间里，他只是和其他人围着火炉取暖，一边抽烟，一边漫无目的地谈论着战争。

然而，克莱尔面临的问题远比"无聊"严重得多。他发现弗伦沙姆山医院的食物基本上都无法食用，因为他下巴受伤，咀嚼不了餐餐供应的大块硬面包。"这里没有专门为我这种病例准备的餐饮……"克莱尔写道，"我的下巴肿胀僵硬，张不开嘴。"[26]

医务人员不知道该拿他怎么办。虽然克莱尔的伤口已经被清理、包扎，但他还没有得到任何专业治疗。不幸的是，延误治疗只会导致疤痕组织的形成和感染等问题。一名医生向克莱尔承认，他被送错了地方。"医务官告诉我，他希望我尽快站起来，出去走走，这样我就有足够的体力前往专科医院，"克莱尔写道，"他说他们无法处理我的伤情……［而且］我本就不该被送到那里。"[27]

在等待转院期间,克莱尔发现他所在连队的另一名战友也被送到了弗伦沙姆山医院,并被安置在一个单独的房间。克莱尔找到了老战友,后者轻描淡写地向他坦白,就在他和克莱尔受伤那天,自己谋杀了他们的指挥官。"他夸夸其谈,告诉我说自己已经报复了H-s二级中尉,中尉曾多次将他带到连长面前接受惩戒。"克莱尔在日记中写道。[28]后来,克莱尔证实这名指挥官的确是背后中了几枪。

这并非他在这家医院逗留期间听到的唯一一个坏消息。罗森,那名在他中弹后将一包野战应急敷料塞进他嘴里的军官,写信给克莱尔并告诉他,他的大多数战友都已在康布雷战役中阵亡,其中包括韦曼。在那个寒冬腊月,克莱尔已经不是第一次想到死亡。他想知道,如果他没有在进攻开始的几分钟内就被击中面部,自己的命运将会如何。"如果我没有受伤……我还能经受住一切活下来吗?"他问自己。[29]

在弗伦沙姆山滞留了几周后,克莱尔被告知,他终于可以转到王后医院了。12月初,他和一名充当陪护人的军官一同被送上了救护车。当他们在碎石路上颠簸时,那人告诉他,若要赶上从伦敦桥站开往锡德卡普的火车,他们就得进入城里。克莱尔的耳朵一下子竖了起来。他询问对方自己是否可以与军官暂时兵分两路,因为他想趁这个机会去见见妻子比阿特丽斯。她是伦敦东区卡利和唐吉仓库的海关官员,他受伤后,他们还不曾见面。同伴答应了,但他提醒克莱尔说:克莱尔必须在傍晚之前抵达伦敦桥车站,才能赶上前往目的地的末班车。

"想象一下，当我想到马上就能与她见面时的那种心情。自从1916年9月去法国之前休了'征兵假'后，我就再也没见过她。"他写道。[30]然而，当他到达仓库时，他开始感到全身乏力、几近虚脱。比这更糟的是妻子那日不当值的消息。垂头丧气、精疲力竭的克莱尔迈着"悲伤的步伐"前往伦敦桥车站。而当他来到站台时，驶向锡德卡普的火车已经开走了。[31]

克莱尔处处碰壁，然而好运突然降临。他站在原地，狼狈又沮丧，身后却忽然传来"嗒嗒嗒"的高跟鞋声。一群女士注意到了他伤痕累累还缠着绷带的面孔，就上前询问是否能帮上什么忙。她们像鹅群一样围在他身边，听他解释自己如何错过了火车，现在被困此处。

女士们接手了当时的局面，带着克莱尔离开车站。她们是"士兵与水手免费自助餐"组织的成员，该组织雇用了数百名女性志愿者，她们昼夜不停地工作，12个小时轮班，为进出城市的军队提供饮食。1915年至1919年间，这个组织为首都的800多万名军人提供了餐饮服务。[32]女士们一边为克莱尔端茶倒水，一边着手安排发送一封紧急电报到锡德卡普。当天晚上晚些时候，在确保克莱尔搭乘到了另一列火车后，她们向他挥手道别。"大兵汤米在战争年代还能找到这样的朋友呢。"[33]克莱尔写道。

王后医院洋溢着节日的欢乐气氛。此时距离圣诞节还有几周时间，病房里正在进行一场激烈的角逐，比赛哪间病房节日装饰最多。留声机响转不停，人们在房梁上挂起了大花环。就连医院的吉祥物——一只鹦鹉——似乎也心情愉悦，尽管白昼短了许多。[34]

1917年12月，克莱尔终于抵达锡德卡普，他受到了热烈欢迎。"人们围在病床前向我嘘寒问暖，"他写道，"他们看起来就像一个欢乐的大家庭，每个人都在为他人的幸福着想。"[35] 锡德卡普与弗伦沙姆山的不同之处立刻给他留下了深刻印象。深绿色的珐琅釉床上铺着"雪白"的亚麻布，看上去暖和又舒适。[36] 每张病床脚下都铺着一条大红色的羊毛毯，与每间病房的灰绿色墙壁相映成趣。[37] 这样的搭配让医院在寒冬中显得格外温馨。一名护士将他领到床前，帮他褪去衣服，又给他递上了一杯热牛奶——这个善意的举动与上家医院的"醋脸老猫"利用克扣饭菜惩戒不服管教之人的手段形成了鲜明对比。[38]

护理人员赢得了王后医院所有人的爱戴。一名士兵说，护士们"如此热情地投入工作，我们对此不胜感激，是她们让我们享有如今的安宁"。[39] 反过来，护士们也在尽全力为士兵们提供一流的护理服务。内莉·克莱尔（Nellie Cryer）在医院启动运营后不久就开始在锡德卡普工作，她认为"没有比此处更适合这类病人的地方了"。[40]

正是这些细微之处体现了显著的差异。克莱尔来到这里数小时后，一名夜班护士来到病房，在每张床的床尾挂上带有红色灯罩的灯。"我躺在床上，凝视着笼罩在灯罩下的灯光，温暖柔和的光芒洒向病房中央，铺满抛过光的木地板上。"他写道，"在舒适惬意的病房里度过的第一夜，我感到无比幸福。这里宽敞漂亮、床位充足，还有意趣相投的同伴，尽管十分疲惫，但我彻夜未眠。"[41]

自从投入运营以来，王后医院已发展成一个由病人和医生组成的繁荣社区，他们对彼此怀有深厚情谊。尽管导致病人入院的情况令人沮丧，但院里的气氛十分欢快。"这些受伤的士兵是一群快乐的人。"克莱尔在给母亲的信中写道。[42] 他最喜欢的是房间尽头一个眼睛被"打掉"的年轻人。不知为何，他在整场磨难中一直保持着幽默感，一有机会就跟大家说笑话或与护士们打趣。[43]

与弗伦沙姆山医院的士兵们只能挤在一个简陋的炉子旁，整天除了抽烟就是抽烟不同，锡德卡普的士兵们有各种各样打发时间的方式。由于这里所有人都存在某种形式的毁容，社交也变得更容易。面部受伤者在与其他类型的伤员相处时，可能会对自己的外表感到自卑，但在锡德卡普的病人中间，他们不需要感到任何尴尬。"在普通医院里，他们往往不敢进行户外运动，还要与其他那些伤口虽疼痛却不显眼的病人混杂在一处。让他们远离那种拥挤的医院环境，"一份护理刊物提出假设，"他们可以在现有的三分之一时间内得到治愈。"[44]

对于那些行动不便的病人，医院还安排了运动日，让他们参加足球、板球和其他体育活动。病人还可以玩槌球，或参加业余剧团的演出，为医院里的每个人带去欢声笑语。

除了休闲活动，人们还可以参加讲习班，这有助于改善他们在战后的就业前景。一些人学习如何修理钟表，其他人则动手尝试学习理发与剃须技术。士兵可以学习如何修理靴子和发动机，或参加图书装订、摄影和绘图课程。他们甚至还可以学习一门外语——法语是最受欢迎的选择之一。[45]一名来访的记者十分欣赏这座"开阔的花园，即将进入康复阶段的病人可以在这里接受各种户外职业培训",[46]如园艺、林业和家禽养殖。后者尤其有用，因为受训人员可以帮忙照看医院里数不清的鸡。这些鸡每天都会产下数百只蛋，它们成为病人们的盘中餐。[47]

其中一门参与人数较多的课程是教士兵们如何制作玩具。节日期间，他们制作的小饰品可以在伦敦的各个销售点出售。这不仅使医院受益，也给士兵们注入了一种自我价值感。就连王室成员也对这些小玩意青睐有加。《泰晤士报》报道称，王后与玛丽公主以及海伦娜·维多利亚公主一起参加了"王后医院受伤军人手工制作儿童玩具展"。展出的玩具动物种类繁多，制作精美，有小狗、鸭子、猴子和骆驼等，供人们选购。一名记者欣喜地注意到，大象的"腿上巧妙地装上了弹簧"，如此一来，它们就能"以一种难以彰显大象尊严的方式"跟随在购买者身后。最后，王后选择把一只灰色的小黑猩猩带回王宫，而海伦娜·维多利亚公主的侍女则将一只"火红色的鸭子"抱在了胸前。[48]

在伤员康复期间为他们开设课程只是王后医院区别于其他医疗机构的众多方面之一。吉利斯还希望病人在康复过程中能有一种参与感。为此，吉利斯为这些人提供了最新的治疗照片，他们可以比较自己在整形手术术前、术中和术后的外貌。他相信这样做会让病人在接受多次痛苦手术时仍然斗志昂扬，尽管目前还不清楚患者本人是否受到了这些照片的鼓励。他还考虑到了伤员们其他方面的福利。医院甚至配备了一名接受过特殊剃须技术培训的理发师，可以协助护理疤痕较深、组织缺失和附有管状带蒂皮瓣的面部。[49]

当克莱尔将他在王后医院的经历与在其他医院的进行对比时，难怪他说："我来到了锡德卡普，对我来说这里就是天堂。"[50]

在给母亲的信中，克莱尔坦露了他最大的恐惧。"我可以悄悄告诉您一个秘密吗？"他问，"我害怕康复。康复得越快，我就会越快返回'外面的世界'，老实说，我并不想走。"[51]

如果养伤意味着不用重返战场，克莱尔非常乐意在王后医院疗养上一个冬天，同时让外科医生对他的脸部进行治疗。针对他的脸伤，还有许多工作要做。刚到锡德卡普不久，他就见到了一名牙医，对方尝试撬开他已经卡住的下颌。"在他们能让我的嘴张开之前，他什么都做不了。"克莱尔在给母亲的信中诉说了这件事。[52]虽然工作烦琐，但牙医最终松开了克莱尔的下颌，手术得以开始。

克莱尔接受的第一台手术是在没有麻醉的情况下进行的。这可能是由他伤口的位置和性质所致，因为在他脸颊上有一个大洞的情况下，很难将面罩固定其上施药。在这次手术过程中，医生完成了一些初步工作，矫正了因治疗延误而产生的所有问题。接下来在克莱尔下颌上进行的两次手术，都是在致幻的氯仿麻醉下接连进行的。"由于麻醉剂的作用，年轻人把在手术室里做手术称作'去看电影'。"他对母亲玩笑道。[53]"当有人被推出病房时，担架上的人和病房里的人之间充满了笑声和诙谐的交谈……"[54] 克莱尔敏锐地注意到，虽然一个人可能是大笑着离开的，但通常是呻吟着回来的。康复之路往往漫长而痛苦。

在王后医院期间，克莱尔并不是一个被动的旁观者。手术间隙，他喜欢伸出援助之手。有一次，他在另一名男子从麻醉中苏醒的过程中捏住了他的舌头，防止他窒息。"我不得不一边拿左手不断拭去血液和血块，一边用右手轻轻抵住他舌头的后撤力。"[55] 在半梦半醒之际，这人向克莱尔抱怨自己抽不了烟，因为脸上有个大洞，他没法将烟吸进嘴里。

接下来的几周里，克莱尔的下巴不停地张合。医生要求他整天练习张合嘴巴——有时这被证明几乎是一项不可能完成的任务。尽管进展缓慢，但克莱尔似乎终于走上了成功复健之路。

他的心理康复也得到了推动。一天下午，当他在医院的院子里散步时，气温明显下降，渐渐下起了雪。通往弗洛格纳尔主楼的小路两旁有一棵高大的榆树，当他来到结了冰的树枝下避雪时，发现远处有一个熟悉的身影正向他走来。克莱尔的心脏因期待而加速跳动。路过伦敦时，他错过了与妻子比阿特丽斯的相见，这令他非常失落。而现在，经历了如此长久的分离和这么多沉痛的不幸之后，她站在了他的面前，头发上点缀着雪花。"黑暗中［我们］紧紧相拥在路旁的大榆树下。"[56]

尽管二人再次相聚的周遭情境令人难过，但仍不失为一次幸福的重逢。当天晚上，克莱尔爬上床时，一股深深的满足感涌上了他的心头。

遗憾的是，这种感觉并未持续太久。

积雪在士兵们的靴子下嘎吱作响，他们列队来到王后医院门前结冰的场地上。温暖的微光从窗户中散射出来，提醒着外面的人们屋里有多么舒适。傍晚六点半，这些人——包括珀西·克莱尔——接到通知，他们即将"返岗"。[57]他最大的恐惧变成了现实。

克莱尔不是第一个提前出院返回前线的伤者，也不会是最后一个。即使在王后医院完成治疗，也未必会有好的结局。一名军官为了修复从太阳穴到下巴的一道严重伤口，经历了一系列痛苦的手术，可他还是被送回了前线并再度负伤。吉利斯说，这名军官"膝关节被子弹贯穿，因为伤势过重在伤员清理站不幸去世，那是他面部受伤时待过的同一个站点"。[58]在锡德卡普取得的手术胜利往往被更多的战场悲剧抹杀。

复职的命令让克莱尔大吃一惊。尽管接受了多次手术，但他的下巴仍旧无法张开，而且他感觉自己的身体状况也不允许他重新服役。然而，命令并非来自吉利斯。和第一次世界大战期间许多深不可测的决定一样，它由高层看不见的手传递下来。克莱尔被告知，遣返他一方面是为了给新伤员腾出空间，另一方面也是为了确保战争机器能够持续获得人类燃料的供应。即使到了1918年1月，战争也没有结束的迹象。虽然克莱尔认为，完全康复之前就把他这样的人送走是"英国荣誉的污点"，但他也知道自己在此事上没任何发言权。[59]

就这样，遍体鳞伤、肿胀不堪、半身未愈的克莱尔鼓起勇气，踏上了重返战场的征程。

第十一章　英雄失利

疗养中的军官们看着飞行员的"干枯手指"在钢琴上优雅地移动。他们脸上缠着绷带，在弗洛格纳尔庄园中心的起居室里放松身心，用吸管喝着威士忌，聆听钢琴家轻快的曲调。这名飞行员的双手在坠机后被火焰灼伤，尽管伤势严重，但他依旧弹奏出了美妙的乐曲。在抵达锡德卡普不久后，他就爱上了照顾自己的护士，并怀着濒死经历常常引发的紧迫感与她结了婚。在弹奏完最后几小节轻柔的旋律后，飞行员突然唱起了欢快的歌曲："现在我有了岳母大人，还用吸管喝着威士忌……"这引来了几声窃笑，房间里那些颤颤巍巍的下颌开心地咧开了嘴。[1]

哈罗德·吉利斯远离了起居室欢乐的气氛，坐在自己的办公室里。那是1918年2月一个寒冷的日子，他正在思考针对亨利·拉尔夫·拉姆利（Henry Ralph Lumley）少尉的最佳治疗方案，少尉目前的状况着实不妙。作为皇家飞行队的另一名成员，拉姆利为他的抱负付出了沉重代价。

第一次世界大战开始时，动力飞机仍处于起步阶段。大多数飞机仅用于侦察，尽管一些飞行员确实随身携带了枪支和手榴弹等武器，但事实证明这些东西毫无用武之地，甚至十分危险。飞行员可以飞越对方战壕收集情报，然后用加重袋投向自己的战友。事实上，这些侦察任务风险极大。

战争后期，弗雷迪·韦斯特（Freddie West）上尉就执行了这样一次飞行任务。当时他越过敌线太远，于是遭到了七架德军飞机的袭击。他一条腿受伤，另一条腿被一颗爆炸性子弹炸断了一部分，卡住了脚下的控制踏板。移开断肢后，他操纵飞机，让观察员威廉·哈斯拉姆（William Haslam）向敌人开火进行驱赶。韦斯特随后将裤腿拧成临时止血带为自己止了血，最后带着所需情报飞回大后方并安全着陆。不久他就晕倒了，可苏醒后仍坚持撰写了报告。他被授予维多利亚十字勋章，并最终装上了一个假肢。[2]

韦斯特后来回忆说，驾驶飞机在法国的天空自由翱翔，对于那些身处狭窄战壕、肮脏环境中的人而言极具吸引力。亨利·拉尔夫·拉姆利就是志愿驾驶双翼飞机的年轻人之一。一个夏日午后，拉姆利爬进了他的单座B.E.12型飞机。那天是乌帕文中央飞行学校的毕业日，他迫不及待地想要完成自己的首次单飞。这本应是一个值得庆祝的时刻，却很快演变为一场悲剧。飞行开始没多久，拉姆利的飞机就因灾难性机械故障而瘫痪。在索尔兹伯里平原白垩质大地的上空失去飞行高度后，他将那架摇摇晃晃的飞机紧急迫降在其中一片场地上。飞机前部油箱在降落时的撞击中发生爆炸，机身很快就被火焰吞噬。

拉姆利严重烧伤，脸上全部皮肤和大部分皮下组织被烧毁。他的双腿、手臂和双脚也被灼伤。他先是被送往蒂德沃斯的一家军医院，那里的医生摘除了他的左眼。[3]最后，他被转到伦敦市中心的爱德华七世国王医院。这所医院是20世纪初布尔战争期间由艾格妮丝·凯瑟（Agnes keyser）和范妮·凯瑟（Fanny Keyser）姐妹建立的。艾格妮丝尤其为拉姆利的情况唏嘘。她在一封信中写道："他被烧得面目全非。一只眼睛被摘除，另一只也几乎失明。"[4]然而，在爱德华七世国王医院，医生能为他提供的帮助是有限的。最后他被送回了家，陷入了深深的抑郁。

尽管艾格妮丝·凯瑟努力尝试过，但她还是不能将拉姆利抛之脑后。在她的坚持下，他终于转院到了锡德卡普。那时，他的伤已经有一年多无人过问。因为没有得到手术治疗，他的脸上布满了一道道深痕。经过一番考量，吉利斯决定用胸腔皮瓣来替换飞行员脸上所有的皮肤，就像他为日德兰海战中大面积烧伤的水兵威廉·维卡拉吉所做的那样。

吉利斯进行了一个初步手术，为胸部皮瓣的移植做准备。大约在这个时候，他注意到拉姆利已经对吗啡产生了依赖。这名飞行员的总体健康状况正在恶化，而且恶化速度很快。吉利斯写道："现在必须决定，是让这名不幸的飞行员再休息一年，还是继续进行手术，而我知道强行手术的话可能不会成功。"吉利斯担心，拉姆利的身体根本不足以承受又一次大型手术。当吉利斯把这个情况告诉拉姆利时，他"非常失望，一想到还要再等上许久就沮丧万分"。[5]吉利斯于是决定继续手术，违背了自己敏锐的判断。

现在，离他进手术室还有一个小时，吉利斯坐在办公桌前，唇间夹着一根香烟，担心自己正在犯下大错。这是他每天抽掉的25支香烟中的1支。后来，吉利斯因健康状况恶化而被迫戒掉了这个习惯。"49年来，我一直抽烟抽得很爽……大概可以这么算，我一路从多佛抽到加来，或者绕着海德公园抽了五圈。"他后来开玩笑道。[6]

每次做大型手术前，吉利斯都会躲进"狭小的房间"，那是他在庄园中心老宅里的办公室，远离医院的喧嚣。[7]在那里，他在一张小写字板上画出皮瓣、瓣柄和移植物的草图，有时还用放在抽屉里的一把剪刀将设计图剪下来。然后，他小心翼翼地把这些碎片摆放在办公桌上，再像拼图一样把它们拼接在一起。"我们的普通外科大夫和医生朋友们能否意识到那种手术计划所担负的可怕责任？"他曾发问，"还有无法挽回的第一刀对后续治疗的决定性作用？"[8]

吉利斯一遍又一遍地在脑海中演练着手术过程，计较着每一处细节，并努力预测可能出现的任何问题。他为每一名病人设计了所谓的"救生艇"，即另一种皮瓣或植皮形式的备用计划。吉利斯从经验中了解到，一旦开始面部重建，即使计划最周全，也有可能百密一疏。"有时，我们不可能确定皮瓣是否合适、美观，甚至是否可以存活。"他坦言，"在为一个病例制定了所有可行方案之后，却常常发生在实际过程中采用了另外一种不同术式的情况。"[9]

当吉利斯拖到不能再拖的时候,他放下画稿,掐灭烟头,表情肃穆地走向手术室。他走到时,拉姆利已经等在那里了。飞行员被麻醉后,吉利斯拿起一把手术刀,准备划破他的胸腔,揭起皮瓣。手术非常复杂,耗时数小时。皮瓣揭起来后,吉利斯从澳大利亚分部负责人亨利·辛普森·纽兰中校的志愿者身上取下一块皮肤,移植到了拉姆利胸部那块裸露的生皮之上。他后来形容这个过程"极其烦琐"。[10]但真正的问题出现在最后一针缝合之后。就在那一刻,拉姆利脆弱的身体显然已经无法承受另一次冲击。

吉利斯报告说,就在第二天,"病人明显支撑不住了,皮瓣本身的血液循环也受到抑制,在36小时内逐渐呈现出青紫"。[11]没过多久,拉姆利的手术伤口出现坏疽,胸部植皮也失败了。尽管得到了全天候护理,但在接下来的几周时间里,飞行员的病情急转直下。"胸部和脸部都出现了感染,"吉利斯记录道,"最后在不同部位出现了转移性脓肿。"[12]1918年3月11日,亨利·拉尔夫·拉姆利的心脏停止了跳动。

尽管吉利斯吸取了所有教训并进行了全面创新,但在王后医院,失败始终是他讨厌的伙伴。无论在战争前期还是后期,病人的死亡都是一种沉重的打击。飞行员的去世让他痛不欲生。他非常自责,后来也承认,觉得自己"想要获得完美结果的愿望某种程度上超越了对病人一般情况的外科判断"。[13]他认为自己不应该试图一次性重建拉姆利的整张面部,而应该分次进行,每次只修复面部的四分之一。吉利斯被各种问题困扰着，同时在想，如果当时他对拉姆利"采取非常坚定的态度"，说服他推迟手术，结果可能会有什么不同。吉利斯怀着沉重的心情坦言："人们真希望这个小伙子能走得痛快一些。"[14]

拉姆利去世的前几天，俄国刚刚与同盟国签署了和平条约，退出了战争。1917年3月，沙皇尼古拉二世被推翻，8个月后布尔什维克革命爆发。这在一定程度上促使俄国做出这一决定，从而有效地结束了东线的战斗，也意味着西线协约国军队将很快面临数十万德军的增援。英国军官理查德·托宾（Richard Tobin）回忆了西线战场上的那种不祥预感："晚上在战壕里，只要风向正确，我们就能听到德军的火车和运输车隆隆驶来。他们的大军将会把我们卷入深渊。我们冷峻严肃，我们意志坚定。我们身后是那片索姆河旧战场，每一码都浸透了英国人民在近两年的艰苦战斗中流下的鲜血。"[15]

诸如此类的全球性逆境，以及那些近在咫尺的挫折——比如，失去坚韧不屈的病人——必然会让吉利斯感觉到，他在不止一条战线上进行着自己的战争。不过，虽然经验是一位残酷的老师，但它带来的教训很容易学习领会。拉姆利去世后，吉利斯开始采用一种更为循序渐进的方法进行整形手术。正如他在拉姆利身上学到的，在制定手术方案时，首先必须考虑到每一名病人的个体需求。对维卡拉吉有效的方法放在拉姆利身上就行不通，对未来的病人也可能是无效的。"永远不要让常规方法主宰你的手术。"他警醒道。[16]这次挫折验证了吉利斯的理念：能拖到明天的事，绝不放在今天做。

他不会再犯同样的错误。

亨利·唐克斯的身影掠过达里尔·林赛的肩膀。[17]这名澳大利亚艺术家是个"大块头"，肩膀强壮有力，鼻梁高挺，给他的脸带来一种"容易令人误解的好斗"之感。当唐克斯的影子遮住他的画布时，他正蜷缩在画架之前。[18]

林赛曾是担任战地艺术家威尔·戴森（Will Dyson）的助手，后来他受命为负责锡德卡普澳大利亚分部的外科医生亨利·纽兰中校绘制医疗图表。"我本来第二天就该回法国了，但（指挥官）延长了我的假期。"他回忆说。后来，林赛才发现他的调职文件并未送达法国有关部门，而他被列为无假缺勤（A.W.L.）30天——这是一种足以判死刑的罪行。[19]

和许多在王后医院工作的人一样，林赛碰巧来到这里，并很快投入了工作。第一天，他就撞见了正在前往手术室的纽兰。"往事历历在目，当时他戴着手套的双手紧握在一起，站在那里等着病人从麻醉室中出来。"林赛后来写道。[20]

林赛向这位外科医生做了自我介绍，后者便邀请他进入手术室，见证下一个手术过程。"他向我解释，将要进行的是一套鼻整形手术的第二阶段；他说如果我感觉不适的话可以离开现场。"事实证明，在前线工作了相当长时间的林赛，对血腥场面早已见怪不怪。但在观看纽兰手术时，他有一个更为迫切的问题。"我怎样才能将看上去一团糟的血肉转化为学生能够看懂的图表呢？"他的内心一片茫然。[21]

  手术之后，林赛与纽兰共进午餐。他告诉纽兰，安排他调到锡德卡普的军官卖出的可是"一只初出茅庐的幼犬"。他承认自己对解剖学一无所知，并且怀疑自己能否胜任这份工作。纽兰温和地笑了笑。这里有谁不曾觉得，自己根本没有资格担负起面部重建这项艰巨任务呢？他劝林赛在请辞前不妨先尝试一番。林赛勉强同意了。没过多久，林赛就享受起了医院澳大利亚分部艺术家这一角色。[22]

  现在，林赛在帮一名病人画像，唐克斯则在打量着眼前这名年轻的艺术家。

  "你在做什么？"他问。

  "尝试作画。"林赛回答，只是草草看了一眼身后的人。[23]

  "我很欣慰你说的是'尝试'，这已经算是最好的评价了。"唐克斯呛声道。林赛一定看起来十分气馁，因为唐克斯很快补充道："我想，我也许能帮到你。"[24]

  就这样，达里尔·林赛每周都有一天在斯莱德美术学院接受唐克斯的指导。"唐克斯有一双老鹰一般锐利的眼睛，令人望而生畏。"林赛写道，"斯莱德的学生们都很怕他。"然而，与同龄人不同的是，林赛并没有被吓倒。他那无往不前的精神为他赢得了唐克斯不止一次的晚餐邀请。这种饭局通常很私密，出席的客人不会超过四位——唐克斯认为这是最适合交谈的人数。"他想要最好的东西，不能容忍任何次品。"林赛说。时光流转，林赛的医学肖像画赢得了伟大的亨利·唐克斯的认可，甚至是钦佩。二人成为终生挚友。[25]

吉利斯很早就认识到记录自己工作内容的重要性，这样其他人可以从中学习。"整形外科发展的一个重要特点就是文件汇编。"他写道。[26] 如果没有锡德卡普的艺术家们的帮助，这一切是不可能实现的。肖像画提供了病例从开始到结束的直观记录，而手术示意图则帮助其他同行复制了恢复士兵面部形态和功能的复杂手术过程。随着时间的推移，王后医院的艺术家们成为整形团队的重要成员。创意学科与医学学科之间的和谐旋律对于整形外科来说既独特又关键。

医院里除了有林赛和唐克斯这样的画家，还有像凯瑟琳·斯科特这样的雕塑家。早在1915年，唐克斯就在法国认识了斯科特，当时她在西线附近领导着一个小型救护车服务队。王后医院开业时，二人在此愉快重逢。在巴黎学习期间，她与奥古斯特·罗丹（Auguste Rodin）结为朋友。作为世界知名的艺术家，罗丹引领了现代雕塑的发展。从斯科特早期作品的流动性中，可以看出罗丹的影响。她曾为已故的丈夫、命途多舛的南极探险家罗伯特·福尔肯·斯科特以及"泰坦尼克"号船长爱德华·史密斯（Edward Smith）创作了著名的雕塑作品。在锡德卡普期间，她为一些没那么出名但同样有着英雄故事的人创作了石膏像。

王后医院里也有摄影师。其中最著名的是西德尼·沃尔布里奇（Sidney Walbridge）。他第一次见到吉利斯是在奥尔德肖特，1916年12月时吉利斯驻扎在那里。等吉利斯搬到锡德卡普后，沃尔布里奇跟随他来到这里。对外科医生来说，摄影是一种快速高效地记录每个病例的方式。沃尔布里奇引导病人坐到带有头枕的椅子上，然后从三五个不同的角度进行拍照。每次拍照做到严谨摆好每个姿势，可以让人们对面部重建过程各个阶段的情况进行精确比较。[27] 随着时间的推移，这些照片为现代整形外科的诞生提供了另一种历史记录。

当然，吉利斯并不是第一个使用照片记录病例的人。最早的毁容病人医学照片可以追溯到1848年。照片呈现了一名烧伤患者扭曲的面部和颈部。[28] 一些最早的术前、术后对比照片，是在几年之后的美国内战期间拍摄的。到了19世纪末，许多医生相信，照相机镜头是实现医学客观性的有力工具。因此，医学界将摄影视为一项具有巨大潜力的技术，尤其是照片的拍摄相对容易且成本低廉。只是到了后来，这些图像的伦理问题才被提出并受到质疑。

尽管王后医院里已经有摄影师、雕塑家和艺术家，但吉利斯还是继续涉足绘画。他在美术一行只能说是有些才华，而非天赋异禀——虽说他认为自己比实际上更有才华。有一天，吉利斯自豪地向盖伊·泰德曼（Gay Tydeman）展示了两幅画作，盖伊·泰德曼是一名医学插图画家，曾经师从唐克斯。没过一分钟，她就认定他是一名"相当普通的摄影型画家"。吉利斯闷闷不乐地离开了房间，两只手各拿着一幅画。当他离开时，一名勤务兵转过身来对泰德曼说："小姐，看上去您没给他留下多少希望，是不是？"[29]

泰德曼对吉利斯作为艺术家的评价或许并不高，可她对吉利斯的手术技巧心怀敬畏。"他的想法就像狗身上的跳蚤一样多。"她回忆道，"如果成功了，就是丰功伟绩；即便失败了，那也是英雄的失利。"[30]吉利斯对此深有体会。

弗洛格纳尔庄园外的树木正在为自己戴上春日的花环。但与欧洲战场上不断升级的威胁相比，美好季节的承诺似乎一文不值。1918年春天，德军凭借从东线调派过来的援军，在西线上取得了一些惊人战果，给盟军造成了重大伤亡，结束了多年的僵持局面。一名英国士兵记得，当他看到德军密密麻麻的队伍成列向前突围时，心中想的是："哦，上帝啊，这就是结局吧。"[31]他们看起来似乎终于要赢得一场惊人的胜利了。只有美国有能力打破这种平衡。自从1917年4月参战以来，美国征召和训练了数十万名士兵，但部署相对缓慢。5月2日，驻欧洲美军司令约翰·J.潘兴（John J. Pershing）将军同意向德军施加更大压力，派遣数万名新兵与英法联军并肩作战。希望近在眼前。

吉利斯靠在椅子上，抽了一口烟，盯着桌子上的一封信。信是他的老同事查尔斯·瓦拉迪埃所写——这位法国牙医曾把自己的劳斯莱斯改装成牙科诊所，冒着枪林弹雨开到前线。"二等兵贝尔是个非常优秀的青年，值得您亲自关注。"瓦拉迪埃在信中写道。[32]这不是老同事第一次联系他，也不会是最后一次。但这封特别的信让吉利斯很是担忧。[33]

1915年吉利斯返回英国后，瓦拉迪埃继续在法国的专家小组工作。[34] 瓦拉迪埃夜以继日地忙碌着，实验骨移植和其他修复组织缺损的创新技术。然而，瓦拉迪埃慢慢意识到，在如此接近前线、资源如此短缺的情况下，他所能取得的成就十分有限。此外，他还面临着职业上的障碍，因为他的牙医资格不允许他在没有医疗监督的情况下进行手术。在战争的最后几年，瓦拉迪埃的职责范围被当局缩减，以至于他所在的科室只能成为一个面部重伤者的清理站。[35] 如果可以选择，瓦拉迪埃宁愿将他的病例转到吉利斯的医院，倘若他们必须转移到他处。

国王利物浦团的菲利普·索普就是这样一位转调人员，他被炮弹击中，下唇和下颌的大部分都被炸断了。在索普被运走之前，瓦拉迪埃将他下颌骨的两端连接在一起，并将膨胀螺钉固定在一块硫化铁（橡胶）板上，然后用它将骨折的两端缓慢地逐步推开，用来刺激新骨的生长。[36] 尽管这个疗法非常成功，但到了一定程度，瓦拉迪埃再也无能为力。于是他把索普送到了锡德卡普，在那里，先是加拿大分部为索普进行了手术。几次失败的尝试后，索普失去了信心，要求出院。就在此时，他遇到了吉利斯。"他主动提出亲自操刀，并保证一次手术就能结束。"索普后来回忆说，"他还真是说话算话。"[37]

瓦拉迪埃最近一次转诊的病人是二等兵詹姆斯·贝尔（James Bell），他在给吉利斯的信中详细描述了这名年轻人的苦难遭遇。在抵达锡德卡普之前，贝尔曾在第83总医院接受治疗，那里的外科医生草草缝合了他脸上深深的伤口，却没有预先处理在战场上造成的大面积组织缺失。吉利斯再次为过早缝合伤口这一行为感到气恼，因为如此操作只会损害面部底层结构的完整性。

更糟糕的是，贝尔的上唇和鼻子受伤严重，在他被送到基地医院时已处于半坏死状态。即便医生竭尽所能，他唇部周围的组织也没能保住，还连带失去了剩下的嘴唇。当贝尔到达王后医院时，他已然面目全非。"他的小嘴纵向裂开，一眼就能看出鼻子的位置不妙。"吉利斯在病历簿中记录道。[38] 这又是一名本可以在矫正手术前通过仔细计划就能受益的伤员。

吉利斯知道接下来的任务并不轻松。为了重塑贝尔的面容，他必须纠正之前的手术失误，这意味着，这个年轻人在有机会变好看之前，要先经历更糟的阶段。"病人显然不能再这样下去了，"吉利斯写道，"但当我着手清除他目前接受的所有修复时，也并非胸有成竹。"[39] 不过，他绝对不会在病人面前流露出任何焦虑的情绪。

吉利斯和往常一样，手术前把自己关在办公室里。瓦拉迪埃的信就放在手边，他在脑海中一遍又一遍地演练着为贝尔的脸部制定的方案。他最关心的是士兵的鼻子，它奇迹般地没有受到感染。尽管如此，鉴于鼻子的脆弱状态，他知道，一个小小的失误就可能导致鼻子毁灭。随着时间一分一秒地过去，吉利斯查阅了他的笔记与草图。拖到不能再拖时，他就从办公桌前站起身，走出了这座曾经是弗洛格纳尔庄园核心的房子。他大步穿过整齐的草坪，走向新建的院落，那里是他的病人们的栖身之所，也是他倾注大量心血之地。

吉利斯走进手术室时，阳光洒满了整个房间。他径直走到洗手盆前，开始了手术前的仪式，先是用力擦洗双手和前臂，然后戴上一双手术手套。护士递给他一个亚麻布袋，里面装着一件用薄纱包裹的无菌手术袍。吉利斯小心翼翼地拿起系带，套上手术袍，手术室助理帮他系好了带子。[40]贝尔已经就位，周围还站着吉利斯团队的其他几名成员。等麻醉师给士兵注射了麻醉剂后，他的眼皮慢慢垂了下来。

贝尔被注射了镇静剂后，吉利斯像挑选高尔夫球杆一样小心翼翼地挑选起手术刀。他稍作停顿，而后切下了"无可挽回的第一刀"。吉利斯切除掉了贝尔嘴部周围密集收缩的疤痕组织，这名士兵的嘴角随之逐渐恢复到了正常位置。然而，贝尔的鼻子呈现出"可怕的蓝色"。[41]吉利斯继续修复疤痕组织，直到鼻子逐渐移回贝尔的脸部中央并且再次拥有了自然肤色，这时他已经开始满头大汗。手术终于结束了，贝尔被推出来，穿过这座临时医院的走廊，回到了病房。

正如吉利斯预料的那样，贝尔在术后看起来更糟一些——而他对此尚一无所知，因为他被层层绷带包裹着，并被禁止照镜子。就像大多数手术后的病人，贝尔的五官肿胀到面目全非。不过，吉利斯并不担心。他看到的不是眼前的浮肿，而是重建过程完成后贝尔的模样。吉利斯为这一结果感到兴奋，因为他认为这凸显了整形外科基本原则的价值。"填补组织间隙的第一步是将正常组织保持在正确的位置，"他写道，"或者（如二等兵贝尔的病例）……将其移回原位并保持不动。"[42]他坚信，这一点正是这种奇怪的、全新艺术的基石。

初次手术后,牙科团队用装有烤瓷牙的硫化假体替代了贝尔上颌缺失的骨头。这为吉利斯的后续面部重建工作提供了一个自然轮廓,他在此基础上为贝尔构建了新的上唇。他从贝尔的脸颊和下巴上取下一系列皮瓣,制作出嘴唇的外表面和内里层。经过一系列漫长的手术和更加漫长的恢复期后,吉利斯终于可以写道:"我对这一令人满意的成果感激不尽。"[43]

贝尔的病例十分棘手,因为之前瓦拉迪埃的医院对他脸上最大一处创口进行的仓促缝合加剧了他面部组织缺损的严重程度。面部重建需要专业技能,而当时大多数外科医生根本不具备这些技能。缝合腿部的大片割伤与修补脸部的深深伤口完全不能相提并论。"一种良好的风格会助你渡过难关。"吉利斯写道,"外科手术风格是医生个性的体现,是手指动作展现出来的训练有素,特点——轻巧与灵活。"[44]吉利斯在锡德卡普一次次地证明,整形外科医生不仅仅是一位称职的工匠。他首先是一位艺术家。

第十二章　不畏艰险

一束束阳光投过手术室高大的窗户，照亮了目之所及的一切。尽管阳光明媚，但吉利斯仍突然感到一阵睡意袭来。他的手术刀在病人身上不确定地比画着，眼皮上像挂了铅块一样不住地下垂。乙醚通过病人的呼气逸散到了空气中，给周围人带来麻醉的风险。吉利斯弯腰俯视士兵面颊时，首先会受到影响。[1]

吉利斯在手术室面临的挑战是巨大的，而锡德卡普的麻醉师们所要面对的困难有过之而无不及。和医学的许多方面一样，第一次世界大战时，人们对麻醉的了解还很有限。自19世纪中叶乙醚的麻醉特性首次被发现以来，麻醉实践几乎没有任何变化。作为一门亚专科的麻醉尚不存在。这意味着至少在战争开始时，麻醉剂的实施往往是由初级医生而非专家级医师来掌握的，而后者才是了解某种麻醉剂会对重伤伤员造成何种影响之人。事实上，麻醉学直到1912年才成为英国医学课程的一个组成部分。[2]

毋庸置疑，前线需要大量麻醉剂。在战争期间，仅英国就使用了 413 198 磅乙醚和 249 341 磅氯仿，更不用说那数十万加仑的一氧化二氮。[3] 需求如此之大，非医务人员有时也会应召前来协助对病人进行麻醉。伦纳德·皮尔逊（Leonard Pearson）牧师回忆说，在索姆河战役期间，他在第 44 伤员清理站执行过这样一项任务：

> 我大部分时间都在做麻醉工作。当然，我没有权利这么做，可大家实在太忙了。我们没办法将伤员迅速送达医院，而从战场到此处的路途对于那些可怜的小伙子来说也是一种可怕的折磨。手术必须尽快进行。如果他们必须按照正常流程候诊，等到外科医生能够在另一名医生施以麻药后再进行手术，那对于他们中的许多人来说为时已晚。实际上，很多人的确因此而丧命。[4]

需要实施麻醉的病人数量庞大，这只是医务人员面临的众多难题之一。在为面部带伤的病人注射镇定剂时，还有一些额外的挑战。

使用乙醚或氯仿的传统方法是在面部蒙上纱布面罩，但这往往会遮挡手术视野。即使用一根橡胶管通过鼻腔或口腔以手动风箱的方式释放蒸发的乙醚或氯仿，外科医生和麻醉师也会发现自己会妨碍对方，因为双方都需要直接接触患者面部。因此，在手术室为病人进行麻醉可能是一场关于工作协调的噩梦。鲁本斯·韦德（Rubens Wade）上尉曾与吉利斯共事，在奥尔德肖特和锡德卡普担任麻醉师一职。他写道:"外科医生必须强行闯入通常被麻醉师视作自家领地的区域。"[5]

药物本身也是问题,因为它们经常会导致病人强烈恶心,当病人面部严重受伤时,这种情况会相当不理想。"一个小伙子接到了下周一要做手术的通知,呕吐从周六就开始了。"吉利斯开玩笑道。[6]病人对麻醉的恐惧往往超过对手术本身:"一个穿着白大褂的人,一手拿着氯仿瓶和纱布垫,一手拿着舌钳在附近徘徊,这种景象常常会让病人望而生畏,这一代人是在对外科医生手术刀的恐惧中长大的。"[7]许多士兵嗜烟如命,这给乙醚或氯仿麻醉带来了困扰,因为尼古丁会影响人体对某些药物的代谢。有些人还患有慢性支气管炎或其他上呼吸道疾病,会出现更多的并发症。

然而,迄今为止最大的挑战之一是面部血管的数量。如果病人血压过高,就会出血过多。血液不仅会遮住需要关注的部位,还可能顺着喉咙滴回肺部,导致病人因自己的体液而溺亡。一种解决办法是让病人坐直。但这也带来了麻烦。"正压是防止血液进入气管所必需的状态。"锡德卡普的麻醉师伊万·马吉尔(Ivan Magill)说,"但外科医生会受到病人充满乙醚的呼气带来的冲击,还经常会被喷上一身血。"[8]吉利斯频繁受到这种令人不悦的影响。

即使在战争后期,医学界也仍在努力解决现代武器对人体所造成的各种繁杂伤害。在冲突结束之前,外科医生面临的问题并未全部得到解决。1919年,马吉尔和他的团队改进了麻醉剂的使用方法，利用电动泵将蒸发的乙醚通过导管注入病人的气管。气管内充气，正如现在所知，可以让麻醉师更好地控制进入病人体内的药量，从而降低麻醉休克的概率。马吉尔最终在他的系统中增加了第二根管子——一根用来输送麻醉药，另一根则用来防止乙醚和带血的排出物在离开病人身体时冲击到外科医生。[9] 就像吉利斯在战后推动了整形外科事业一样，马吉尔后来倡导把麻醉确立为一门独立专科，成为20世纪他所在领域最重要的人物之一。[10]

可是，现阶段，那些前往王后医院的人还需再等上一段时间，才能享受到这些进步带来的好处。

战争及其造成的后果无疑推动了医学创新，吉利斯的团队也经常将新方法运用得很好。但在王后医院，成功向来难以保障。

二等兵斯坦利·吉尔林（Stanley Girling）在法国第72海福斯高地步兵团作战时身负重伤，受伤后不久就被转移到锡德卡普——或许是因为他面部伤势实在严重。[11] 然而，当他到达时，他的出血量引起严重关切。虽然吉利斯不需要经常处理血流不止的紧急情况，但输血技术的任何改进都符合整形外科医生的利益，因为面部组织的血管非常发达。然而，如同第一次世界大战爆发时麻醉技术尚未完善一样，输血技术也因其高风险而很少付诸实践。对于在前线治疗士兵的医生来说，找到一种更安全有效的输血方法已成为当务之急。

第一次被记录在案的输血病例发生于1666年，当时英国医师理查德·劳尔（Richard Lower）将一只狗的血液输给了另一只狗。随后，人们开始尝试将动物的血液输给人类，结果导致许多人死亡。人们指责这种做法违背自然规律，并担心会产生怪异的副作用，例如，接受输血的患者会长出犄角。因此，这种做法在很大程度上遭到了摒弃。

直到 19 世纪，人们才首次尝试了人与人之间的输血。1818 年至 1829 年间，英国人詹姆斯·布伦德尔（James Blundell）进行了一系列输血试验，结果只有不到一半的受试者存活了下来。布伦德尔对此束手无策。20 世纪初，奥地利医师卡尔·兰德斯坦纳（Karl Landsteiner）解开了这个谜题。[12] 几十年来，医生们注意到，来自不同献血者的血液混合在一起时，有时会凝结成块。由于出现这种现象的血液通常来自病人，大多数医生认为这种异常不值得关注。然而，兰德斯坦纳想知道，两个健康人的血液是如何相互作用的。经过几次实验后，他证实血液的结块倾向与献血者的整体健康状况无关。有些血液就是不能与其他血液混合。

接下来，兰德斯坦纳采集了自己和同事的血液，发现只有当某些人的血液混合在一起时才会出现凝块。他将样本分为三组，分别标为 A、B 和 C（在发现第四个 AB 组后，后者 C 最终被改名为 O）。当他把同类血液混合在一起时，血液仍旧是液态的。而将 A 和 B 混合在一起时，血液就会凝结成块。此外，将 A 或 B 与 C（或称为 O）进行混合时也不会结块。[13]

兰德斯坦纳意识到，这种现象应该是免疫系统造成的。血液中含有抗原，可促使人体产生抗体来抵御病毒等入侵者。每种血型都有不同种类的抗原。当不同类型的血液混合在一起时，免疫系统会攻击外来抗原，导致血液凝结。一旦发生这种情况，受血者就会出现血凝块，从而导致死亡。O 型血是个例外，它没有抗原，因此可以与其他三种血型相容。

然而，即使是交叉配血，也并没有使输血一下子变得安全或容易。外科医生仍然需要切开皮肤，露出血管，然后用一根橡胶管连接供血者和受血者，这种方法被称为直接输血。两个人必须完全静止地并排躺上几个小时，以免破坏连接，而且几乎不可能测量出到底输了多少血。

1913 年，纽约人爱德华·林德曼（Edward Lindemann）设计出一种创伤较小的方法。首先，他将一根空心管或套管插入献血者的静脉。为防止对静脉造成进一步伤害，他随后拔出套管，并在其位置插入两个尾端较钝的空心套管，以保持静脉开放。然后，他将套管连接到一个玻璃注射器上，以便从捐献者那儿抽取一定量的血液。一旦注射器中的血液注满，他就会迅速将其取出并转移到受血者身上。这种间接输血法不需要切开血管，同时还保证了精确的出血量。不过，这一过程必须高度规范，因为过程中出现延迟可能会导致注射器中的血液凝固。

第一次世界大战前夕的一项进步解决了这一难题。比利时医生阿道夫·胡斯廷（Adolf Hustin）发现，柠檬酸钠与血液混合后可以起到抗凝血的作用，从而可以考虑将血液储存起来，以备日后输血之用。1914 年 3 月，就在战争开始前的四个月，胡斯廷在布鲁塞尔首次使用柠檬酸化的血液进行输血。[14] "输血技术的这一重大进步与战争开始的时间如此吻合,就仿佛是对治疗战争创伤必要性的预见刺激了研究的进展。"英国外科医生杰弗里·凯恩斯(Geoffrey Keynes)后来写道。[15] 然而,在前线储存血液尚不可行,因此医生们经常采用的还是直接输血法——如果他们真的要给病人输血的话。

战争期间第一位接受输血的士兵是法国陆军第 45 步兵团中 25 岁的亨利·勒格兰(Henri Legrain)。在马里库尔附近的战壕里,这名年轻的下士在某天的猛烈轰炸中受伤,随后被转移到位于比亚里茨皇宫酒店的一家改建医院。他当时已经失血过多,而且没有迹象表明流血会很快停止。隔壁病床上躺着的是二等兵伊西多尔·科拉斯(Isidore Colas),他的腿被弹片撕裂,正在恢复中。当医院的一名主治医生埃米尔·让布劳(Emile Jeanbrau)请求科拉斯献血时,他欣然同意。1914 年 10 月 14 日,科拉斯和勒格兰被一根银管连接在一起,血液在二人之间流动了近两个小时。勒格兰的脸上渐渐恢复了血色。手术结束后,他感觉好多了,于是俯身亲吻了科拉斯的双颊。勒格兰是异常幸运的,因为医生并没有任何时间或资源在输血前进行血型交叉配对。[16]

尽管有个别成功案例,但战争初期的输血情况仍然少之又少,部分原因是失败率太高。1916 年,一名叫作安德鲁·富勒顿(Andrew Fullerton)的外科医生在布伦的一个伤员清理站为 19 名受伤士兵进行了间接输血。他将献血者的血液收集在内衬石蜡的试管中,防止血液凝固,然后将其送至隔壁房间,为那里的受血者输血。尽管富勒顿做出了英勇的努力,但仍有 15 人死亡。[17]事实上，现有的技术（无论是直接抑或间接）壁垒太高，耗时过长，而且往往需要一支专业的外科医生团队来操作——西线缺乏这样的团队。[18]在这种情况下，富勒顿仍然认为输血技术"应该比现在更为广泛地投入使用"，即便考虑到"输血带来高风险，只有在最危急的情况下才能使用"这一限制条件。[19]

直到1917年，输血技术才有了进一步的发展，实施起来也变得更为容易。纽约洛克菲勒研究所的美国血液学家奥斯瓦尔德·霍普·罗伯逊（Oswald Hope Robertson）在这些进步中起到了至关重要的作用。[20]罗伯逊曾被派往法国第五基地医院，该医院由著名的神经外科医生哈维·库欣（Harvey Cushing）领导。这位年轻的血液病专家临床经验很少，一开始就被伤员人数之多压得无法喘息。"我被安排到一家拥有100张病床的医院工作，这里却几乎不具备任何便利的工作条件，工作的主要目的就是尽快处理完交到你手上的病例。在体验了实验室的宁静平和之后来到这里，多少会让人有些焦躁不安。"他在给家乡的一名同事的信中写道。[21]

最让罗伯逊印象深刻的是医生在输血时面临的困境。他认为"在匆忙的条件下很难获得足够的血液，输血耗费时间过长，手术室亟需每个可用的医务人员，所有这些因素都会减少输血的次数"。[22]就在那时，他开始思考是否有可能实现"自来血"。[23]为此，他自行设计了输血设备，并开始考虑如何在有需求之前储存血液。

1917年11月，罗伯逊被调往前线附近的一个伤员清理站，为康布雷战役（珀西·克莱尔将会在那场战役中受伤）做准备。出发前，他用两个弹药箱制作了一个装满冰块的箱子，将从所有献血者那里收集到的柠檬酸化血液装入玻璃瓶置于箱中。到达伤员清理站后，他开始使用储存的血液进行输血。遗憾的是，战斗进行到第三天，他储存的血液就使用殆尽，不得不采取其他方法。他后来写道："（那时）我才意识到，提前储存血液具有多么大的优势。"他还补充说，他的技术"在注血过程中表现相当出色"。[24] 事实的确如此，在康布雷战役中，罗伯逊临时储存的血液挽救了许多人的生命。

他对输血的价值和献血者的需求充满信心，并鼓励医学同仁采取行动。在一次演讲中，[25] 他说服了一位上校捐献出自己的血液。后来，"血液银行"被人们熟知，它可以从预先选定的捐献者那里提前采集血液来满足前线医生的需要。英国军队甚至开始为有万能血的士兵提供额外假期，以此来鼓励更多人去献血。英军还成立了复苏小组，在术前和术后进行输血。军官通常由助手陪同，可以在病人床边快速输血，而无须将受血者和献血者一同转移到手术室。这样做不仅更加便捷，还能腾出手术室的空间。苏格兰医生亚历山大·弗莱明（Alexander Fleming）就领导了这样一个复苏小组，他后来成为青霉素的发现者。[26]

尽管发生了这些积极的变化，但罗伯逊还是因为对输血技术的痴迷而受到一些同事的指责。"这场大战对咱们这位严肃的科学家来说就是血腥又血腥。"一名评论家写道，"当屠杀不足以填满他的求知欲时，他就召集一批志愿者，尽情地利用他们。古往今来，还没有哪条水蛭能像他一样如此专心致志地钻研一门学科，也没有哪条水蛭能像他那样从中获得如此丰厚的回报。"[27] 撇开调侃不谈，罗伯逊在医学上取得的进步是不可否认的。这套输血技术体系不算完美，却比战争开始时的任何类似系统都要好得多。

因此，当左肩、下颌受伤导致严重失血的二等兵斯坦利·吉尔林被吉利斯在王后医院的团队接诊时，他的存活概率要远远高于先前的士兵。当时，医生通过给患者输血所达到的整体效果远超历史上的任何时期。另外，斯坦利·吉尔林还有一个哥哥叫伦纳德（Leonard），他就在离锡德卡普不远的伍尔维奇兵工厂工作，这给吉尔林的抢救又增加了几分胜算。没有必要在拥挤的病房里去找素不相识的伤员为斯坦利献血，因为他的亲哥哥就是最佳人选——强壮健康的青年，没有任何已知疾患，并且作为家人血型更有可能成功适配。

伦纳德得知弟弟受了重伤，便急匆匆地赶到锡德卡普，陪在他身旁。当医生问伦纳德是否愿意给弟弟献血时，他毫不犹豫地答应了。几小时的时间里，他一直躺在斯坦利旁边的病床上，让血管里的血液流进了亲人的血管。可惜第一次输血量不够，于是又进行了第二次输血。斯坦利慢慢恢复了体力。然而，他恢复健康的代价是巨大的，因为他的哥哥——曾经身强体健——现在的情况并不乐观。不知是失血过多还是其他原因，伦纳德在一天后突然离世，令人猝不及防。报纸宣称，这名年轻人为挽救弟弟的生命做出了"伟大的牺牲"。[28]

没人提及斯坦利对失去亲人的感受。

到了1918年7月,亨利·唐克斯已经见识过了所有惨状:下巴碾成肉泥,眼球从眼眶中脱落,鼻子被深深的弹坑取代。他个人也经历了熟人的去世。最近他接到通知,他以前在斯莱德美术学院的一名学生在战斗中阵亡。可直到冲突的最后几天,他才见证了一些最令人心碎的场景,那时他作为正式的战争艺术家到了前线。[29]

在布尔什维克革命者射击并刺死俄国前沙皇尼古拉二世和他的妻儿几天之后,唐克斯受英国战争纪念委员会(负责委托制作战争艺术品的政府机构)之命,启程前往法国。唐克斯的任务是根据研究创作出描绘一处急救站的画作。同行者是美国侨民约翰·辛格·萨金特(John Singer Sargent),他被认为是同代人中最杰出的肖像画家,不久后将创作出有史以来最具纪念意义的战争画作之一。

唐克斯有一颗悲悯之心,善于体察他人之苦,或许会对重返前线忐忑不安。但人们有理由保持谨慎的乐观。尽管这一年早些时候取得了一些战果,但德军在春季攻势中已显出颓态。整个6月,再到7月初,他们都未能突破盟军在法国的防线,部分原因是美国援军已到来。唐克斯抵达前线时,德军士气已开始瓦解。7月18日,马恩河的法军发动了一次出其不意的反击,结果盟军取得了胜利。这是一场漫长战争走向结束的开端。

尽管盟军取得了这些胜果,但唐克斯已经多年未曾亲眼看见任何军事行动了，他发现自己一到前线，就会被战场的喧嚣刺激神经。他在给朋友的信中提到，"附近有一把十分凶残的枪，每隔三分钟就开火一次。"[30] 但如果想要创作出任何有价值的艺术作品，他就必须忍受这些干扰。唐克斯和萨金特都为一座前线救助站画了素描，这个站点负责处理源源不断的伤员，其中大部分都是毒气袭击的受害者。一群缠着绷带的士兵被化学武器弄瞎了眼睛，字面意义上的盲人给瞎子引路，这等凄惨的景象激发了萨金特的创作灵感，于是从他手下诞生了那幅伟大的作品，《毒气战》。根据观察与了解，唐克斯创作了一幅类似的作品，展现的场景是一座位于惨遭损毁的教堂脚下的先进急救站。四肢缠着绷带和少数头部受伤的伤员挤在前景中，后面是担架员将更多伤员抬入现场的画面。正如在王后医院所做的那样，唐克斯充分利用他的医疗经验来描绘前线伤员的救治情况。

在返回英国前不久，唐克斯坦言："我亲历的事情够我消化一辈子的了。"[31] 不仅仅是他一人有如此感受。在那时，整个世界都对战争产生了厌倦，即使双方都还在继续抽打着对方。可在地平线上，竟出现了一些比战争更为险恶的东西。

事情是从一阵急促的咳嗽开始的。安妮·埃莉诺·巴克勒（Annie Elinor Buckler）起初可能没有多想——当时她正忙着在王后医院的病房里照看病患。而且，43 岁的她一生中已经患过多次季节性感冒。她没有理由把这种症状与那个秋天席卷欧洲的致命新病毒联系起来。

事实上，可能只有极少数的医院员工或病人意识到了这场"西班牙流感"在国内外造成的破坏。1918年春天，当"西班牙流感"出现时，军方的医疗官员们并不清楚它起源何处，只是简单地将其归为"不明原因的发热"（P.U.O.）。这是一种专门针对"战壕热"等确切病因不明的传染病分类。随着伤亡人数的增加，军方用新名词"三日热"取代了"不明原因的发热"，新名词反映了病毒的特性：三天潜伏期、三天发烧期和三天康复期。但是，即使在医学界，关于病毒传播的报告也少之又少且不完整。此外，还有一个问题。

和大多数参加第一次世界大战的国家一样，英国实行了媒体封锁，防止坏消息影响公众士气。西班牙是一个没有任何战时媒体限制的中立国，纸媒对该病毒的报道最早就是来自西班牙。疫情暴发引发了当地公众的关注，因为国王本人就是早期病例之一。自那时起，这种病毒就被广泛地称为"西班牙流感"，尽管世人后来普遍认为，首例病例是在堪萨斯州的一个军营出现的，标志性事件是一名叫作阿尔伯特·吉切尔（Albert Gitchell）的男子1918年3月4日报告了类似流感的症状。[32]就是从那里开始，病毒在士兵之间传播，后又到达非洲，最终传至欧洲，在欧洲引发了大规模的死亡。

当这种病毒首次出现时，很少有人会想到一场流感的暴发最终夺去的生命会比战争本身多出许多倍——18个月的时间里，平民和士兵死亡人数竟在5 000万到1亿之间。毕竟，流感对英国军队而言并不陌生。自战争开始以来，的确出现了数以万计的病例。而1918年出现的病毒类型——现在被称为甲型H1N1流感——异常凶猛，军队中的生活条件也助长了它的迅速传播。士兵们困在拥挤不堪的战壕里，经过多年战斗，许多人营养不良，免疫力低下。昔日健康的年轻人变成了病毒的主要攻击目标。此外，由于战争，平民和军队在欧洲各地的流动性有所增加，这使得流感能够更快地传播到更远的地方。

并非所有人都对大流行的出现感到意外。早在1914年，公共卫生官员就开始担心全球战争会将新的疾病传染给平民。这些专家了解到，历史上最致命的流行病都发生在之前相互隔离的人群开始持续接触的情况下。在6世纪袭击拜占庭帝国的查士丁尼瘟疫，是伴随着北非谷物的运输不知不觉潜入的；而14世纪中叶的黑死病，则是搭乘热那亚商船从亚洲进入欧洲的，这些商船经过漫长而危险的旅程，穿越黑海和地中海，停靠在西西里岛的墨西拿港。聚集在码头上迎接船只的人们惊讶而恐惧地看到：大多数水手已经死了，余者也是奄奄一息。

不难理解，流行病也会随军而行，例如，西班牙人在入侵阿兹特克和印加帝国时将天花传入"新大陆"。[33]同样，第一次世界大战中的部队调遣也是传播疾病的最佳媒介。日后成为加拿大陆军医疗队医务总监的盖伊·卡尔顿·琼斯（Guy Carleton Jones）在冲突开始时就曾发出警告："受感染军队的踪迹会在妇女儿童和非战斗人员中留下有关疾病的悲惨故事。法律和规章可以规范战争行为，但疾病和传染病不会承认这些法条，并且拒绝只向战斗人员发出信号［原文如此］。"四年后，他最担心的事情还是发生了,这种异常致命的新型流感开始席卷军队和平民,夺去了数百万条生命。"因此,我们看到战争将自己的负面效应强加于平民百姓、无辜稚子、留守家中的非战斗人员身上……战争魔爪一旦伸向某个国家,谁又能说清道明哪些人是战争的受害者,他们的人数又有多少呢?"琼斯问道。[34]

1918年流感疫情分三波席卷了人类。第一次暴发始于春季,人们或许都不曾注意到这波疫情,倘若不是当年秋季病毒变异成更加致命的变种后二次来袭——当时安妮·埃莉诺·巴克勒在锡德卡普的王后医院出现咳嗽症状。由于症状异常,医生有时会误认为是登革热、霍乱或伤寒。一名见证者指出:"最显著的并发症之一是黏膜出血,尤其是鼻腔、胃和肠道出血……耳朵出血和皮肤瘀斑出血也时有发生。"[35]

第三波也是最后一波大流行在第二年春天到来,一直持续到1920年。病毒的传播速度和致死速度一样快。据说,一个人可能早上还平安无事,晚上就撒手人寰。[36]尸体以惊人的速度堆积。一名驻扎在美国陆军营地的医生在给同事的信中写道:"死亡的到来也就是几个小时的事……太可怕了。目睹一两人或20人的死亡尚且在忍受范围之内,而看到人命如蝼蚁般大批陨落可就……我们平均每天约失去100人。"[37]

几乎没有人不被这场悲剧触动。医院里挤满了病患和垂死之人,医生和护士们疲于应付。许多人因为职业原因而倒下。护士巴克勒就是其中之一,但她并不是吉利斯唯一在疫情中丧生的员工。在她去世11天后,欧内斯特·盖伊·罗伯逊

（Ernest Guy Robertson）上尉也死于病毒，这位33岁的牙科医生在被分配到王后医院之前，曾在法国的一个伤员清理站工作两年。[38]

毋庸置疑，最容易受到感染的是病人，他们中的许多人都处于漫长的康复期中。当病毒开始入侵英国医院病房时，他们的体力已经消耗殆尽。二等兵亚伯拉罕·克莱格（Abraham Clegg）的唇部被弹片击中，被送往王后医院接受整形手术后感染了流感，在入伍几个月后就去世了。雷金纳德·欧内斯特·特雷斯（Reginald Ernest Trease）在锡德卡普接受第19次手术后，也在流感大流行期间去世，终年29岁。还有一些人，在地狱般的战争中幸存下来，却被这种新疾病夺去了生命。

和许多经历过全球流感疫情的人一样，吉利斯认识无数在那段时期死于流感的人，尽管他本人躲过了一劫。后来他才发现，战争初期将他挡在巴黎手术室门外的、脾气暴躁的外科医生希波吕特·莫雷斯汀，也是长长的受害者名单上的一员。死亡无差别地迅速袭来，那些致力于拯救他人生命的人也未能幸免。但王后医院的工作仍一如既往地继续进行。

虽然疫情仍在肆虐，但和平近在眼前。7月，盟军在第二次马恩河战役中取得胜利后，英国、比利时、法国和美国军队发起了一系列进攻，击退了德军。这一多边努力被统称为"百日攻势"（Hundred Days Offensive）。战斗激烈进行且持续不断，但就在9月底，盟军突破了兴登堡防线——德军在西线的最后一道防线。现在，结局不可避免，近在眼前。

第十三章　熠熠生辉

达里尔·林赛正沿着斜坡向医务室走去，与亨利·纽兰上校不期而遇。纽兰一个情感向来不外露的人——此时看上去似乎精神恍惚。二人擦肩而过时，纽兰喃喃自语道："真是有意思的消息。"[1]他仿佛是在评论报纸上的体育报道，而不是全球重大冲突的结束。

1918年11月11日凌晨，德国签署了结束战斗的条约。上午11点，西线的枪炮声沉寂了下来。而到了晚上，伦敦街头出现了自发庆祝停战的欢快群众。报纸报道了"汹涌的人群"，他们"漫无目的地四处游荡，沉溺于各种嬉戏打闹"。男人们、女人们"上气不接下气，没戴帽子"，从居所、办公室和商店里冲出来欢呼雀跃。首都在庆祝胜利之声中沸腾了起来，条条街道变得水泄不通："庆钟响起，喇叭和军号也被吹响，连罐头盒都被敲得砰砰作响。"[2]

然而，成千上万人的悲伤冲淡了欢乐的情绪，他们在为死去的人哀悼，其中一些逝者在坟墓中尸骨未寒。那些渴望自己的儿子、丈夫和兄弟遗体归来的人还将要等上许久。无数人被草草葬在他们阵亡地附近的临时墓地。尽管许多士兵的脖子上佩戴着标准的身份牌，但这些牌子通常只是一个金属圆盘，上面刻着佩戴者的姓名、编号、军衔、军团和宗教信仰。当一个人牺牲时，他身上的圆盘出于管理目的会被取走，尸体上便不再有任何身份标识。因此，送死者回祖国是一项艰巨的任务。整个20世纪20年代，挖掘尸体的工作一直在有条不紊地进行——在此期间，仅法国就平均每周向英国运送40具尸体。[3]时至今日，寻找和确认第一次世界大战阵亡将士身份的工作仍在继续。

逝者的麻烦已经过去。绝大多数伤兵的烦恼却还没有结束。正当停战消息在王后医院的走廊里传得沸沸扬扬之时，他们中的某些人还在赶往锡德卡普的路上。在医务室外，纽兰在向林赛透露他的"趣闻"。"我们交谈时，"林赛说，"他不自觉地用手拍打着几个药管，药片纷纷掉落在斜坡上。"和锡德卡普的众人一样，纽兰"经历了战争全过程，现在终于看到了尾声"。医院里弥漫着难以置信和如释重负的气氛。[4]

和纽兰一样，哈罗德·吉利斯也因这个消息而感到一阵失衡——就如同电灯开关被突然关掉了似的。后来，回想起那一刻，他仍然只能吐出几个字："战争结束了。"[5]可停战当天，他的心思理所当然地放在了别处，因为他还有另一件更为私人的事情需要庆祝。就在战争结束前五天，他的妻子生下了女儿琼。王后医院的病房里喜气洋洋，吉利斯前往登记处报告他第三个孩子的出生。

事实证明，1918年是令人难忘的一年。这一年充满了死亡与苦难，但复兴的希望也让悲痛的气氛有所缓和。

到了11月中旬，天气或许越发寒冷阴沉，却没有什么能让伦敦的庆祝气氛降温。黛西·肯尼迪（Daisy Kennedy）小姐前往梅费尔参加了一个午宴，这是庆祝战争结束的无数场活动之一。肯尼迪是一位澳大利亚小提琴家，嫁给了钢琴家本诺·莫伊塞维奇（Benno Moiseiwitsch）。此刻，她与邻桌一位英俊的年轻军官相谈甚欢。他在西线一直战斗到最后一刻，似乎毫发无损地逃脱了战争。

觥筹交错之间，肯尼迪提到了同为对跖地居民的哈罗德·吉利斯，当时他的工作成就已享誉全球。她对二人出生地相同感到自豪，因为他们都来自南半球。"您对我的称赞真是再好不过了。"这个年轻人在大快朵颐的间隙闷头说道。

肯尼迪将目光从盘子上抬起，惊愕地想到，自己可能一直坐在这位著名外科医生的旁边却全然不知。"但您并不是吉利斯少校吧？"她问道。

军官仰起他那张完美无瑕的脸，回答道："不是，我是他的病人之一。"

"我感动到无法言语，"肯尼迪后来回忆道，"他的脸上丝毫看不出曾经有外科医生操作的痕迹。"[6]

1919年6月28日，午后的阳光穿过凡尔赛宫镜廊高大的拱形窗户。这里是正式结束大战的条约签署地。一群身份为"残障人士代表团"成员的法国毁容士兵，走进了这个熠熠生辉的房间。法国总理邀请他们立于此处，作为战争冲突惨烈程度的直观见证。走在最前面的是法国士兵阿尔贝特·朱贡（Albert Jugon）。

五年前，在战争的最初几周，朱贡被遗弃在战壕的边缘等死。炮弹碎片撕碎了他的半边脸庞和喉咙，击碎了他的下颌骨，刺穿了他的右眼。他的情况极其危急，以至于一名牧师在战场上就为这个年轻人做了告别仪式。

直到1919年2月，朱贡一直在巴黎的圣宠谷军医院接受希波吕特·莫雷斯汀的治疗。在莫雷斯汀死于西班牙流感前，他从数百名病人中挑选了朱贡参加此次庆典。而后，朱贡挑选了其他四人陪同他前往凡尔赛：欧仁·埃贝尔（Eugène Hébert）、亨利·阿戈盖（Henri Agogué）、皮埃尔·理查德（Pierre Richard）和安德烈·卡瓦利埃（Andre Cavalier）。[7]

当这些人步入金碧辉煌的长廊时，他们与数百名政要、记者和公众一起，见证了和平条约的签署。朱贡和他的战友们并不是战争破坏性的唯一见证。尽管活动现场一片喜悦，但出于对在冲突中丧生的数百万人的敬意，大多数与会者都身着黑色服装。残障人士代表团在靠近大厅中央的一张小桌子后面就座。他们的位置意味着全权代表必须从他们面前经过才能签署这份历史性文件。具有讽刺意味的是，这些士兵在恢复期的大部分时间里都在回避自己的倒影，而此时他们再也没法无视自己残缺不全的面孔——因为他们被357面镜子包围着。其他人也无法不注意到这些人扭曲和受损的五官。

朱贡和他的同伴们在自己的座位上就座，而人们则在旁听席上来回穿梭，找各国代表在他们的条约纪念本上签名。"我注意到，一些名人急切地从长厅的一端跑到另一端，寻求同等重量级的人物的亲笔签名，这很有趣。"一名记者写道。[8] 签名猎人与摄影师混杂在一起，试图捕捉那个下午的每一个瞬间。"几乎每个人都拿着照相机，大厅的每个角落都有人在不停地拍照。"另一名记者记录道。[9]

同盟国的四大领导人穿过街道两旁成群结队的围观者，前往皇宫。他们包括法国总理乔治·克里孟梭（Georges Clemenceau）、美国总统伍德罗·威尔逊（Woodrow Wilson）、英国首相大卫·劳合·乔治和意大利总理维托里奥·奥兰多（Vittorio Orlando）。他们被合称为"四巨头"，是和约的主要起草人。来自这些国家的其他代表以及同盟国附属国的使者则扮演了边缘角色，而同盟国的代表对协议中规定的条款和条件几乎没有发言权。随着时间的推移，条约中的苛刻条款将为第二次甚至更具破坏性的全球冲突埋下祸根。

领导者到达后与其他同盟国代表一同入座。3点刚过，会场便陷入了令人不安的沉默。会场外，远处传来隆隆的马达声。会场内，与会者焦急地相互对视，窃窃私语道："他们来了。"

德国代表——外交部长赫尔曼·米勒（Hermann Müller）和殖民事务部长约翰内斯·贝尔（Johannes Bell）——在法国、

英国和美国军官的围绕下进入镜廊。二人就座后，克里孟梭起身致辞，并在发言结束时邀请德国人在条约上签字。二人急忙上前，却被官方翻译拦住了去路，译员开始将首相的讲话翻译成英语。当译员翻译到"德意志国家"时，一个声音抗议道："德意志帝国。"口译员立即重译并更正。[10]

尽管举行了仪式，但任何标志着这场旷日持久的浩劫走向结束的官方行动都难免会显得虎头蛇尾。一名记者写道，尽管周围的环境十分壮观，但"奇怪的是，仪式平淡无奇"。[11]德国人在文件上签字后，其他代表也排队在文件上签了字。最后，克里孟梭和法国代表团起身签署和约。当总理走向会议厅中央时，他在"残障人士代表团"前停顿了一下。"你们受苦了。"他对五名生活再也回不到从前的士兵说道。随后，克里孟梭指了指桌上那份等待签署的历史性文件，补充道："但你们的奖赏在这儿。"随着签字的墨迹在纸上变干，和平条约终于达成。

仅花了37分钟，就正式结束了长达4年的全球战争。

在远离凡尔赛宫宏伟建筑的地方，吉利斯放下草图，掐灭了一支香烟。[12]他从办公桌前站起来，最后看了一眼病例笔记。当吉利斯穿过王后医院的庭院，走向安置病人的临时小屋时，他在脑海中想象着即将进行的手术的各个阶段。即便已经为数百张脸做过手术，吉利斯也深知，自满是最大的敌人。整容手术或许有一套通用的指导原则，但它首先是一种高度专业化的艺术形式。

他打开手术室的门，走到脸盆前，开始用力擦洗双手和前臂。随后，他戴上一双厚厚的橡胶手套。然后，他转向躺在敞亮而通风良好的房间中央的病人。这个年轻人只差一点儿就能毫发无损地走到战争的终点。

"别担心，孩子，"他说，向手术台上这位饱受战争摧残的士兵报以温和的微笑，"你会好起来的，等我们给你做完手术，你就会和我们大家拥有一张好看的脸。"

尾　声

《凡尔赛条约》结束了战争，但对于许多毁容的士兵来说，前方痛苦的手术之路依旧漫长。吉利斯在皇家陆军军医队的服役于1919年10月8日正式结束，但他继续在锡德卡普做了六年的手术。这将是吉利斯战后职业生涯的第一个篇章，他即将迎来更多的挑战和突破。

随着医务人员带着他们的病人和病历返回祖国，王后医院的人数开始下降。除了少数几名外科医生，许多人开始重操旧业，完全放弃了整形外科的工作。担任澳大利亚分部负责人的亨利·纽兰回到墨尔本，重新开始从事普通外科工作。其他人也走上了类似的道路。1920年春，抚恤金部接管了医院，并开始接收普通内外科患者，而吉利斯仍在继续为余下的士兵[1]进行整容。

尽管整形病例的数量在不断减少，但王后医院仍然是这一领域创造和创新能力的枢纽。正是在这一时期，麻醉师伊万·马吉尔开创了气管内麻醉。他还设计并改造了一系列器械，包括可用于将气管导管插入喉部的斜面镊子。"马吉尔镊子"在手术室中沿用至今。

1925年，锡德卡普剩余的8名面部病人被转移到了约20英里外位于罗汉普顿的玛丽王后医院。[2] 对吉利斯而言，这就像是一个时代的终结。在吉利斯永远离开锡德卡普前不久的一天，托马斯·基尔纳（Thomas Kilner）——一名曾在战争期间接受吉利斯培训的外科医生，他日后将凭借自身实力在整形外科占有一席之地——在弗洛格纳尔大楼的办公室里找到了导师。"他眼含热泪，表达了自己的忧虑，担心在锡德卡普那些年所收获的一切都将付诸东流，除非我们中的某些人继续专攻之前一直在做的那类手术。"基尔纳后来回忆时说道。[3]

整形外科的前景并不明朗。

战后，查尔斯·瓦拉迪埃将他的所有记录——包括蜡制和石膏模型、模具、照片底片和印刷品——全部捐赠给了伦敦皇家外科学院。虽然瓦拉迪埃的手术规模小于吉利斯，但他是早期整形外科的重要先驱，他的记录证明了他当时在法国开展的那些令人难以置信的整形工作。

尘埃落定后，瓦拉迪埃回到巴黎，在那里开设了自己的牙科诊所。不幸的是，他染上了赌瘾。20世纪20年代末，他不再执业，却继续债台高筑。1931年8月31日，在罹患上血液病（可能是白血病）后，他死在了诺曼底海岸勒图凯的别墅里，身无分文。

他的遗孀爱丽丝只能独自面对他生前的债主。当法国当局威胁要收回她的房子时，她前往英国驻巴黎大使馆，要求偿还瓦拉迪埃在战争期间**无偿**完成的工作的报酬。一番周折后，军官协会最终付给她40英镑。这笔微薄的款项对于偿还瓦拉迪埃的巨额债务来说可谓杯水车薪。多亏了他以前的病人——一位印度大君——慷慨解囊，爱丽丝才不至于穷困潦倒。

瓦拉迪埃是仅有的两位因在第一次世界大战期间服役而被授予爵士称号的牙医之一。[4]尽管赢得了这一殊荣，但他生前对整形外科的贡献鲜为人知。

在奥尔德肖特和锡德卡普工作期间，亨利·唐克斯创作了72幅粉彩画，描绘了士兵们在整形手术术前、术中和术后的面容。在德国，毁容士兵的图画和照片被作为反战宣传品出版。而在英国，唐克斯的肖像画从未在公众间广泛传播。在20世纪的英国战时艺术品中，除了在王后医院创作的那些非同寻常的肖像画，基本上没有留下任何毁容的面孔。[5]

战争结束前，唐克斯被任命为斯莱德美术学院的美术教授，这一职位他一干就是12年，直到退休。他在教书育人的岗位上兢兢业业，似乎全然没有留意学生们面对他挑剔的眼光和犀利言辞时的胆战心惊。唐克斯的传记作者约瑟夫·蒙塞尔·霍恩（Joseph Maunsell Hone）指出："唐克斯发现自己竟然有能力对别人施加如此细腻的折磨，真把他吓坏了。"[6]但是，他的很多学生，包括达里尔·林赛，后来都证实，正是唐克斯严厉的批评让他们最终成为艺术家。1930年退休时,唐克斯被告别仪式深深打动,他觉得自己只要再次穿过斯莱德美术学院的大门,定会情绪崩溃。"我爱我的学生们。"他在给朋友的信中坦言。[7]

退休后,唐克斯被提议授予骑士爵位,他却婉言谢绝了。因为他对名利毫无兴趣,也不认为自己在战争中扮演的角色需要得到什么肯定。对他来说,艺术才是最重要的一切。"我的绘画不仅是我的娱乐,更是我的生命。"唐克斯在1937年去世前夕宣告。[8]

事实上,珀西·克莱尔在1918年1月那个寒冷的冬夜从锡德卡普提前出院后,再也没有回到前线。可他也没能回到王后医院舒适温暖的病房。离开锡德卡普后,他返回多佛报到。没过多久,他的下颌就锁死了——毫无疑问,这是重建工作被迫中断造成的后果。尽管吉利斯尽了最大努力,但并不是所有住过他的病房的人都能得到最幸福美满的结局。

克莱尔最终被送到另一家医院,他的下颌在那里接受了进一步的治疗。他说:"这里与锡德卡普不同。可在军营里待过之后,这里简直就是用来休息的天堂。"[9]他在日记中继续高度评价吉利斯和王后医院,即使他正在其他地方接受治疗。1918年7月10日,战争结束前4个月,克莱尔写道:"我交出了卡其色军装和所有能证明我是'汤米'的东西,穿着自己的便装回家,成为一个自由人。"[10]鉴于伤情严重,他光荣退伍了。

战后,克莱尔获得了英国战争勋章和胜利勋章。目前还不清楚,他的下颌是否在晚年接受过进一步的手术。战争结束后,他的日记随之画上了句号。克莱尔于1950年4月30日去世,享年69岁,留下儿子欧内斯特(Ernest)和妻子比阿特丽斯。

战后的几年里,吉利斯和他的同事们在锡德卡普开展的变革性工作并未得到认可。在帮助吉利斯建立王后医院方面发挥过重要作用的阿布斯诺特·莱恩也注意到了这一冷遇。"令我惊讶的是,这种金钱和头衔上的奖励只分配给了……参加战斗的将军们,"莱恩抱怨道,"生命拯救者从来没有得到过与那些生命毁灭者同样的赞赏和奖励。"[11]

这一疏忽最终在1930年6月得到纠正,吉利斯因在第一次世界大战期间的服役而被封为爵士。吉利斯的第四个也是最后一个孩子米克(Mick)最终随父从医,在职业生涯的大部分时间里,米克致力于在热带地区研究疟疾的传播。米克有一次回想起自己的童年经历:当父亲被授予骑士称号的消息传来时,他被叫到校长办公室。"你再也不用给吉利斯少校写信了。"校长一边解释,一边在男孩的鼻子前挥舞着一份《泰晤士报》:"以后你要把信寄给哈罗德·吉利斯爵士。"[12]与吉利斯最亲近的人都认为,他被忽视的时间实在太久。散文家 E. V. 卢卡斯(E. V. Lucas)在信中向他的朋友表示祝贺,他写道:"亲爱的造脸者,我很高兴国王已然恢复了理智。"莱恩难以掩饰他对这份拖延的不满之情:"迟到总比不到好。"[13]

荣誉姗姗来迟,但吉利斯仍对这一消息表示欢迎——尽管他在一次采访中表示,他认为自己获得爵士称号并非"个人荣誉，而是所有与我一起从事开创性工作的同僚共享的荣誉"。[14] 另一方面，他的病人则视其为他个人的胜利，因为战争中的每一天，他都在创造奇迹。

消息公布后不久，就有信件纷至沓来。"您的天大恩情，还有您为了让我的生命值得一活所做的一切，我都铭记在怀，永生难忘。"一名男子在吉利斯被封爵后写道，"我现在体健貌端。当我告诉别人11年前自己差点被烧死时，他们都**难以置信**。"另一名病人写道，人们仍然不相信他曾经缺失一部分上颌。许多人不禁要问，如果没有吉利斯的巧手，他们的生活会变成什么样。正如另一名来信者所说："每当我想起自己来找你之前的样子，我的感激之情就无以言表。"吉利斯也许恢复了这些人的容貌，但由于人数众多，至少在象征意义上，他们仍然没有留下清晰具体的面容。一名士兵说："我想你一刻也不会记起我，因为我只是你拯救过的茫茫众生中的一员，但这并不重要，因为**我们记得你**。"[15]

战后，吉利斯在王后医院的工作量逐渐减少，为了维持生计，他希望扩大自己在平民中的业务。虽然战争结束了，但为整形外科争取到合法医学分支地位的斗争才刚刚开始。吉利斯认识到私人执业有风险，他后来坦言："涉足平民整形外科这个相当新的领域无疑是一场赌博。"[16]

吉利斯并非没有选择。他的前雇主，那位曾靠着给著名歌剧演员喷喉咙药发家致富的米尔索姆·里斯爵士，一直没能找人填补上温普尔街18号吉利斯离开后空缺的职位。吉利斯得到了一份公开邀请,欢迎他重操旧业。"这意味着与王室重新建立联系[原文如此],也意味着经济上的成功。"吉利斯写道。[17] 尽管如此,他还是抵制住了回归安逸舒适生活的诱惑。他的决定引起了医学界的广泛关注。"别傻了,"里斯嘲笑道,"你的一生都将与畸形打交道。"——仿佛这样做是对外科天赋的一种浪费。[18]

世界顶级医学期刊《柳叶刀》对吉利斯的前景持更加悲观的态度。一篇文章的作者认为:"在综合医院设立整形外科的时机或许尚未成熟。"[19]但吉利斯从不畏惧挑战。他决心以整形外科医生的成功事业来证明体制的错误。[20]于是,他在伦敦波特兰广场7号租下了一间诊室。"名牌挂上。秘书就位,"他在给唐克斯的信中写道,"现在我所需要的就是有那么几名病人,愿意把自己交到一个疯狂到足以将自己的财富——以及他的妻子和四个孩子的财富——钉在整形手术'桅杆'上的外科医生手里。"[21]

为了吸引更多的客户,吉利斯扩大了自己的业务范围,将整容手术也纳入其中,甚至兼顾着锡德卡普的工作。这样做的部分原因是为了吸引更多的客户。但毫无疑问,吉利斯也对外科新挑战的前景充满了兴趣。他认为,"重建手术是努力恢复正常",而"整容手术则是尝试超越正常"。[22]吉利斯并不是第一个实施有时被他称为"美容手术"的人。事实上,自从19世纪后半叶麻醉剂的发现和抗菌剂的发展以来，人们对整容手术的兴趣便与日俱增，这两者都让选择性手术变得更加安全、痛苦更少。

雅克·约瑟夫（Jacques Joseph）是一位犹太裔德国外科医生，他为寻求改变种族面部标志的犹太客户进行鼻整形手术。他的工作与纽约外科医生约翰·奥兰多·罗（John Orlando Roe）的工作如出一辙，后者于 1887 年开发出一种鼻内技术，在外部不留疤痕的情况下改变鼻尖形状。[23] 大约在这一时期，其他一些散布在世界各地的外科医生也对新兴的整容外科领域产生了浓厚兴趣。查尔斯·康拉德·米勒（Charles Conrad Miller）就是其中的佼佼者，他通常被认为是美国最早完全致力于"美化"的整形外科医生之一。他在 19 世纪和 20 世纪之交开始进行面部整形手术，结果毁誉参半。米勒在他的《面部缺陷矫正》（1907）一书中，详细介绍了人工酒窝、丰唇、去除鱼尾纹和矫正招风耳的手术方法。[24] 虽然医学界有很多人认为米勒是个江湖骗子，但至少有一家权威医学期刊将他描述为"通过真诚努力提升此类实践"而声名卓著之人。[25]

基于战争期间的工作，吉利斯为他的美容诊所积累了丰富的经验，这是米勒等外科医生所无法比拟的。事实上，他坚信除非同时掌握整形外科和美容外科手术技巧，否则任何医生都不能自诩为整形外科医生。"［与整形手术一样，］减少比增加更容易，但在［美容］手术中，某个部位缩减后几乎需要重新塑形。"他提醒道，"因此，任何人都可以动手切掉一部分鼻子或乳房，却没有那么多人能够做出令人满意的结果。"[26]

起初，生意起步缓慢。吉利斯发现，即便是为私人客户提供治疗服务，向他们收取费用也并非易事。1919年，吉利斯从美国旅行归来，在船上遇到了一位迷人的女士，她对自己又长又翘的鼻子表示不满，希望接受鼻整形手术来重塑鼻子。她的情人是伦敦的一位著名金融家，会承担她的手术费用。然而，这位女士偷偷向吉利斯透露，她爱上了另一个名叫雨果的男人。雨果和这位金融家分别与吉利斯会面，讨论她未来鼻子的形状。"雨果喜欢希腊式鼻子，而那个有钱人则更青睐小翘鼻。"吉利斯写道。为了生意，吉利斯最终给病人重塑了一个鼻尖微微上翘的鼻子。不幸的是，到了付款的时候，这位金融家却拒绝了，理由是这位女士"去征服新的领地了，把他和可怜的雨果统统扔到了一边"——更不用说吉利斯了。[27]

客户拖欠账单是吉利斯早期遇到的问题中最微不足道的。有一次，一位女士向他咨询，她曾让美容师在她的脸上注射石蜡。那些石蜡已经开始在她的皮肤下层移动，她的脸部出现了疼痛的溃疡。虽然没有清除石蜡的经验，但吉利斯还是答应帮忙。遗憾的是，他的第一次尝试没有成功。一天下午，吉利斯发现自己面对着一个非常暴躁的丈夫。"修复是需要时间的，你要知道。"吉利斯无力地辩解道。[28]这个气疯的男人从口袋里掏出一把左轮手枪，枪口对准外科医生，指责他"毁了"自己妻子的脸。吉利斯回忆这起令人痛心的事件时打趣道："后来，经验丰富的同事告诉我，一件剪裁精良的防弹背心穿起来会相当舒服。"[29]

吉利斯总能在工作中发现幽默。他经常向人们讲述自己开业初期的轶闻趣事。一位因车祸毁容的年轻女士过来向他求助，他也同意了为她重塑容貌。吉利斯告诉这位女士的丈夫，这项工作需要移植大量皮肤，并建议从他的臀部取皮。丈夫欣然同意。多年后，吉利斯偶遇了这个丈夫，他对吉利斯为他妻子改头换面一事深表感谢。他还说，他从不后悔捐献出了自己那部分的皮肤，恰恰相反。"因为每当我的岳母和我们一起过完周末，同我太太吻别时〔原文如此〕，"他兴高采烈地宣称，"我总觉得自己扳回了一局。"[30]

很明显，吉利斯喜欢做美容手术，就像他喜欢做整形手术一样。虽然他会小心翼翼地静候别人主动来找他征求建议，但在极少数情况下，他会向潜在的病人悄悄做出暗示。"我确实犯过向病人放出一只苍蝇做诱饵的错误。"他坦言。在一次钓鱼旅行中，他遇到了旅馆老板的女儿，吉利斯形容她是一个"长着可怕鼻子的漂亮女孩"。吉利斯外出钓鱼时，她的工作是打扫起居室，因此他决定留下一本书，里面是他经手重建的鼻子的前后对比照片。"鳟鱼浮上来，咬了钩，带着一个小巧精致的鼻子回到了水里。"他高兴地写道。[31]

随着业务蒸蒸日上，吉利斯发现自己受到了某些人的批评指责，他们认为吉利斯的美容诊所不过是为了赚钱。战争期间曾与吉利斯共事的护士弗朗西丝·斯蒂戈尔（Frances Steggall）小姐记得，一位同事曾对她说："哈罗德爵士为女士们做的瘦脸手术……很快就会让〔他〕赚得盆满钵满。"斯蒂戈尔对吉利斯只向钱看的说法不以为然。她给另一名护士讲了一个故事：伦敦东区的一个年轻人因为脸上大面积烧伤而无法找到工作。"哈罗德爵士为他消除了疤痕，"斯蒂戈尔告诉她，"[他]让他变得体面，[这个年轻人]也得到了他想要的工作。"[32]而这名男子从未收到过任何手术账单。

战后，不止他一人曾接受过吉利斯的免费治疗。在桑威奇（吉利斯曾在这里跳下开往伦敦的火车，去参加剑桥大学高尔夫球队选拔赛）举行的一次高尔夫球比赛中，一名当地医生挤过人群找到吉利斯，请他为自己的病人做检查。"因为离我们再次开球似乎还有一段时间，"吉利斯回忆说，"所以我跟他一起去见了厄尼（Ernie）。他是一名15岁的球童，上嘴唇皱巴巴地缩在一起。"[33]当吉利斯向厄尼打招呼时，这个男孩尴尬地垂下头，试图掩饰自己的缺陷。"不用看他的嘴，我就能想象出，他那短小、布满疤痕的上腭根本无法触及他的咽部。"[34]吉利斯当即决定帮助厄尼。在成功修复了男孩的口腔之后，当吉利斯出现在桑威奇的高尔夫球场上时，他身边时时刻刻跟随着这名面带微笑的球童。

吉利斯可能过于慷慨了。他身边的人指出，他"会给一个年轻的助手50英镑，而其他咨询师会认为这个岗位付5英镑足矣"。[35]吉利斯还乐于帮助手头拮据的亲朋好友。最重要的是，他不喜欢与病人谈钱。他把这个不愉快的任务留给了自己的私人秘书"大鲍勃"西摩。西摩在索姆河战役中被打掉了鼻子，而后他在奥尔德肖特就医期间走到了吉利斯身边。"和我的秘书商量一下吧，"他一边挥手让病人出门，一边对他们说，"西摩先生那里有我的收费标准。"[36]

"大鲍勃"竭尽全力维护吉利斯的经济利益。但事实证明，他的老板拥有许多其他才能，唯独赚钱不在其中。吉利斯会为各种各样的病人减免费用，比如"有孩子要养活，需要年轻面容或改善容貌才能保住工作的女人"，或者担心自己会因年老色衰而失去丈夫的妻子。[37] "她应该得到提醒，无论是只提升脸部、胸部或鼻子，还是三者一起提升，都挽留不住她丈夫的心。"他写道，"但我仍要倾尽全力，尽可能为她争取到有利条件。"[38] 这样一来，他的收费就会降低，有时甚至会低到让病人更能负担得起"必要"项目的程度。战争结束几十年后，吉利斯纠正了一名前同事对他在私人执业期间所积累财富的假设，他写道："恐怕你对我所赚取的'财富'有错误的看法。我并不认为自己今天的身家比1914年8月时更高。"[39]

无论整容手术是否赚钱，吉利斯都知道公众和医学界对整容手术的合理性有所质疑。他声称自己对仅出于虚荣心而做手术没有任何意见。"如果你对我将要给你做的鼻子不感到骄傲，那我可就没有兴趣动手了。"他对病人说。[40] 不过，吉利斯显然有时也会为自己的工作感到矛盾。"有时，当我抬起一张脸时，常常心怀愧疚，觉得自己只是在赚钱。然而，看到手术给病人带来长久的喜悦，我又不禁要问，我们到底是谁，怎么能够拒绝一名患者。"他写道。[41] 吉利斯比当时的大多数人都更明白，在旁人看来微不足道的"缺陷"往往是人生的痛苦之源。

他不断思索着整容手术本身是否合理这一命题，因为"它给一个正好需要它的灵魂带来了一丝额外的幸福"。[42] 最后，他得出结论：它是合理的存在。

许多客户找吉利斯只是为了做简单的美容项目，而另外一些寻访者的初衷截然不同。1895年发现X射线后，它最时髦的应用之一就是去除难看的体毛。这种情况一直持续到20世纪50年代，1970年，纽约的一项针对368名患者进行的研究发现，在辐射诱发的女性癌症中，有35%以上可追溯到X射线脱毛。[43]

一位女士前来咨询，她接受过这种治疗，结果面部长满了溃疡和肿瘤。外科医生切除了她的下颌和下唇，只留下舌头垂至脖子处。这名医生后来告诉吉利斯："虽然我确信癌细胞已经都被我切掉了，但我觉得手术室的每一名护士都很想把手术刀插进我的肋骨，因为我让这位女士遭受到这样的残害。"[44] 这位女士因之前的磨难而饱受精神创伤。吉利斯刚开始对她的脸部进行治疗后不久，就发现她挂在医院的窗外，两名吓坏了的护士紧紧抓住她不放。最终，吉利斯用管状带蒂皮瓣和移植物修复了她的面颊损伤，并为她重建了下颌。随着面部特征的恢复，她的抑郁情绪逐渐消失了。

战后的那些年里，还有更多艰巨的手术，比如为布朗夫人进行的那些。她的伤是在癫痫发作时脸朝下跌入敞开的壁炉中造成的。事故发生时，她正抱着四个月大的女儿，昏迷不醒地在那里躺了几个钟头，慢慢地被烤伤。她和孩子都被严重烧伤，女儿的腿被烧得向后弯曲，脚后跟几乎碰到了屁股。这对母女被紧急送往苏格兰东南海岸艾尔的一家医院。她们的情况十分危急，医生甚至怀疑她们是否还能活下来。

然而，奇迹发生了，她们日渐康复。多年后，在写到这次事故时，布朗夫人的女儿还记得，"（母亲）脸上的大部分皮肉都烧掉了"。[45] 布朗夫人的嘴唇完全脱落，牙龈在炙热的高温下萎缩，这让她的牙齿看起来细长而参差不齐。

布朗夫人最终被送往伦敦接受治疗。在那里，她遇到了吉利斯。尽管吉利斯经验丰富且见多识广，但眼前的景象仍让他大吃一惊。"在战争和职业事故中烧伤的人或许不计其数，但没有人比［她的］情况更糟。"他如此写道。他惊叹于有人能在这样的磨难中存活下来："当这副惨不忍睹的面部骨架被送进我的诊所时……她额窦的后壁裸露着，一对曾经是她的眼睛，现如今却是伤痕累累、不透明的圆形物体直勾勾地盯着我。"[46]

对吉利斯来说，最难决定的不是他应该先解决什么问题，而是他是否还应该再做些什么。吉利斯意识到，他有可能会让这位女士承受更多煎熬，却几乎得不到任何改善。更糟糕的是，他或许还会造成进一步的伤害。"我所面临的是一个多么令人痛心的抉择啊！"评估这个病例时，吉利斯思考着，"当我研究她的伤情时，她静静地坐在那里。我在心里权衡着是否应该接受挑战，尝试为她再造一张脸。"[47] 摆在他面前的任务艰巨到几乎难以想象。布朗夫人不仅失去了脸上所有的皮肤，而且衬里和肌肉组织在事故中遭到了破坏。"但从哪里开始呢？"吉利斯自问自答，"问题非常严重,唯一的办法就是从一些积极的操作入手。"[48]

吉利斯知道,在着手重建布朗夫人的脸部之前,他需要在其原始表面上移植皮肤。不幸的是,通常的供皮部位——颈部和前额已经受损。因此,他决定从她的腹部通过管状带蒂皮瓣导出皮肤,先将其移到她的手腕上,然后连接到脖子上。再后来,他用这些皮肤制作了眼睑、面颊和鼻子,鼻子还接受了软骨移植。接着,他用局部皮瓣为眼窝和嘴部制作了内膜。此外,他用从她头皮上取下的皮瓣制作了眉毛,"来打破她扁平面部的单调"。[49]

然而,吉利斯面临的最大挑战是口腔。"口腔肌肉组织和弹性的缺失使得任何管状带蒂皮瓣都无法伸展。"他解释说。吉利斯有两个选择。他可以将口腔造得小巧而美观,可这样一来就无法安装假牙;抑或,他可以制作一个"南瓜灯似的大嘴巴",让病人可以拥有牙齿。吉利斯选择了第二种方案。[50] 布朗夫人总共接受了大约30次手术。在她出院回家之前,吉利斯安排她参观了伊丽莎白·雅顿沙龙,并向她赠送了美容产品来鼓励她振作。[51] 最后,她的女儿写道:"她的样子看上去不再赏心悦目,但她**确实**拥有了一张大差不差的面孔。"[52]

吉利斯为自己在布朗夫人身上所做的工作感到自豪,这不仅是因为他能够让她重新找回自我,还因为他希望自己的成功能够成为一种对后人的激励。"在她的整个重建过程中,我的脑海中总是回荡着这样一个声音:尽管缺陷在所难免,但尝试修复这一过程将对未来面临类似灾难的外科医生起到鼓励作用。"[53]

虽然吉利斯为布朗夫人恢复了几分容貌,但还是没能阻止她在几年后因癫痫再次发作而英年早逝。接到消息时,他正在打高尔夫球。"可怜的布朗夫人。"他一边喃喃自语,一边眼看着他的球飞落在球道上。[54]

布朗夫人的女儿的情况要好一些。当她从婴儿长成学步儿童时,她扭曲的腿也自行伸直了。"现在能看出来的只有那道疤痕——粗厚而且不美观,即使穿着短裙,也只能遮住一部分,另外,我的抽筋情况可能比正常人要严重一些。"[55]她后来写道。她希望把母亲的故事讲出来,因为觉得这很好地反映了整形手术的变革力量。"鉴于哈罗德爵士在她光秃秃的骨骼之上重建了一张脸,这肯定属于他最伟大的案例之一吧?"[56]她想。

吉利斯的名声开始远扬至英国以外。世界各地的学生都来造访,期待拜师学艺。在手术过程中,他会根据助手的家乡而不是名字来确定他们的身份。"如果由你来接手这个病例,你会如何着手,墨西哥城?"他会这么问,并将类似的问题抛给"约翰内斯堡""奥斯陆""纽卡斯尔""里约"。[57]吉利斯对错误很宽容,他将此归因于自己战时在法国的经历。"某种程度上讲,我被莫雷斯汀拒之门外时的失望,或许是我愿意竭尽全力与学生们讨论整容问题的根源所在。"他思忖道。[58]

不过,吉利斯之所以向全世界怀揣抱负的整形外科医生敞开大门,不仅仅是出于合作的考虑。他喜欢被一群"尚未学会不抱希望、无视限制的年轻而心怀热忱人"包围。[59]正是他们的热忱,有时甚至是他们的天真,促使他不断挑战手术室里的极限，就像他在战争期间所做的那样，当时他亦年少气盛，对所选领域的局限性视而不见。

吉利斯对整形外科合法化的诉求，并没有随着将心怀热忱的医学生培养成整形外科医生而结束。战后两年，他出版了自己在整形外科领域的第一部重要著作《面部整形外科》(*Plastic Surgery of the Face*)，书中描述了他在战争期间磨炼出来的关键技能和技巧，以及他所吸取的残酷教训。此书并不是有史以来第一本关于整形外科的著作，但它所介绍的病例数量之巨、种类之多，使其一问世便成为最有价值的著作之一。

在一个没有星星的5月深夜，快到凌晨一点时，一枚高爆炸弹划破伦敦的天空。在1941年的黑暗日子里，这绝非罕见，当时德国对伦敦连续八个月的空袭刚刚结束。但这枚炮弹击中了位于林肯律师学院的皇家外科医学院。当尘埃落定，大火被扑灭时，人们才发现一批无价的历史文物惨遭损毁，其中就包括6 000多件解剖标本。

哈罗德·吉利斯的众多病例记录也在空袭中遗失，这些记录自第一次世界大战结束后就一直存放在这座大楼里。即使被浓缩成手术记录，吉利斯的病人似乎也无法逃脱战争的冲击。然而，他们的外科遗产的一个重要部分幸存了下来。废墟中露出了几幅他们令人难以忘怀的肖像，是亨利·唐克斯用他灵敏的手绘制的。[60]

吉利斯的才华和来之不易的技能在第二次世界大战期间得

到了发挥，当时他已经 57 岁了。但他的工作成绩在很大程度上被他的表亲阿奇博尔德·麦金杜（Archibald McIndoe）取得的成就掩盖了。麦金杜为"豚鼠俱乐部"（Guinea Pig Club）中被烧伤的皇家空军飞行员进行的整形手术，令他获得了国际关注。吉利斯亲自将麦金杜领入门，向他介绍了整形外科这门"奇怪的新艺术"。正是在他的举荐下，麦金杜于 1938 年成为皇家空军的平民顾问。麦金杜对吉利斯在第一次世界大战期间发明的技术进行了改进，同时开发了一些自己的技术，用于治疗严重烧伤的面部。[61]

麦金杜治疗烧伤飞行员的事迹引起了吉利斯先前的一些病人的注意。霍勒斯·斯韦尔在一封信中写道："你知道，我读到上次战争期间和之后有人自称小白鼠的报道，真是让我怒不可遏。真正的小白鼠要到 20 多年前的锡德卡普才能找到。我敢说，在那些日子里，被液体火焰烧伤的情况要严重得多。"[62]

1945 年战争即将结束时，迈克尔·狄龙（Michael Dillon）向吉利斯提出了一个不同寻常的请求。一出生就被认作女性的狄龙，从小就对自己的性别不甚满意。在他七岁的时候，家里的一个朋友开玩笑说要带他去铁匠那里，把他打造成男孩。"我在高兴和激动之余竟把她的话当真了，但当我发现这种事情终究不可能发生时，不禁泪流满面。"他在信中写道。[63]随着年龄的增长，狄龙的这种感觉越发强烈。20 世纪 30 年代末，他开始服用睾丸激素药丸，并通过手术切除了乳房组织。但狄龙希望彻底完成转变，为此，他需要寻求一位真正具有创新精神的外科医生的帮助。[64]

除了重建面容，吉利斯还在第二次世界大战期间和战后为受伤士兵进行生殖器重建。正因如此，他比大多数人更适合接手狄龙的复杂病例。虽然有少数外科医生成功为变性女性实施了阴道成形术，但还没有人完成过类似的女性变男性的手术。事实上，许多外科医生都认为这不可行。有些人甚至认为这种做法有违职业道德。然而，法律制度对狄龙有利。虽然法律禁止切除阴茎，但并不禁止增加阴茎。吉利斯从不回避手术挑战，他同意为狄龙进行阴茎成形术，即构建阴茎。他的决定令人欣喜。"这个世界开始变得有意义了。"狄龙后来写道。[65]

吉利斯刻意给他的新病人下了一个错误诊断：急性尿道下裂，这是一种导致尿道口错位的先天缺陷。这样做是为了保护狄龙在诊所就诊时的变性人身份。几年间，吉利斯为狄龙做了13次手术。[66]吉利斯在他的腹壁上滚出一个管状组织来形成尿道，然后用另一根管状带蒂皮瓣环绕尿道，这样就形成了阴茎。[67]1949年，吉利斯成为第一位在变性人身上成功完成阴茎成形术的外科医生。[68]他的开创性技术奠定了现代阴茎成形术的基础。

狄龙对结果非常满意。"现在的生活是多么不同啊！"他感叹不已，"我可以从任何人面前走过，不用担心听到任何评头论足，因为没人会再多看我两眼。"[69]手术后的几年里，二人成了朋友。只要吉利斯在当地，狄龙就会去诊所看望他。"他似乎总是很高兴见到我，"狄龙写道，"他不断重申，很开心为我做了手术，因为一切都如此值得。很多人都不愿意这样做，所以我欠他的人情永远无法偿还。"[70]

1958年，英国记者违背狄龙的意愿曝光了他的事情。随之而来的是媒体疯狂的追踪报道。于是他逃往印度，最终在那里出家为僧。在这场动荡中，吉利斯写信给他昔日的病人，给予安慰和鼓励。[71]狄龙后来回忆说，这位整形外科医生"一直以来的目标就是，不考虑传统观念，只为了那些遭受大自然或他人虐待的人能够过上舒心幸福的生活。他一定给很多人带来了新的希望和新的开始"。[72]有些人或许无法认可狄龙为男性，但哈罗德·吉利斯绝不是其中之一。

在西线战场枪炮声平息很久以后，战地外科医生弗雷德·阿尔比（Fred Albee）写道："任何灾难降临到人类头上，都会带来一丝好处。"[73]这些好处包括由战争屠杀所推动的医学进步。而这些进步在为个体提供第二次机会的同时，也对全人类同样重要。

吉利斯一生都在不断挑战外科手术的极限。他知道，即使是他最激进的创新，最终也会被超越："总有一天，外科医生会在制造新的零部件［为病人服务］方面做得更多。"[74] 1944年，吉利斯提出成立一个专业机构的想法，该机构将指导这一新兴专业的发展、维护其标准并保障其利益。两年后，他当选为英国整形外科医师协会的首任主席。

在写完《面部整形外科》几十年后，他又着手撰写第二本更全面的此类书籍。这一次，他得到了美国门徒拉尔夫·米勒德（Ralph Millard）的帮助。他在多次前往美国的某次旅途中偶然结识了米勒德。米勒德抵达英国后，吉利斯的同事们纷纷向他表示欢迎，并调侃道："我们一直认为你很有可能无法说服老爷子写完一本书，甚至是一个完整的章节。"[75] 他们没有看错这位整形外科医生的拖延天赋。米勒德很快便发现，吉利斯在生活中和在手术中一样，忠实于他的第一条永恒原则："能拖到明天的事，绝不放在今天做。"[76] 尽管吉利斯试图分散米勒德对手头工作的注意力，但二人还是在1957年出版了《整形外科的原理与艺术》（The Principles and Art of Plastic Surgery）一书。不久后，吉利斯将自己的两本书特别装订成册并题词赠送给了伊丽莎白王太后，王太后对他说："十分骄傲，能够从你这位开创了疗效甚伟的外科分支的先驱手中接过这两本书。"[77] 直至今日，这本书仍然是这一领域的开创性著作之一。

吉利斯在战争期间所做的变革性工作标志着医学史上的一个转折点，因为他为新一代整形外科医生打开了大门，他们不仅关注功能，还注重美学。一些整形手术（如鼻整形术）在战前就已存在，而在吉利斯的指导下，旧技术得到了发展，新技术被想象、测试和标准化。[78] 他对整形外科的整体发展，特别是对病人的重要性，无论怎样强调都不为过。外科医生尼尔·欧文斯（Neal Owens）在吉利斯去世前夕写道："因为一个人的努力，世界变得更加美好；在这个动荡不安的世界上，他让许多人生存得更有价值。"[79]

吉利斯在他的领域里是一个真正有远见的人，他为自己的患者尽心尽力，这种精神一直伴随着他，直到生命的最后一刻。1960年8月3日，他在为一名因车祸导致腿部和膝盖粉碎性骨折的18岁女孩做手术时轻微中风。一个月后，他离开了人世，享年78岁。

正如吉利斯所预见的那样，整形外科的发展方式，连他在第一次世界大战结束后不久开始倡导承认整形外科的学术地位时也无法想象。如今，为了改变自己的外貌，人们可以选择的整容手术似乎无穷无尽：隆胸、收腹、抽脂、面部提升等。公众对整形手术越来越着迷，一部分原因在于，以整形外科医生和他们的病人为主角的真人秀电视节目大量播出，推动了整形行业的蓬勃发展。目前该行业的市场价值已超过600亿美元。

虽然人们对美容手术的兴趣空前高涨，但旨在修复和恢复受到先天畸形、创伤或疾病影响的人体功能的重建手术，仍然是该学科的核心。"面部移植"，即使用捐赠者的组织替换病人的全部或部分面部，就是重建手术的最新进展之一。这种手术被认为是"改善生活"而非"拯救生命"，它继续将面部差异问题归结为个人缺陷而不是社会问题。[80] 它的必要性在一定程度上是由对毁容的偏见驱动的。就连X下士在看到镜中自己的倒影后与莫莉解除婚约这一举动，放在当下或许也会得到认同。然而，无论驱动力是什么，面部移植无疑为一些病人的生活增添了价值，使他们能够吃固体食物，能够独立呼吸，甚至多年来第一次闻到了气味。

2005年，外科医生在法国亚眠——1918年百日攻势开始的地方——为伊莎贝尔·迪诺瓦（Isabelle Dinoire）实施了首例面部局部移植手术，她在服用过量安眠药后被狗咬掉了部分鼻子、下巴和嘴唇。五年后，西班牙的外科医生为一名在枪战中受伤的男子进行了全脸移植手术。随后，世界各国相继开展了类似手术。这批首次成功的案例成功激起了公众极大的好奇心，随着科幻小说变成科学事实，这种好奇甚至有了更高的飞跃。

2017年，俄亥俄州克利夫兰，一家诊所的手术室里，一群戴着面具的外科医生挤在一张小器械桌旁。当他们低头凝视着一个看起来非常像万圣节橡胶面具的东西时，眼中既有疲惫，也有敬畏。

16个小时前，他们开始小心翼翼地摘下一名死于药物过量的妇女的面部，然后将它移植到了21岁的凯蒂·斯塔布菲尔德（Katie Stubblefield）脸上。由于自己造成的枪伤，她的面部遭到了严重损毁。斯塔布菲尔德即将成为接受这种革命性手术的最年轻患者。虽然这已经是该医院进行的第三例面部移植手术，但它是迄今为止同类手术中范围最广、最复杂的一次。手术团队包括9名整形外科医生，他们替换了斯塔布菲尔德将近百分之百的面部组织，包括头皮、眼窝、鼻子、牙齿、神经、肌肉和皮肤。手术前，他们停顿了片刻，让摄影师拍下了这张悬浮在两个生命之间的面孔。

这是整形外科史上的一个非凡的里程碑。正是哈罗德·吉利斯和他的团队在第一次世界大战期间秉持坚定不移的奉献精神，才使得这种进步成为可能。

致　　谢

虽然我一直对哈罗德·吉利斯和第一次世界大战非常着迷，但《造脸》并不是我在《李斯特医生的生死舞台》之后打算动笔的书。我担心这个主题过于宏大，无法处理，而我并非撰写这个故事的最佳人选。我向出版商提出了几个想法，但命运弄人，他们最终还是选择了这个故事。我只好抱着侥幸之心启动了这个项目。若不是我的朋友埃里克·拉尔森（Erik Larson）说了一些鼓励的话，我也许永远都没有信心继续写下去。

最后，我很高兴自己做到了。但如果没有众人一路上的支持，我不可能为这部作品画上完满句号。

首先，我要感谢马克·哈里森（Mark Harrison）教授、蒂姆·库克（Tim Cook）医生、亚当·蒙哥马利（Adam Montgomery）医生、凯瑟琳·凯利（Catherine Kelly）医生和保罗·斯科菲尔德（Paul Schofield）医生。感谢他们对《造脸》初稿提供了宝贵的反馈意见。他们的专业见解加上对这个故事的热忱，让这本书变得更加完善。

我还要感谢残疾人活动家和作家阿里尔·亨利（Ariel Henley）。作为一名面部毁容者，她能够为《造脸》提供独特的视角。她的见解和评论有助于我将吉利斯病人的经历情境化，若没有她的帮助，我不可能做到这一点。我也由衷感谢她对手稿的认真反馈。

当我坐下来写作《造脸》这本书时，我已经想好要让读者从第一页开始就直接进入故事情节之中。如若没有珀西·克莱尔的曾侄女瑞秋·格雷（Rachel Gray）热情相助，我也绝无可能将想法顺利付诸实践。她充满善意，允许我使用克莱尔的日记，这样我便能拼凑出导致他受伤的混乱事件。如果说吉利斯是这个故事的主干，那么克莱尔（以及其他受伤的人）就是故事中跳动的心脏。

我还要感谢的，是吉利斯档案的保管者安德鲁·巴姆吉（Andrew Bamji）医生。他在王后医院担任顾问医生期间，发现了第一次世界大战期间的数千份临床记录。若非他全力保存这些资料，本书中讲述的许多故事可能早已被后人遗忘。他对这一主题的贡献是宝贵的史料资源。

一名作者的好坏取决于她的编辑。我很幸运能有几位世界级水准的编辑在不同阶段为这本书操劳出力。首先，我要感谢我在 FSG 的主要编辑亚历克斯·斯塔（Alex Star），他的见解和反馈让这个故事变得更加丰富而复杂。谢谢他让我在这个狂热的过程中保持冷静。我还要感谢科林·迪克曼（Colin Dickerman），多谢他在本书最初只是一个想法时给予我宝贵指导。还有我的英国编辑劳拉·斯蒂克尼（Laura Stickney），她在最后提出的意见让我的叙述更加清晰明了。

我还要感谢德文·马佐恩（Devon Mazzone）。他负责管理我在 FSG 的国外版权，而且从来不会被我询问法国何时才会买我的书的邮件激怒（答案是：永远不会）。还有伊恩·范·怀伊（Ian Van Wye），他目光敏锐，帮助我精简了文字，删去了一千多个不必要的字词。

我要衷心感谢我的研究助理卡罗琳·奥弗里（Caroline Overy），没有她，这本书可能要花上十年而不是五年。感谢你帮助我游刃有余地处理复杂的版权和图片清权事项，让我在书写这样一个复杂的故事时保持条理性。我保证，我再也不会把我们带回 20 世纪了！

在疫情期间完成一本书并非易事。（仅举几例，）我非常感谢惠康图书馆、帝国战争博物馆和皇家外科医学院的许多档案管理员和图书管理员，他们在图书馆关闭和封锁的情况下为我查阅馆藏提供了便利。你们是学术界的无名英雄。

我还要感谢我的经纪人罗伯特·金斯勒（Robert Guinsler）。他在我职业生涯的动荡期中途加入了这个项目。我的经纪人豪尔赫·希诺霍萨（Jorge Hinojosa），他孜孜不倦地支持我的工作，提升了我的平台，增强了我的信心。感谢你们相信我的工作的价值。今后，我不会再这么悲观了！

我很幸运，能得到无数家人和朋友的关爱与支持。为此，我要向露西·科尔曼－塔尔博特（Lucy Coleman-Talbot）致以由衷谢意，她让我以多种方式看这个世界。感谢你的友谊，感谢你用更高的标准要求我。不仅这本书因为你的建议而变得更好，我也因为认识你而成为一个更好的人。

还要感谢的，是我的创作伙伴兼好友罗莉·科恩吉贝尔（Lori Korngiebel）。她与我一起经历了高潮和低谷。以及我"永远的酒友"谢莉·埃斯蒂斯（Shelley Estes），她从一开始就支持我。我也要感谢凯特·欧文（Kate Owen）和汉娜·波拉斯基（Hanna Polasky）。她们对任何人都不求回报，却为自己所爱的人付出一切。我很高兴能有和我一样神经质的朋友！

感谢露西·坎贝尔（Lucy Campbell），我的"依偎大猩猩"。她每天都在向我展示什么才是忠诚挚友。我迫不及待地想和她一起在旅途中创造热闹的回忆。我要特别感谢我最忠实可靠的人，埃斯特尔·帕朗（Estelle Paranque），在过去的几年间，你的爱、善良和支持对我来说意味着整个世界。埃斯特尔，你是我的奥普拉，我是你的盖尔。

还有我亲爱的朋友比尔·麦克利霍斯（Bill MacLehose），他于2020年猝然离世。在我刚刚开始写作的那些日子里，他一直相信我，而我每天都在想念他。

我要感谢我的母亲黛比·克莱伯（Debbie Klebe）和继父格雷格·克莱伯（Greg Klebe）。他们总是在我沮丧时拉我一把。还有我的公婆格雷厄姆·蒂尔（Graham Teal）和桑德拉·蒂尔（Sandra Teal）。在过去的一年里，当我发现自己几乎无法忍受疫情带来的孤独感时，他们一直在为我加油打气。此外，还要感谢我的兄弟克里斯·菲茨哈里斯（Chris Fitzharris），他的挖苦让我脚踏实地。还有我的父亲迈克·菲茨哈里斯（Mike Fitzharris）和继母苏·菲茨哈里斯（Sue Fitzharris），他们走遍全国，支持我的文学梦想。

我永远感谢我的祖母多萝西·西索斯（Dorothy Sissors）。她是所有孙辈（尤其是我）生命中的宝贵财富。

最后，但肯定同样重要的是，我要感谢我的丈夫阿德里安·蒂尔（Adrian Teal）。你是我的第一个读者，也是最后一个在手稿出版前提出意见的人。你的意见，我最看重。没有你在我身边，我做不到这一切。我爱你，全心全意。

注　释

序　言

1. Private Papers of P. Clare, vol. 3, 20 November 1917. Private Papers of P. Clare. Documents. 15030. Documents and Sound Section of the Imperial War Museums. 手稿共有四卷，撰写于1918年，在1920年进行了修订，并于1932年和1935年重印，未加页码。手稿还附录了他写给母亲的信件。
2. William Clarke, "Random Recollections of '14/'18," 8, Liddle Collection, Brotherton Library Special Collections, University of Leeds. 最早见于 Joanna Bourke, *Dismembering the Male: Men's Bodies, Britain and the Great War* (London: Reaction Books, 1996), 215。
3. 转引自 Leo van Bergen, *Before My Helpless Sight: Suffering, Dying and Military Medicine on the Western Front, 1914—1918*, trans. Liz Waters (Farnham, Surrey: Ashgate, 2009), 490。
4. Robert Weldon Whalen, *Bitter Wounds. German Victims of the Great War, 1914—1939* (Ithaca & London: Cornell University Press, 1984), 43.
5. van Bergen, *Before My Helpless Sight*, 132.

6 Paul Fussell, ed., *The Bloody Game. An Anthology of Modern Warfare* (London: Abacus, 1992), vol. 2, 179.

7 转引自 Richard van Emden, *Meeting the Enemy: The Human Face of the Great War* (London: Bloomsbury, 2013), 186。

8 Private Papers of P. Clare, vol. 3.

9 同上。

10 同上。

11 Simon Schama, *The Face of Britain: The Stories Behind the Nation's Portraits* (London: Viking, 2015), 529.

12 Ellen N. La Motte, "The Backwash of War: The Human Wreckage of the Battlefield as Witnessed by an American Hospital Nurse," in *Nurses at the Front: Writing the Wounds of the War*, ed. Margaret R. Higonnet (Boston: Northeastern University Press, 2001), 16.

13 Fred H. Albee, *A Surgeon's Fight to Rebuild Men: An Autobiography* (New York: Dutton, 1945), 136.

14 安德鲁·巴姆吉指出，西德卡普王后医院收治的11名病人的面部都有动物造成的伤口。其中9人被踢伤，2人被咬伤。Andrew Bamji, *Faces from the Front. Harold Gillies, The Queen's Hospital, Sidcup and the Origins of Modern Plastic Surgery* (Solihull: Helion & Company, 2017), 21.

15 Sandy Callister, "'Broken Gargoyles:' The photographic Representation of Severely Wounded New Zealand Soldiers," *Social History of Medicine* 20, no.1 (April 2007): 116–17; Suzannah Biernoff, "The Rhetoric of Disfigurement in First World War Britain," *Social History of Medicine* 24, no. 3 (January 2011), 666.

16 van Bergen, *Before My Helpless Sight*, 31.

17 James William Davenport Seymour, *History of the American Field Service in France: "Friends of France" 1914—1917: Told By Its Members*, vol. 2

(Boston: Houghton Mifflin Company, 1920), 90.
18 1914年,德国人在东线多次尝试使用毒气,但都未能成功。
19 O. S. Watkins, *Methodist Report*, 引自 Amos Fries and C. J. West, *Chemical Warfare* (New York: McGraw Hill, 1921), 13。最早见于 Gerard J. Fitzgerald, "Chemical Warfare and Medical Response during World War I," *American Journal of Public Health* 98, no. 4 (April 2008): 611−625。
20 Wilson, J K. Tape 286/Transcript LIDDLE/WW1/TR/08/69, Liddle Collection, Brotherton Library Special Collections, University of Leeds.
21 Frederick A. Pottle, *Stretchers: The Story of a Hospital Unit on the Western Front* (New Haven: Yale University Press, 1929), Chapter 4.
22 Nelson Wyatt, "First World War Flyers Risked Shortened Lifespan but have Extended Legacy," *The Canadian Press*, accessed October 8, 2020, http://ww1.canada.com/faces-of-war/first-world-war-flyers-risked-shortened-lifespan-but-have-extended-legacy.
23 Sean Coughlan, "Graphic eyewitness Somme accounts revealed," *BBC News*, November 17, 2016, accessed November 4, 2019, https://www.bbc.co.uk/news/education-37975358.
24 Andrew Robertshaw, *First World War Trenches* (Stroud: The History Press, 2014), 62.
25 Reginald A. Colwill, *Through Hell to Victory. From Passchendaele to Mons with the 2nd Devons in 1918*. 2nd edn (Torquay: Reginald A. Colwill, 1927), 81−82.
26 van Bergen, *Before My Helpless Sight*, 132.
27 Bourke, *Dismembering the Male*, 59.
28 "Worst Loss of All. Public Deeply Moved by War-Time Revelation," *Manchester Evening Chronicle*, May-June, 1918. 见 The Queen's Hospital,

Sidcup, Kent: Newspaper Cuttings, London Metropolitan Archive, H02/QM/Y/01/005, page 37。

29　Bourke, *Dismembering the Male,* 65. 相比之下，毁容在法国属于六级伤残，严重等级低于失明或肢体残缺，不能获得抚恤金。所以，外科医生莱昂·杜福门泰尔感慨于法国退伍军人必然会面临的经济窘境："尽管我们对大战中的受害者怀有同情与敬意，但可悲的是，一张损毁的面孔所引起的不适与恐惧，会给他们带去很大程度的偏见与歧视。"参见 Claudine Mitchell, "Facing Horror: Women's Work, Sculptural Practice and the Great War," in Valerie Mainz and Griselda Pollock, eds., *Work and the Image II: Work in Modern Times, Visual Mediations and Social Processes* (Aldershot: Ashgate, 2000), 45。

30　Suzannah Biernoff, *Portraits of Violence: War and the Aesthetics of Disfigurement* (Ann Arbor, University of Michigan, 2017), 15.

31　Marjorie Gehrhardt, *The Men with Broken Faces: Gueules Cassées of the First World War* (Oxford: Peter Lang, 2015), 2. 亦可参见 François-Xavier Long, "Les Blessés de la Face durant la Grande Guerre: Les Origines de la Chirurgie Maxillo-faciale," *Histoire des Sciences Médicales* 36, no. 2 (2002): 175–183。

32　Biernoff, "The Rhetoric of Disfigurement," 669.

33　Patricia Skinner, "'Better off Dead than Disfigured'? The Challenges of Facial Injury in the Pre-Modern Past," *Transactions of the Royal Historical Society* 26 (2016), 26.

34　Francis J. McGowan, "My Personal Experiences of the Great War," page 7. 6 Mss Essays by Patients with Facial Injuries in Sidcup Hospital, 1922. LIDDLE/WW1/GA/WOU/34, Essay 1. Liddle Collection, Brotherton Library Special Collections, University of Leeds.

35 R. T. McKenzie, *Reclaiming the Maimed: A Handbook of Physical Therapy* (New York: Macmillan; 1918), 117.
36 "The Loneliest of All Tommies," *Sunday Herald*, June 1918. 见 The Queen's Hospital, Sidcup, Kent: Newspaper Cuttings, London Metropolitan Archive, H02/QM/Y/01/005, page 41.
37 Private Papers of P. Clare, vol. 3.
38 同上。
39 同上。
40 同上。
41 Letter from Percy Clare to his mother (n.d.). Private Papers of P. Clare, Letters to his Mother.
42 Ernest Wordsworth, "My Personal Experiences of the Great War". 6 Mss Essays by Patients with Facial Injuries in Sidcup Hospital, 1922. LIDDLE/WW1/GA/WOU/34, Essay 2. Liddle Collection, Brotherton Library Special Collections, University of Leeds.
43 van Bergen, *Before My Helpless Sight*, 306.
44 Louis Barthas, *Les Carnets de Guerre de Louis Barthas, Tonnelier 1914—1918* (Paris: Maspero, 1983), 72. 最早见于 van Bergen, *Before My Helpless Sight*, 169–170。
45 Private Papers of P. Clare, vol. 3.
46 同上。
47 Lyn MacDonald, *They Called It Passchendaele* (London: Michael Joseph, 1978) 118.
48 转引自 Ena Elsey, "Disabled Ex-Servicemen's Experiences of Rehabilitation and Employment after the First World War," *Oral History* 25, no. 2 (Autumn 1997): 51。
49 "My Personal Experiences of the Great War". 6 Mss Essays by Patients with Facial Injuries in Sidcup Hospital, 1922. LIDDLE/

WW1/GA/WOU/34, Essay 6. Liddle Collection, Brotherton Library Special Collections, University of Leeds.
50 Sir Harold Gillies and D. Ralph Millard Jr., *The Principles and Art of Plastic Surgery* (London: Butterworth, 1957), 23.
51 转引自 Sir Terence Ward, "The Maxillofacial Unit," *Annals of the Royal College of Surgeons of England* 57 (1975): 67。1962年，凯尔西·弗莱（Kelsey Fry）在第一届国际口腔外科大会上致开幕词。
52 Notes on Maxillo-facial Injuries, report presented to Army Council, 1935, AWM54, 921/3/1. 见 Kerry Neale, "Without the Faces of Men: Facially Disfigured Great War Soldiers of Britain and the Dominions" (unpublished PhD Thesis, UNSW Australia, March 2015), 47。尼尔指出，很难知晓这一协议在多大程度上被采纳。
53 克莱尔在他的日记中将这一伤患之处称作"英国佬的伤"，但这一熟语常与一些不算太严重的伤势有所关联。
54 Private Papers of P. Clare, vol. 3.
55 Fritz August Voigt, *Combed Out* (London: Swarthmore Press, 1920), 70.
56 Bamji, *Faces from the Front*, 31.

第一章

1 Stefan Goebel and Jerry White, "London and the First World War," *The London Journal* 41, no. 3 (2016): 199–218, accessed March 2, 2020, https://www.tandfonline.com/doi/full/10.1080/03058034.2016.1216758
2 Goebel and White, "London and the First World War," 199–218, accessed March 2, 2020, https://www.tandfonline.com/doi/full/10.1080/03058034.2016.1216758.
3 Reginald Pound, *Gillies: Surgeon Extraordinary. A Biography*

(London: Michael Joseph, 1964), 15.
4 同上，第18页。
5 同上。
6 同上，第9页。
7 D. Ralph Millard, "Gillies Memorial Lecture: Jousting with the First Knight of Plastic Surgery," *British Journal of Plastic Surgery* 25 (1972): 73. Michael Felix Freshwater, "A critical comparison of Davis' Principles of Plastic Surgery with Gillies' Plastic Surgery of the face," *Journal of Plastic, Reconstructive & Aesthetic Surgery* 64 (2011): 20. 弗雷什沃特指出，到底是哪个肘部骨折过尚存争议。拉尔夫·米拉德告诉他是右肘，而吉利斯的传记作者雷金纳德·庞德则声称是左肘。吉利斯进行前额皮瓣鼻骨重建术的影片显示，他的右手腕过度屈曲，这与肘部僵硬的代偿是一致的。
8 "The Late Robert Gillies," *Bruce Herald*, Volume XVII, Issue 1759, June 18,1886, accessed April 20, 2020, https://paperspast.natlib.govt.nz/newspapers/BH18860618.2.12?fbclid=IwAR38tHrv_zbjP15-xLT5RJSa0MxgHqodP-4uIcrdRRils801XQnoRmOCqwU.
9 Pound, *Gillies*, 14.
10 同上，第15—16页。
11 同上，第13页。
12 Letter from Norman Jewson to Reginald Pound. Letters to Reginald Pound, 1955—1972. From the Archives of the Royal College of Surgeons, MS0336.
13 转引自 Pound, *Gillies*, 16。
14 Kenneth. D. Pringle, Notes on Sir Harold Gillies. Letters to Reginald Pound, 1955—1972. From the Archives of the Royal College of Surgeons, MS0336.
15 Mick Gillies, *Mayfly on the Stream of Time* (Whitfeld, East Sussex:

Messuage Books, 2000), 3.
16 Pound, *Gillies*, 20.
17 这辆车在维也纳博物馆展出，历史学家布莱恩·普雷斯兰德在2004年参观时发现了这一日期关联。
18 有些说法认为，大公所乘汽车在车队中位列第三，但大多数学者公认它排在第二位。Christopher Clark, *The Sleepwalkers: How Europe Went to War in 1914* (London: Penguin, 2013), 367-377. 我非常感谢克拉克为书中这一部分内容提供了细节。
19 Clark, *Sleepwalkers*, 371.
20 同上。
21 同上，第373页。
22 同上。
23 Greg King and Sue Woolmans, *The Assassination of the Archduke: Sarajevo 1914 and the Murder that Changed the World* (London: Pan Books, 2014), 204.
24 转引自 Clark, *Sleepwalkers*, 374。
25 有些说法称这辆格拉夫施蒂夫特（Gräf & Stift）没有倒挡。伊尔明先生是陈列这部车辆的奥地利军事博物馆的一名武器和技术专家，他表示这辆车确实装有倒挡，但由于当时的技术标准，换挡需要花费相当长的时间来操作。Benjamin Preston, "The Car that Witnessed the Spark of World War I," *The New York Times*, July 10, 2014, accessed May 7, 2020, https://www.nytimes.com/2014/07/11/automobiles/the-car-that-witnessed-the-spark-of-world-war-i.html.
26 Clark, *Sleepwalkers*, 375-376.
27 *Daily Record,* Saturday June 27, 1914, 6.
28 Matthew Johnson, "More than spectators? Britain's Liberal government and the decision to go to war in 1914," *The Conversation*, August 4, 2014, accessed Feb 5, 2019, http://theconversation.com/

more-than-spectators-britains-liberal-government-and-the-decision-to-go-to-war-in-1914-30053.
29 *Daily Mirror*, August 5, 1914, 3.
30 Voices of the First World War: Joining Up. Imperial War Museum podcast, accessed July 21, 2020, https://www.iwm.org.uk/history/voices-of-the-first-world-war-joining-up.
31 Details gleaned from "The Teenage Soldiers of World War One," *BBC News*, November 11, 2014, accessed January 26, 2021, https://www.bbc.co.uk/news/magazine-29934965; 见 David Lister, *Die Hard, Aby: Abraham Bevistein-the Boy Soldier Shot to Encourage the Others* (Barnsley: Pen and Sword Military, 2005)。
32 George Coppard, *With a Machine Gun to Cambrai: The Tale of a Young Tommy in Kitchener's Army, 1914—1918* (London: Her Majesty's Stationery Office, 1969), 19.
33 转引自 Leo van Bergen, *Before My Helpless Sight: Suffering, Dying and Military Medicine on the Western Front, 1914—1918*, trans. Liz Waters (Farnham, Surrey: Ashgate, 2009), 443-444。
34 Denis Winter, *Death's Men: Soldiers of the Great War* (London: Allen Lane, 1978), 23.
35 Voices of the First World War: Joining Up. Imperial War Museum podcast, accessed July 21, 2020, https://www.iwm.org.uk/history/voices-of-the-first-world-war-joining-up.
36 Max Arthur, *Forgotten Voices of the Great War* (London: Random House, 2012), 18-22.
37 van Bergen, *Before My Helpless Sight*, 39.
38 转引自 Stella Bingham, *Ministering Angels* (London, Osprey Publishing Limited, 1979), 132。
39 同上,第133页。

40 Lyn MacDonald, *The Roses of No Man's Land* (London: Michael Joseph, 1980), 165.
41 转引自 Janet S. K. Watson, "Wars in the Wards: The Social Construction of Medical Work in First World War Britain," *Journal of British Studies* 41 (October 2002): 493。
42 同上，第 494 页。
43 转引自 Fiona Reid, *Medicine in First World War Europe: Soldiers, Medics, Pacifists* (London: Bloomsbury, 2017), 4。
44 雷金纳德·庞德表示，红十字会在 1 月底派人来接吉利斯；吉利斯说他是"1915 年初"去的法国。Pound, *Gillies*, 22; Sir Harold Gillies and D. Ralph Millard Jr., *The Principles and Art of Plastic Surgery* (London: Butterworth, 1957), 6. 亦可见于 "New Commandant of Belgian Field Hospital, " *The Times*, May 5, 1915, 13。
45 General Register Office, Margaret Gillies birth registration, St Marylebone, London (Born 31 January 1915, 73 New Cavendish Street; registered 25 February 1915 by K. M. Gillies). PDF copy in possession of author.

第二章

1 William Cruse, "Auguste Charles Valadier: A Pioneer in Maxillofacial Surgery," *Military Medicine* 152, no. 7 (1987), 337–338.
2 同上，第 338 页。
3 同上。
4 M. J. Newell, ed., *Ex Dentibus Ensis: A History of the Army Dental Service* (Aldershot: RADC Historical Museum, 1997), 11.
5 军队最终还是向南非派遣了牙医。
6 "Dental Examiners to the Forces (Editorial)," *New Zealand Dental*

Journal 10 (January 1915): 150-151. Found in Harvey Brown, *Pickerill: Pioneer in Plastic Surgery, Dental Education and Dental Research* (Dunedin, N.Z.: Otago University Press, 2007), 107.

7　转引自 Penny Starns, *Sisters of the Somme: True Stories from A First World War Field Hospital* (Stroud, Gloucestershire: The History Press, 2016), 55。

8　*Punch* (19 August 1914). 见 Nic Clarke, *Unwanted Warriors: Rejected Volunteers of the Canadian Expeditionary Force* (Vancouver: UBC Press, 2016), 82。

9　Robert Roberts, *The Classic Slum: Salford Life in the First Quarter of the Century* (Manchester: Manchester University press, 1971), 150.

10　Starns, *Sisters of the Somme*, 13.

11　Sylvestre Moreira, "The Dental Service in War," *The Dental Surgeon* 14, no. 685 (December 15, 1917): 488, 转引自 F. S. S. Gray, "The First Dentists sent to the Western Front during the First World War," *British Dental Journal* 222, no. 11 (2017): 893。

12　转引自 Cruse, "Auguste Charles Valadier," 339。关于瓦拉迪埃是不是为海格将军拔牙的那位牙医，尚且存疑。克鲁斯和其他学者为瓦拉迪埃提供了有力证明，因为瓦拉迪埃与艾斯恩战役的关系密切，声名显赫，而且海格后来举荐瓦拉迪埃获得勋章。出于这些原因，我将这个故事写入本书。

13　L. J. Godden, *History of the Royal Army Dental Corps* (Aldershot: Royal Army Dental Corps, 1971), 5.

14　同上，第8页。

15　A. L. Walker, *A Base Hospital In France, 1914—1915*, Scarletfinders, accessed May 18, 2020, http://www.scarletfinders.co.uk/156.html.

16　Kerry Neale, "Without the Faces of Men: Facially Disfigured Great War Soldiers of Britain and the Dominions" (unpublished PhD

Thesis, UNSW Australia, March 2015), 47.

17 关于约瑟夫·李斯特的更多介绍,见 Lindsey Fitzharris, *The Butchering Art: Joseph Lister's Quest to Transform the Grisly World of Victorian Medicine* (New York: Scientific American / Farrar, Straus and Giroux, 2017)。

18 A. G. Butler, *Official History of the Australian Medical Services, 1914—1918*, Vol 2 (Canberra: Australian War Memorial, 1940), 315.

19 Tom Scotland, *A Time to Die and a Time to Live, Disaster to Triumph: Groundbreaking Developments in Care of the Wounded on the Western Front 1914—18* (Warwick: Helion & Company, 2019), 71–77.

20 J. E. McAuley, "Charles Valadier: A Forgotten Pioneer in the Treatment of Jaw Injuries," *Proceedings of the Royal Society of Medicine* 67, no. 8 (1974): 786.

21 Murray C. Meikle, *Reconstructing Faces: The Art and Wartime Surgery of Gillies, Pickerill, McIndoe and Mowlem* ([Dunedin]: Otago University Press, 2013), 48.

22 吉利斯在法国的实际行踪尚不明确。我尽可能利用本章所引用的各种资料拼凑出这些行迹,但仍有遗漏。在《整形外科的原理与艺术》一书中,哈罗德·吉利斯说他于 1915 年初抵达法国。他的传记作者雷金纳德·庞德证实了这一说法,称他是在 1915 年 1 月底到达法国的。《泰晤士报》的一篇文章称,吉利斯于 5 月初抵达位于霍格斯塔德的比利时野战医院。次月,他晋升为少校,并被调往法国埃塔普尔的盟军基地医院,在那里一直工作到 1915 年 12 月。在就任新职之前,他休了个假。在他回到伦敦后,体育作家亨利·利奇发现他正在那里打高尔夫球。根据吉利斯的说法,他在 6 月的某个时候去了趟巴黎,拜访了希波吕特·莫雷斯汀。吉利斯和庞德都曾暗示,吉利斯是在见到莫雷斯汀之前遇到瓦拉迪埃的。因此,在我看来,吉利斯很可能是在被派往比利时野战医院之前的几个月里认识了瓦拉迪埃。至于1月到5月这段时间，记录中没有任何其他记载能够表明吉利斯有可能会在离开比利时野战医院后、见到莫雷斯汀前的这段时间结识了瓦拉迪埃。时间线如此紧凑，我认为这种可能性很小。记录还显示，吉利斯被派往瓦拉迪埃的颌面科室监督牙医的工作，这意味着，他们可能相识于工作场合，而非在休假时偶遇。

23 该词与外科手术有关的唯一早期用法见德国外科医生卡尔·费迪南德·冯·格拉菲在1818年发表的论文《鼻整形术》。见 John D. Holmes, "Development of Plastic Surgery," in *War Surgery 1914—18*, ed. Thomas Scotland and Steven Heys (Solihull: Helion & Company, 2012), 258。

24 Pat Leonard, "The Bullet that Changed History," *The New York Times*, August 31, 2012, accessed August 8, 2018, https://opinionator.blogs.nytimes.com/2012/08/31/the-bullet-that-changed-history/.

25 Gurdon Buck, *Case of Destruction of the Body of the Lower Jaw and Extensive Disfiguration of the Face from a Shell Wound* (Albany: Private Printing, 1866), 4—5. 最早见于 David Seed, Stephen C. Kenny, and Chris Williams, eds., *Life and Limb: Perspectives on the American Civil War* (Liverpool: Liverpool University Press, 2016), 90。

26 *The Medical and Surgical History of the War of the Rebellion, (1861—65) / Prepared, in Accordance with the Acts of Congress, under the Direction of Surgeon General, Joseph K. Barnes, United States Army* (Washington: Govt. Print. Off, 1870—88), 721.

27 *p*: F. W. Seward, *Seward at Washington as Senator and Secretary of State: A Memoir of His Life, with Selections from his Letters (1861–1872)* (New York: Derby & Miller, 1891), 270. 亦可参见 "Terrible Tragedy in Washington: Murder of the President, Attempted Murder of Mr. Seward," *The New York Times*, April 17, 1865, 2。

28 William W. Keen, "Gangrene of the Face Following Salivation," National Museum of Army Medicine Accession File 1000867; Gurdon Buck, *Contributions to Reparative Surgery* (New York: D. Appleton and Company, 1876), 36, 38. Originally found in Seed, Kenny, and Williams, *Life and Limb*, 90–91.
29 George Alexander Otis, *The Medical and Surgical History of the War of the Rebellion*, Part I, Vol. II (Washington: Government Printing Office, 1876).
30 Blair O. Rogers and Michael G. Rhode, "The First Civil War Photographs of Soldiers with Facial Wounds," *Journal of Aesthetic Plastic Surgery* 19 (1995): 271.
31 Observation by Mr. C. Bowdler Henry in McAuley, "Charles Valadier," 788.
32 转引自 J. E. McAuley, "Valadier Revisited," *Dental Historian* 19 (1990): 19。
33 同上。
34 Garffild Lloyd Lewis, *Faced with Mametz* (Llanrwst: Gwasg Carreg Gwalch, 2017), 89.
35 Herman H. de Boer, "The History of Bone Grafts," *Clinical Orthopaedics and Related Research* 226 (January 1988): 292–298.
36 Letter from Philip Thorpe to Reginald Pound, March 30, 1963, 2. Letters to Reginald Pound, 1955—1972. From the Archives of the Royal College of Surgeons, MS0336.
37 Lewis, *Faced with Mametz*, 92.
38 Meikle, *Reconstructing Faces*, 49.
39 Letter from Philip Thorpe to Mr J. E. McAuley, May 29 1965. Museum of Military Medicine, Aldershot, RADCCF/3/3/4/55/VALA.
40 Meikle, *Reconstructing Faces*, 52.

41 Sir Harold Gillies and D. Ralph Millard Jr., *The Principles and Art of Plastic Surgery* (London: Butterworth, 1957), 6.
42 同上，第 22 页。
43 Harold Gillies, "The Problems of Facial Reconstruction," *Transactions of the Medical Society of London* 41 (1918): 165.

第三章

1 *The Times*, May 5, 1915, 13. According to the newspaper, Gillies departed for Belgium with Morrison on Saturday, May 1, 1915.
2 Henry Sessions Souttar, *A Surgeon in Belgium* (London: Edward Arnold, 1915), 110–127.
3 C. P. Blacker, *Have You Forgotten Yet? The First World War Memoirs by C. P. Blacker* (Barnsley: Leo Cooper, 2000), 17–18.
4 "Belgian Field Hospital," *The Times*, April 27, 1916, 8.
5 *A War Nurse's Diary: Sketches from a Belgian Field Hospital* (New York: The Macmillan Company, 1918), 86–88.
6 *The Times*, September 7, 1915, 6.
7 *A War Nurse's Diary*, 87.
8 同上。
9 *The Times*, May 5, 1915, 13.
10 Blacker, *Have You Forgotten Yet?*, 28–29.
11 *A War Nurse's Diary*, 102.
12 同上，第 99 页。
13 Leo van Bergen, *Before My Helpless Sight: Suffering, Dying and Military Medicine on the Western Front, 1914—1918*, trans. Liz Waters (Farnham, Surrey: Ashgate, 2009), 65–66. 战争初期，德国人在俄国东线的博利莫夫投放了氯气，但收效甚微。

14 "Voices of the First World War: Gas Attack at Ypres," Imperial War Museum Podcast, accessed May 6, 2020, https://www.iwm.org.uk/history/voices-of-the-first-world-war-gas-attack-at-ypres.

15 *A War Nurse's Diary*, 99.

16 七号医院被称为"盟军基地医院"。从1914年10月23日到1915年1月11日,该医院在布洛涅的克里斯托尔酒店短暂拥有200张病床。1915年8月至11月,该医院在埃塔普尔重新开放了约五个月的时间。吉利斯于6月下旬休假,返回法国时在巴黎停留并拜访了莫雷斯汀。他可能是盟军基地医院于1915年8月重新开放前不久或开放伊始抵达此处的。William Grant Macpherson, *History of the Great War Based on Official Documents. Medical Services General History*, Vol 2 (London: His Majesty's Stationery Office, 1923), 73.

17 Henry Leach, "The Golfer's Progress," *The Illustrated Sporting and Dramatic News*, June 26, 1915, 470.

18 同上。

19 Darryl Tong, Andrew Bamji, Tom Brooking, and Robert Love, "Plastic Kiwis-New Zealanders and the Development of a Specialty," *Journal of Military and Veterans' Health* 17 (October 2008): 12. See, also, W. H. Dolamore, "The Treatment in Germany of Gunshot Injuries of the Face and Jaws," *British Dental Journal* 37 (1916 War Supplement): 105–184.

20 吉利斯的第一位传记作者庞德称这是一本书。但安德鲁·巴姆吉后来推测,这可能是一篇文章。

21 Georges Duhamel, "A Muster of Ghosts," in *Light on my Days. An Autobiography of Georges Duhamel,* trans. Basil Collier (London: J. M. Dent & Sons, 1948), 275.

22 同上,第276—277页。

23 J. L. Faure, "H. Morestin (1869—1919)," *Presse Médicale* 27 (1919): 109. 最早见于 Blair O. Rogers, "Hippolyte Morestin (1869—1919). Part I: A Brief Biography," *Aesthetic Plastic Surgery* 6 (1982): 143。

24 David Tolhurst, *Pioneers in Plastic Surgery* (Cham: Springer, 2015), 35-38. 亦可参见 Rogers, "Hippolyte Morestin (1869—1919)," 141-147。

25 Sir Harold Gillies and D. Ralph Millard Jr., *The Principles and Art of Plastic Surgery* (London: Butterworth, 1957), 7.

26 同上。

27 同上。

28 吉利斯在盟军基地医院一直工作到1915年12月。*The London Gazette,* Supplement 29415 (December 23, 1915), 12804.

29 Gillies and Millard, *Principles and Art of Plastic Surgery*, 22.

30 有关吉利斯和卡赞詹之间关系的更多信息，参见 Hagop Martin Deranian, *Miracle Man of the Western Front: Dr. Varaztad H. Kazanjian, Pioneer Plastic Surgeon* (Worcester, Massachusetts: Chandler House Press, 2007), 106-108。

31 Andrew Bamji, *Faces from the Front. Harold Gillies, The Queen's Hospital, Sidcup and the Origins of Modern Plastic Surgery* (Solihull: Helion & Company, 2017), 48.

第四章

1 Catherine Black, *King's Nurse—Beggar's Nurse* (London: Hurst & Blackett, 1939), 85.

2 同上，第85—86页。

3 同上，第84页。

4 Ellen N. La Motte, "The Backwash of War: The Human Wreckage of the Battlefield as Witnessed by an American Hospital Nurse," in

Nurses at the Front: Writing the Wounds of the War, ed. Margaret R. Higonnet (Boston: Northeastern University Press, 2001), 13-14.

5 Leo van Bergen, *Before My Helpless Sight: Suffering, Dying and Military Medicine on the Western Front, 1914—1918*, trans. Liz Waters (Farnham, Surrey: Ashgate, 2009), 286-287.

6 Stella Bingham, *Ministering Angels* (London, Osprey Publishing Limited, 1979), 139. Possibly apocryphal.

7 转引自 Marjorie Gehrhardt, *The Men with Broken Faces: Gueules Cassees of the First World War* (Oxford: Peter Lang, 2015), 55。

8 Mary Borden, *The Forbidden Zone* (London: William Heinemann Ltd, 1929), 142.

9 Black, *King's Nurse—Beggar's Nurse*, 84.

10 Sir Harold Gillies and D. Ralph Millard Jr., *The Principles and Art of Plastic Surgery* (London: Butterworth, 1957), 8.

11 Georges Duhamel, "A Muster of Ghosts," in *Light on my Days. An Autobiography of Georges Duhamel,* trans. Basil Collier (London: J. M. Dent & Sons, 1948), 278.

12 Gillies, letter to Millard, 12 September 1951. 转引自 Andrew Bamji, *Faces from the Front. Harold Gillies, The Queen's Hospital, Sidcup and the Origins of Modern Plastic Surgery* (Solihull: Helion & Company, 2017), 49。

13 Reginald Pound, *Gillies: Surgeon Extraordinary. A Biography* (London: Michael Joseph, 1964), 25.

14 H. D. Gillies and L. A. B. King, "Mechanical Supports in Plastic Surgery," *The Lancet* (March 17, 1917): 412.

15 H. D. Gillies, *Plastic Surgery of the Face Based on Selected Cases of War Injuries of the Face Including Burns* (London: Henry Frowde, 1920), 12.

16　Gillies and Millard, *Principles and Art of Plastic Surgery*, 11.
17　同上，第13页。
18　Pound, *Gillies*, 26–27.
19　同上，第40页。
20　Gillies and Millard, *Principles and Art of Plastic Surgery*, 12.
21　E. D. Toland, *The Aftermath of Battle* (London: Macmillan & Co 1916), 43–44. 最早见于 Kerry Neale, "Without the Faces of Men: Facially disfigured Great War soldiers of Britain and the Dominions" (unpublished PhD thesis, UNSW Australia, 2015), 139。
22　Lisa Haushoher, "Between Food and Medicine: Artificial Digestion, Sickness, and the Case of Benger's Food," *Journal of the History of Medicine and Allied Sciences* 73, no. 2 (2018): 169.
23　Mark Harrison, *The Medical War: British Military Medicine in the First World War* (Oxford: Oxford University Press, 2010), 10.
24　"Medical Work in the Field and at Home," Chapter LXVI of *The Times History of the War*, vol. 4, part 41 (London: The Times, 1915), 42.
25　转引自 Pound, *Gillies*, 26。
26　La Motte, "The Backwash of War," 9.
27　Harold Gillies, "The Problems of Facial Reconstruction," *Transactions of the Medical Society of London* 41 (1918): 165–170.
28　Denis Winter, *Death's Men: Soldiers of the Great War* (London: Allen Lane, 1978), 83.
29　Fred H. Albee, *A Surgeon's Fight to Rebuild Men: An Autobiography* (London: Robert Hale Limited, 1950), 128.
30　"Experiments in Armour," *The Times*, July 22, 1915, 7.
31　"Steel-Clad Soldiers," *The Times*, March 8, 1917, 3.
32　Neale, "Without the Faces of Men," 37.
33　Pound, *Gillies*, 38, 49.

34 同上，第 39 页。
35 同上。
36 Albee, *A Surgeon's Fight to Rebuild Men*, 110.
37 转引自 Pound, *Gillies*, 37。
38 Ward Muir, *The Happy Hospital* (London: Simpkin, Marshall & Co, 1918), 143. 最早见于 Suzannah Biernoff, "The Rhetoric of Disfigurement in First World War Britain," *Social History of Medicine* 24, no. 3 (2011): 668。
39 Muir, *The Happy Hospital*, 143–144.
40 Black, *King's Nurse—Beggar's Nurse*, 86.
41 同上，第 85 页。
42 Gillies and Millard, *Principles and Art of Plastic Surgery*, 10.
43 二等兵威廉·亨利·杨于 1916 年 8 月离世，但他的受伤时间是 1915 年 12 月——这就是我把他的故事放在这一章的原因。
44 杨的墓碑上记载他去世时终年 38 岁，但出生证和死亡记录显示他终年应为 40 岁。
45 Henry L. Kirby, *Private William Young V.C.: One of Preston's Heroes of the Great War* ([Blackburn]: T.H.C.L. Books, 1985), 6–7.
46 同上，第 9—10 页。
47 "Private William Young VC," Lancashire Infantry Museum, accessed June 23, 2021, https://www.lancashireinfantrymuseum.org.uk/private-william-young-vc/.
48 转引自 Kirby, *Private William Young V.C.*, 9。
49 同上，第 10 页。
50 同上，第 11—12 页。
51 Gillies and Millard, *Principles and Art of Plastic Surgery*, 25.
52 同上。
53 Kirby, *Private William Young V.C.*, 13.

54 Tom Scotland, *A Time to Die and a Time to Live. Disaster to Triumph: Groundbreaking Developments in Care of the Wounded on the Western Front 1914—18* (Warwick: Helion & Company, 2019), 86.

55 Kirby, *Private William Young V.C.*, 13.

56 同上，第6页。

57 "Death of the Preston V.C. after an Operation," *The Yorkshire Post*, August 29, 1916, 6.

58 同上。

第五章

1 Sir Harold Gillies and D. Ralph Millard Jr., *The Principles and Art of Plastic Surgery* (London: Butterworth, 1957), 30.

2 H. D. Gillies, *Plastic Surgery of the Face Based on Selected Cases of War Injuries of the Face Including Burns* (London: Henry Frowde, 1920), 23.

3 Gillies and Millard, *Principles and Art of Plastic Surgery*, 30.

4 "Moulding New Faces. From a Surgeon," *Daily Mail*, September 15, 1916, 3.

5 转引自 Reginald Pound, *Gillies: Surgeon Extraordinary. A Biography* (London: Michael Joseph, 1964), 39–40。

6 同上，第29页。

7 同上。

8 Anthony Bertram, *Paul Nash, The Portrait of an Artist* (London: Faber and Faber, 1955), 39.

9 L. Morris, ed., *Henry Tonks and the Art of Pure Drawing* (Norwich: School of Art Gallery, 1985), 8.

10 Gilbert Spencer, *Memoirs of a Painter* (London: Chatto & Windus, 1974), 31.

11 Joseph Hone, *The Life of Tonks* (London: William Heinemann Ltd., 1939), 11.

12 同上，第110页。

13 同上。

14 同上。

15 Jerry White, *London in the Twentieth Century: A City and Its People* (London: Viking, 2001), 103–104.

16 Stefan Goebel and Jerry White, "London and the First World War," *The London Journal* 41, no. 3 (2016):199 –218, accessed March 2, 2020, https://www.tandfonline.com/doi/full/10.1080/03058034.2016.1216758.

17 转引自 Richard Hough, *Louis and Victoria: The Family History of the Mountbattens*, 2nd edn. (London: Weidenfeld and Nicolson), 246。

18 *Hackney and Kingsland Gazette*, September 14, 1914. 最早见于 Jerry White, *Zeppelin Nights: London in The First World War* (London: The Bodley Head, 2014), 73。

19 *The Times*, September 26 and October 26, 1914.

20 White, *Zeppelin Nights*, 72.

21 Hone, *Life of Tonks*, 111.

22 Suzannah Biernoff, "Flesh Poems: Henry Tonks and the Art of Surgery," *Visual Culture in Britain* 11, no. 1 (2010): 25.

23 George Moore, *Conversations in Ebury Street* (London: William Heinemann, 1924), 117.

24 Henry Tonks, "Notes from 'Wander years,'" *Artwork* 5 (1929): 235.

25 转引自 Hone, *Life of Tonks*, 111。

26 同上，第112页。

27　同上，第 114—115 页。
28　同上，第 115 页。
29　同上，第 126 页。
30　同上。
31　庞德将这一评论归功于一位不愿透露姓名的"伦敦女主人"，《吉利斯》，30 页。
32　Ashley Ekins and Elizabeth Stewart, eds., *War Wounds: Medicine and the Trauma of Conflict* (Wollombi, N.S.W.: Exisle Publishing, 2011), 69.
33　转引自 Hone, *Life of Tonks*, 127。
34　D. S. MacColl, "Professor Henry Tonks," *The Burlington Magazine for Connoisseurs* 70 (Feb. 1937): 94.
35　转引自 Hone, *Life of Tonks*, 127。
36　"An Eyewitness. Remarkable Narrative," *Daily Mail*, Saturday, June 17, 1916, 4.
37　Imperial War Museum SR: AC 4096, Reel 1 C. Falmer. 最早见于 Nigel Steel and Peter Hart, *Jutland, 1916: Death in the Grey Wastes* (London: Cassell, 2003), 95。
38　Imperial War Museum Documents: E. C. Cordeaux: Manuscript letter, ca 6/1916. 最早见于 Steel and Hart, *Jutland, 1916*, 95。
39　Imperial War Museum Documents: Misc. 1010, R. Church Collection: S-King Hall, Typescript manuscript. 最早见于 Steel and Hart, *Jutland, 1916*, 108。
40　引自 Voices of the First World War: Jutland. Imperial War Museum podcast, accessed August 1, 2020, https://www.iwm.org.uk/history/voices-of-the-first-world-war-jutland。
41　A. E. M. Chatfield, *The Navy and Defence. The Autobiography of Admiral of the Fleet Lord Chatfield* (London: William Heinemann Ltd, 1942), vol 1, 143.

42 G. J. Meyer, *A World Undone: The Story of the Great War, 1914—1918* (New York: Bantam Books, 2015), 421.
43 引自 Voices of the First World War: Jutland. Imperial War Museum podcast, accessed August 1, 2020, https://www.iwm.org.uk/history/voices-of-the-first-world-war-jutland。
44 阿尔伯特亲王殿下（即后来的乔治六世国王）1916年6月11日写给尤金妮·戈弗雷·福赛特夫人并署名为"阿尔伯特"的亲笔信，Imperial War Museum Documents. 2884. "Letter Written by HM King George VI Describing the Battle of Jutland, June 1916," accessed August 4, 2020, https://www.iwm.org.uk/collections/item/object/1030002834。
45 Juliet Gardiner and Neil Wenborn, eds., *The History Today Companion to British History* (London: Collins & Brown, 1995), 443.
46 "An Eyewitness. Remarkable Narrative," 4.
47 Imperial War Museum Documents: C. Caslon Collection, "Recollections of the Battle of Jutland," 16. 转引自 Steel and Hart, *Jutland, 1916*, 402。
48 转引自 Steel and Hart, *Jutland, 1916*, 415—416。
49 Imperial War Museum Documents: D. Lorimer, Typescript, 122. 转引自 Steel and Hart, *Jutland, 1916*, 408。
50 Imperial War Museum Documents: Misc. 1010, R. Church Collection: J. Handley, Manuscript answer to questionnaire, ca 1970—74. 转引自 Steel and Hart, *Jutland, 1916*, 409。
51 Imperial War Museum Documents: C. Caslon Collection, "Recollections of the Battle of Jutland," 17. 转引自 Steel and Hart, *Jutland, 1916*, 405。
52 Imperial War Museum Documents: C. E. Leake, Typescript from the original 1917 manuscript, 1971. 转引自 Steel and Hart, *Jutland,*

1916, 381-382。

53 Imperial War Museum Documents: G. E. D. Ellis, Microfilm copy of manuscript diary, 31.5/1916. 转引自 Steel and Hart, *Jutland, 1916*, 210。

54 Imperial War Museum Documents: D. Lorimer: Typescript, 120-121. 转引自 Steel and Hart, *Jutland, 1916*, 160-161。参见 Andrew Bamji, *Faces from the Front. Harold Gillies, The Queen's Hospital, Sidcup and the Origins of Modern Plastic Surgery* (Solihull: Helion & Company, 2017), 23。

55 Imperial War Museum Documents: D. Lorimer: Typescript, 120-121. 转引自 Steel and Hart, *Jutland, 1916,* 160-161。Found in Bamji, F*aces from the Front*, 23.

56 Imperial War Museum Documents: D. Lorimer: Typescript, 120-121. 转引自 Steel and Hart, *Jutland, 1916,* 160-161。参见 Bamji, F*aces from the Front*, 24。

57 Imperial War Museum Documents: Misc. 1010, R. Church Collection: F. J. Arnold, Manuscript answer to questionnaire, ca 1970—74. 转引自 Steel and Hart, *Jutland, 1916*, 159。

58 A. Maclean and H. E. R. Stephens "Surgical experiences in the Battle of Jutland," *The Journal of the Royal Naval Medical Service* 2 (1916): 421-425.

59 2009年7月18日，最后一名幸存参战老兵亨利·阿林汉姆去世，享年113岁，是世界上有记载的最年长者，也是整场战争中最后幸存的退伍军人之一。"Britain's Oldest Veteran Recalls WWI," *BBC News*, June 26, 2006, accessed 28 July, 2021, http://news.bbc.co.uk/1/hi/uk/5098174.stm.

60 Gillies, *Plastic Surgery of the Face*, 356.

61 同上。

62 同上，第3—4页。

63 Thomas Dent Mutter, "Cases of Deformity from Burns, Relieved by Operations," *American Journal of the Medical Sciences* n.s. 4 (1842): 66-80.

64 Gillies, *Plastic Surgery of the Face*, 4.

65 Thomas Dent Mutter, *Cases of Deformity from Burns: Successfully Treated by Plastic Operations* (Philadelphia: Merrihew & Thompson, 1843), 17.

66 Gillies, *Plastic Surgery of the Face*, 123.

67 同上，第 8 页。

68 Gillies and Millard, *Principles and Art of Plastic Surgery*, 11.

69 同上，第 12 页。

70 转引自 Pound, *Gillies*, 36。

71 同上，第 33 页。

第六章

1 Private Papers of S. W. Appleyard, Imperial War Museum 7990, 82/1/1 52-60. 参见 Andrew Roberts, *Elegy. The First day on the Somme* (London: Head of Zeus, 2015), 86。

2 转引自 G. J. Meyer, *A World Undone: The Story of the Great War, 1914—1918* (New York: Bantam Books, 2015), 386。

3 Imperial War Museum Private Papers of Major A. E. Bundy, Documents. 10828. 转引自 Anthony Richards, *The Somme. A Visual History* (London: Imperial War Museum, 2016), 79。

4 Sir Harold Gillies and D. Ralph Millard Jr., *The Principles and Art of Plastic Surgery* (London: Butterworth, 1957), 17-18; H. D. Gillies, *Plastic Surgery of the Face Based on Selected Cases of War Injuries of the Face Including Burns* (London: Henry Frowde, 1920), 264-265.

其他关于西摩的讨论见 Andrew Bamji, *Faces from the Front. Harold Gillies, The Queen's Hospital, Sidcup and the Origins of Modern Plastic Surgery* (Solihull: Helion & Company, 2017), 19, 77, 172, and 192。

5 转引自 Leo van Bergen, *Before My Helpless Sight: Suffering, Dying and Military Medicine on the Western Front, 1914—1918*, trans. Liz Waters (Farnham, Surrey: Ashgate, 2009), 83。

6 Voices of the First World War: The First Day of the Somme. Imperial War Museum podcast, accessed August 6, 2019, https://www.iwm.org.uk/history/voices-of-the-first-world-war-the-first-day-of-the-somme.

7 Sean Coughlan, "Graphic Eyewitness Somme accounts revealed," *BBC News*, November 17, 2016, accessed August 3, 2020, https://www.bbc.co.uk/news/education-37975358.

8 van Bergen, *Before My Helpless Sight*, 77.

9 Martin Middlebrook, *The First day on the Somme* (Barnsley: Pen & Sword Military, 2003 reprint), 264. 米德布鲁克指出，德军在当天战斗中的确切损失无从知晓，因为他们的部队每十天才进行一次伤亡汇报。

10 van Bergen, *Before My Helpless Sight*, 77.

11 Penny Starns, *Sisters of the Somme: True Stories from A First World War Field Hospital* (Stroud, Gloucestershire: The History Press, 2016), 94.

12 转引自 Ena Elsey, "Disabled Ex-Servicemen's Experiences of Rehabilitation and Employment after the First World War," *Oral History* 25, no. 2 (Autumn 1997): 52。

13 转引自 Elsey, "Disabled Ex-Servicemen's Experiences of Rehabilitation and Employment," 52。

14　Philip Gibbs, *Realities of War* (London Heinemann, 1920), 287.
15　Gillies and Millard, *Principles and Art of Plastic Surgery*, 12.
16　转引自 Pound, *Gillies*, 33。
17　Catherine Black, *King's Nurse—Beggar's Nurse* (London: Hurst & Blackett, 1939), 87.
18　至于这种技术是古斯托独立发明的，还是从印度传到意大利的，还有待商榷。更多信息，参见 Isabella C. Mazzola and Riccardo F. Mazzola, "History of Reconstructive Rhinoplasty," *Journal of Facial Plastic Surgery* 30, no. 3 (2014): 227–236。
19　Ambrose Paré, *The Workes of that famous Chirurgion Ambrose Parey, Translated out of Latine and compared with the French by Th[omas] Johnson* (London: Printed by Th: Cotes and R. Young, 1634), sig. Ddd4(v). 最早见于 Emily Cock, "'Lead[ing] 'em by the Nose into Publick Shame and Derision': Gaspare Tagliacozzi, Alexander Read and the Lost History of Plastic Surgery, 1600—1800," *Social History of Medicine* 28, no. 1 (2015): 7。
20　Tagliacozzi, "Letter to Mercuriale," in Martha Teach Gnudi and Jerome Pierce Webster, *The Life and Times of Gaspare Tagliacozzi: Surgeon of Bologna, 1545—1599* (New York: Rechner, 1950), 137.
21　Edward Ward and Thomas Brown, *The Legacy for the Ladies: Or, Characters of the Women of the Age* (London: S. Briscoe, 1705), sig. M4(v). 最初见于 Cock, "'Lead[ing] 'em by the Nose'," 2。
22　Cock, "'Lead[ing] 'em by the Nose'," 2.
23　转引自 Sander L. Gilman, *Making the Body Beautiful* (Princeton: Princeton University Press, 1999), 68。
24　René-Jacques Croissant de Garengeot, *Traité des Opérations de Chirurgie* (Paris: Huart, 1731), 55. 转引自 Thomas Gibson, "Early free grafting: The restitution of parts completely separated from the

body," *British Journal of Plastic Surgery* 18 (1965): 3。

25 J. Thomson, *Lectures on Inflammation* (Edinburgh: William Blackwood, 1813), 230.

26 Gilman, *Making the Body Beautiful*, 71.

27 Bamji, *Faces from the Front*, 75.

28 庞德简短地提到了这个病例,不过声称病人是在德国囚禁期间接受的手术。巴姆吉对此进行了进一步说明,指出他就是伦纳德·特林厄姆——此人实际上是在伯明翰接受了这次失败的手术。Pound, *Gillies*, 55. Bamji, *Faces from the Front*, 78. Gillies, *Plastic Surgery of the Face*, 228.

29 Gillies and Millard, *Principles and Art of Plastic Surgery*, 17; Gillies, *Plastic Surgery of the Face*, 264–265.

30 Kelly Smale, "William Spreckley was treated at Queens Hospital in Sidcup in 1917," *News Shopper*, July 19, 2012, accessed January 8, 2020, https://www.newsshopper.co.uk/news/9826677.william-spreckley-was-treated-at-queens-hospital-in-sidcup-in-1917/.

31 Gillies, *Plastic Surgery of the Face*, 294–298.

32 Gillies and Millard, *Principles and Art of Plastic Surgery*, 40.

33 同上。

34 同上。

35 转引自 Pound, *Gillies*, 37。

36 同上,第39页。

37 Black, *King's Nurse—Beggar's Nurse*, 86–87.

38 *Gillies wondered if some of his patients*: 转引自 Pound, *Gillies*, 23。

39 Capt. Holtzapffel, "Amateur Soldier," (unpublished and undated) 86, Liddle Collection, Brotherton Library Special Collections, University of Leeds, G. A. Wounds 58. 最早见于 Fiona Reid, "Losing Face: Trauma and Maxillofacial Injury in the First World War," in Jason

Crouthamel and Peter Leese (eds), *Psychological Trauma and the Legacies of the First World War* (Basingstoke: Palgrave Macmillan, 2017), 32。

40　转引自 Pound, *Gillies*, 35。

41　Black, *King's Nurse—Beggar's Nurse*, 87–89.

42　W. Arbuthnot Lane, 'War'. Unpublished Autobiography. Wellcome Library, Archives and manuscripts GC/127/A/2.

43　Pound, *Gillies*, 35. 布莱克护士在她的叙述中没有提到这一细节。这是来自吉利斯对庞德说过的关于这位特殊病人命运的直接引述。

44　更多关于二等兵沃尔特·阿什沃斯的讨论，见 Simon Schama, *The Face of Britain: The Stories Behind the Nation's Portraits* (London: Viking, 2015), 532–534。

45　Gillies and Millard, *Principles and Art of Plastic Surgery*, 13.

46　Bamji, *Faces from the Front*, 72–73.

47　Walter Ashworth case notes. From the Archives of the Royal College of Surgeons, British Patient Files MS0513/1/1/01 (54).

48　Gillies, *Plastic Surgery of the Face*, 62.

49　Bamji, Faces from the Front, 185. 巴姆吉就此事与阿什沃斯的孙女黛安·史密斯进行了通信。

50　Gillies, *Plastic Surgery of the Face*, 62.

51　Emma Clayton, "Pioneering plastic surgery for soldier shot in the face and left for dead in a trench," *Telegraph & Argus*, November 7, 2018, accessed July 15, 2019, https://www.thetelegraphandargus.co.uk/news/17206411.pioneering-plastic-surgery-for-soldier-shot-in-the-face-and-left-for-dead-in-a-trench/.

52　同上。关于阿什沃斯是否接受了进一步手术，人们说法不一。我选择根据他的孙女黛安·史密斯的回忆进行描述。

第七章

1 Sarah Crellin, "Wood, Francis Derwent (1871—1926), sculptor," *Oxford Dictionary of National Biography* (23 Sep. 2004), accessed May 18, 2020, https://www.oxforddnb.com/view/10.1093/ref:odnb/9780198614128.001.0001/odnb-9780198614128-e-36999/version/1.
2 Francis Derwent Wood, "Masks for Facial Wounds," *The Lancet* (June 23, 1917): 949.
3 Brian F. Conroy, "A Brief Sortie into the History of Cranio-oculofacial Prosthetics," *Facial Plastic Surgery* 9, no. 2 (1993): 100.
4 Murray C. Meikle, *Reconstructing Faces: The Art and Wartime Surgery of Gillies, Pickerill, McIndoe and Mowlem* ([Dunedin]: Otago University Press, 2013), 64.
5 G. Whymper, "The Gunner with the Silver Mask," *London Medical Gazette* 12 (1832—33): 705–709. 亦可参见 Conroy, "A Brief Sortie into the History of Cranio-oculofacial Prosthetics," 89–115。面具和石膏模型现存于爱丁堡外科医生大厅博物馆。
6 Wood, "Masks for Facial Wounds," 949.
7 Letter from Horace Sewell to Reginald Pound, March 17, 1963, 4. Letters to Reginald Pound, 1955—1972. From the Archives of the Royal College of Surgeons, MS0336.
8 Katherine Feo, "Invisibility: Memory, Masks and Masculinities in the Great War," *Journal of Design History* 20 (2007): 22.
9 Sharon Romm and Judith Zacher, "Anna Coleman Ladd: Maker of Masks for the Facially Mutilated," *Plastic and Reconstructive Surgery* 70, no. 1 (1982): 108.

10　Wood, "Masks for Facial Wounds," 949-951.
11　"Mending The Broken Soldier," *The Times*, August 12, 1916, 9.
12　Wood, "Masks for Facial Wounds," 949.
13　Conroy, "A Brief Sortie into the History of Cranio-oculofacial Prosthetics," 105.
14　Muriel Caswall, "Woman Who Remade Soldiers' Injured Faces," *Boston Sunday Post*, February 16, 1919. 见 David M. Lubin, "Masks, Mutiltion, and Modernity: Anna Coleman Ladd and the Firsts World War," *Archives of American Art Journal* 47, no. 3/4 (2008): 10。
15　转引自 Margaret R. Higonnet, ed., *Nurses at the Front: Writing the Wounds of the Great War* (Boston: Northeastern University Press, 2001), 63。
16　"Finds Soldiers Brave Under Disfigurement," *Evening Public Ledger*, March 7, 1919, 11. 亦可参见 Julie M. Powell, "About-Face: Gender, Disfigurement and the Politics of French Reconstruction, 1918—24," *Gender & History* 28, no. 3 (November 2016): 604-622。
17　Romm and Zacher, "Anna Coleman Ladd," 108. 莱德离开法国后，另一个人接任工作室负责人一职。工作室继续为毁容者制作面具，一年之后才关门结业。
18　G. S. Harper. "New Faces for Mutilated Soldiers," *The Red Cross Magazine* 13, no. 44 (November, 1918).
19　Muriel Caswall, "Woman Who Remade Soldiers' Injured Faces Reaches Boston Home," *Sunday Post*, February 16, 1919. Clipping in the Anna Coleman Ladd Papers, AAA, box 2, Scrapbook, 1914—1923 (folder 4 of 7). 见 Suzannah Biernoff, *Portraits of Violence: War and the Aesthetics of Disfigurement* (Ann Arbor, University of Michigan, 2017), 105。
20　Romm and Zacher, "Anna Coleman Ladd," 109.

21 "Her War Work Brings Honors," interview by Elizabeth Borton of *The Boston Herald*, November 29, 1932, Box 3, Folder 32, Anna Coleman Ladd papers, 1881–1950, Archives of American Art, Smithsonian Institution.
22 Conroy, "A Brief Sortie into the History of Cranio-oculofacial Prosthetics," 106.
23 Suzannah Biernoff, "The Rhetoric of Disfigurement in First World War Britain," *Social History of Medicine* 24, no. 3 (December 2011): 666–685.
24 Wood, "Masks for Facial Wounds," 949.
25 Letter from Frances Steggall to Reginald Pound. Letters to Reginald Pound, 1955—1972. From the Archives of the Royal College of Surgeons, MS0336.
26 Reginald Pound, *Gillies: Surgeon Extraordinary. A Biography* (London: Michael Joseph, 1964), 35.
27 同上, 第 50 页。
28 H. P. Pickerill, "The Queen's Hospital, Sidcup," *British Journal of Plastic Surgery* 6 (1953): 249.
29 Gillies and Millard, *Principles and Art of Plastic Surgery*, 10.
30 转引自 Pound, *Gillies*, 38。
31 Gillies and Millard, *Principles and Art of Plastic Surgery*, 30.
32 Bamji, *Faces from the Front*, 52.
33 Gillies and Millard, *Principles and Art of Plastic Surgery*, 30.
34 Bamji, *Faces from the Front*, 53–54.
35 转引自 Pound, *Gillies*, 42。
36 Black, *King's Nurse—Beggar's Nurse*, 92.
37 Ben Shephard, *A War of Nerves: Soldiers and Psychiatrists in the Twentieth Century* (Cambridge, MA: Harvard University Press, 2001),

21. 亦可参见 Adam Montgomery, *The Invisible Injured: Psychological Trauma in the Canadian Military from the First World War to Afghanistan* (Montreal: McGill-Queen's University Press, 2017), 31-32。

38　Pound, *Gillies*, 41.
39　Meikle, *Reconstructing Faces,* 81.
40　Gillies and Millard, *Principles and Art of Plastic Surgery*, 31.

第八章

1　Harold Begbie, "Patient's New Face Taken from his Chest," *Yorkshire Evening Post*, December 6, 1917, 1. 1917年12月,贝格比访问了王后医院。因此,这一事件与尚未讨论的病人出场顺序不符。由于不影响故事的历史完整性,我采取了艺术许可的方式,将关于他的到访的话题移到了此处。

2　Harold Begbie, "The Workshops of Destruction: Things Seen Behind the Firing Line," *Liverpool Daily Post*, March 27, 1915, 4.

3　Begbie, "Patient's New Face Taken from his Chest," 1.

4　同上。
5　同上。
6　同上。
7　同上。
8　同上。
9　同上。

10　*Looking at the photos*: 同上。

11　转引自 Richard Hopton, *Pistols at Dawn: A History of Duelling* (London: Portrait, 2007), 357。

12　Sander L. Gilman, *Making the Body Beautiful* (Princeton: Princeton

University Press, 1999), 123.
13 Kun Hwang, "An Honorable Scar on the Face: A Scar Worthy of Satisfaction," *The Journal of Craniofacial Surgery* 29, no. 8 (November 2018): 2009.
14 Surajit Bhattacharya, "Jacques Joseph: Father of Modern Aesthetic Surgery," *Indian Journal of Plastic Surgery* 41 (October 2008): S3–S8.
15 Kerry Neale, "Without the Faces of Men: Facially Disfigured Great War Soldiers of Britain and the Dominions" (UNSW Australia, unpublished PhD thesis), 88.
16 Paolo Santoni-Rugiu and Philip J. Sykes, *A History of Plastic Surgery* (Berlin, London: Springer, 2007), 313.
17 Santoni-Rugiu and Sykes, *A History of Plastic Surgery*, 313.
18 H. P. Pickerill, "The Queen's Hospital, Sidcup," *British Journal of Plastic Surgery* 6 (1953): 247–249.
19 Sir Harold Gillies and D. Ralph Millard Jr., *The Principles and Art of Plastic Surgery* (London: Butterworth, 1957), 30–31.
20 同上，第 30 页。安德鲁·巴姆吉认为这一数字接近 700。Andrew Bamji, *Faces from the Front. Harold Gillies, The Queen's Hospital, Sidcup and the Origins of Modern Plastic Surgery* (Solihull: Helion & Company, 2017), 64.
21 H. D. Gillies, *Plastic Surgery of the Face Based on Selected Cases of War Injuries of the Face Including Burns* (London: Henry Frowde, 1920), ix.
22 Gillies and Millard, *Principles and Art of Plastic Surgery*, 23–24.
23 Pickerill, "The Queen's Hospital, Sidcup," 247.
24 Daryl Lindsay, "Five Men," *Medical Journal of Australia* (18 January 1958): 62. 最早见于 Bamji, *Faces from the Front,* 62。林赛

第一次见到纽兰是在1916年的法国。当时他并不知道，等到了锡德卡普，他将会为这位外科医生工作两年。

25 Murray C. Meikle, *Reconstructing Faces: The Art and Wartime Surgery of Gillies, Pickerill, McIndoe and Mowlem* ([Dunedin]: Otago University Press, 2013), 79. 亦可参考 Bamji, *Faces from the Front*, 61-62。

26 H. P. Pickerill, "New Zealand Expeditionary Force, Jaw Department." *NZDJ* 13 (September 1917): 35-38. 最早见于 Harvey Brown, *Pickerill: Pioneer in Plastic Surgery, Dental Education and Dental Research* (Dunedin, N.Z: Otago University Press, 2007), 120。

27 Meikle, *Reconstructing Faces*, 92.

28 HM Queen Mary. *Requiescat in Pace et Honore*. Unpublished and undated manuscript. Pickerill Papers, Hocken Collections. 最早见于 Brown, *Pickerill*, 123。

29 转引自 Hagop Martin Deranian, *Miracle Man of the Western Front: Dr. Varaztad H. Kazanjian, Pioneer Plastic Surgeon* (Worcester, Massachusetts: Chandler House Press, 2007), 106-107。

30 同上。

31 Gillies and Millard, *Principles and Art of Plastic Surgery*, 31.

32 Pickerill, "The Queen's Hospital," 249.

33 "Intensive Medical Treatment," *The Lancet* (December 8, 1917): 863.

34 Gillies and Millard, *Principles and Art of Plastic Surgery*, 38.

35 T. B. Layton, *Sir William Arbuthnot Lane, Bt. C.B., M.S.: An Enquiry into the Mind and Influence of a Surgeon* (Edinburgh; London: E. & S. Livingstone Ltd., 1956), 111.

36 Sally Frampton, "Honour and Subsistence: Invention, Credit and Surgery in the Nineteenth Century," *British Journal for the History of Science* 49 (December 2016): 566.

37 Gillies, *Plastic Surgery of the Face*, x.

38 转引自 Brown, *Pickerill*, 129。
39 Gillies, *Plastic Surgery of the Face*, 356.
40 同上。
41 同上。
42 转引自 Pound, *Gillies*, 44。
43 同上，第 44 页。
44 同上。
45 同上。
46 同上。
47 Gillies and Millard, *Principles and Art of Plastic Surgery*, 37.
48 Pound, *Gillies*, 78.
49 Gillies and Millard, *Principles and Art of Plastic Surgery*, 153.
50 同上，第 37 页。
51 同上。
52 Pound, *Gillies*, 46.
53 "World War One: How the German Zeppelin wrought terror," *BBC News*, August 4, 2014, accessed February 24, 2020, https://www.bbc.co.uk/news/uk-england-27517166.
54 同上。
55 转引自 Patrick Bishop, *Wings: One Hundred Years of British Aerial Warfare* (London: Atlantic Books, 2012), 82。
56 Thomas Fegan, *The 'Baby Killers': German Air Raids on Britain in the First World War* (Barnsley: Pen & Sword Military, 2013), 21-22
57 Fred H. Albee, *A Surgeon's Fight to Rebuild Men: An Autobiography* (New York: Dutton, 1945), 85.
58 Christopher Klein, "London's World War I Zeppelin Terror," *History* (31 August 2018), accessed February 25, 2020, https://www.history.com/news/londons-world-war-i-zeppelin-terror.

59 同上。

60 Ms letter from Patrick Blundstone to his Father, September 1916, Imperial War Museum Documents 5508. "Letter Concerning the Burning of a Zeppelin," accessed August 4, 2020, https://www.iwm.org.uk/collections/item/object/1030005513.

61 Christopher Cole and E. F. Cheesman, *The Air Defence of Great Britain 1914–1918* (London: Putnam, 1984), 448–449. Micheal Clodfelter, *Warfare and Armed Conflicts: A Statistical Encyclopedia of Casualty and Other Figures, 1492–2015* (Jefferson, North Carolina: McFarland & Company, Inc, 2017), 430. 根据科尔和切斯曼的统计，齐柏林飞艇造成了557人死亡，1 358人受伤。根据克劳菲特的统计，重型双翼轰炸机造成了857人死亡，2 058人受伤。我将这些数字相加，得出了伤亡总人数。

62 Jay Winter and Jean-Louis Robert, *Capital Cities at War. Paris, London, Berlin 1914—1919*, vol 1 (Cambridge: Cambridge University Press, 1997), 517.

63 转引自 Pound, *Gillies*, 46。

64 B. Haeseker, "The First Anglo-Dutch Contacts in Plastic Surgery: A Brief Historical Note," *The British Journal of Plastic Surgery* 38 (1985): 15–23.

65 J. F. S. Esser, "Epithelial Inlay in Cases of Refratory Ectropion," *Archives of Ophthalmology* 16, no. 1 (1936): 55–57.

66 J. F. Esser, "Studies in Plastic Surgery of the Face," *Annals of Surgery* 65, no. 3 (March 1917): 297–315.

67 有关上皮外置的更多详细描述，参见 Meikle, *Reconstructing Faces*, 83–84。

68 Pound, *Gillies*, 46.

69 Bamji, *Faces from the Front*, 95.

第九章

1 John Mercer, *Sidcup & Foots Cray. A History* (Stroud: Amberley Publishing, 2013), 52.
2 "Miracles They Work at Frognal," *Daily Sketch*, April, 1918. Found in Suzannah Biernoff, *Portraits of Violence: War and the Aesthetics of Disfigurement* (Ann Arbor: The University of Michigan Press, 2017), 18–19.
3 "Worst Loss of All. Public Deeply Moved by War-Time Revelation," *Manchester Evening Chronicle*, May–June, 1918. 见 The Queen's Hospital, Sidcup, Kent: Newspaper Cuttings, London Metropolitan Archive, H02/QM/Y/01/005, page 37。
4 同上。
5 Letter dated March 10, 1916. Liddle Collection, Brotherton Library Special Collections, University of Leeds, GS 1816, Evans, Reginald, J. T., box 1. 见 Biernoff, *Portraits of Violence*, 68。
6 转引自 Biernoff, *Portraits of Violence*, 68–69。
7 Letter dated March 10, 1916. Liddle Collection, Brotherton Library Special Collections, University of Leeds, GS 1816, Evans, Reginald, J. T., box 1. Found in Biernoff, *Portraits of Violence*, 68–69.
8 同上。
9 Andrew Bamji, *Faces from the Front. Harold Gillies, The Queen's Hospital, Sidcup and the Origins of Modern Plastic Surgery* (Solihull: Helion & Company, 2017), 143.
10 Ward Muir, *The Happy Hospital* (London: Simpkin, Marshall & Co, 1918), 144.
11 同上。

12 Letter from Horace Sewell to Reginald Pound, March 17, 1963, 2. Letters to Reginald Pound, 1955—1972. From the Archives of the Royal College of Surgeons, MS0336.

13 同上，第3页。

14 Reginald Pound, *Gillies: Surgeon Extraordinary. A Biography* (London: Michael Joseph, 1964), 47.

15 G. M. FitzGibbon, "The Commandments of Gillies," The Gillies Lecture 1967, *British Journal of Plastic Surgery* 21 (1968): 227.

16 转引自 Pound, *Gillies*, 47。

17 Letter from Philip Thorpe to Reginald Pound, March 11, 1963, 6. Letters to Reginald Pound, 1955—1972. From the Archives of the Royal College of Surgeons, MS0336.

18 转引自 Pound, *Gillies*, 50。

19 Sir Harold Gillies and D. Ralph Millard Jr., *The Principles and Art of Plastic Surgery* (London: Butterworth, 1957), 45.

20 Letter from Philip Thorpe to Reginald Pound, March 11, 1963, 7.

21 Budd Papers, Liddle Collection, Brotherton Library Special Collections, University of Leeds, LIDDLE/WWI/WF/REC/01/B43. 转引自 Bamji, *Faces from the Front*, 148。

22 Letter from Philip Thorpe to Reginald Pound, March 11, 1963, 8.

23 "Faces Rebuilt. New Hospital To Transform Ugliness into Good Looks. Shattered Men Remade," *Daily Sketch*, July, 1917. 见 The Queen's Hospital, Sidcup, Kent: Newspaper Cuttings, London Metropolitan Archive, H02/QM/Y/01/005, page 14。

24 "Worst Loss of All. Public Deeply Moved by War-Time Revelation," *Manchester Evening Chronicle*, May-June, 1918. 见 The Queen's Hospital, Sidcup, Kent: Newspaper Cuttings, London Metropolitan Archive, H02/QM/Y/01/005, page 37。

25 The Editor, "The Queen's Hospital, Frognal, Sidcup. New Jaws and Noses for Wounded Men," *Kent Messenger*, August, 1917. 见 The Queen's Hospital, Sidcup, Kent: Newspaper Cuttings, London Metropolitan Archive, H02/QM/Y/01/005, page 16。

26 Gillies and Millard, *Principles and Art of Plastic Surgery*, 31.

27 同上。

28 Frederick W. Noyes, *Stretcher-Bearers . . . at the Double* (Toronto: The Hunter-Rose Company Ltd., 1937), 177.

29 转引自 Leo van Bergen, *Before My Helpless Sight: Suffering, Dying and Military Medicine on the Western Front, 1914—1918*, trans. Liz Waters (Farnham, Surrey: Ashgate, 2009), 90。

30 Edwin Campion Vaughan, *Some Desperate Glory: The World War I Diary of a British Officer, 1917* (Barnsley: Pen and Sword Military, 2010), 228.

31 转引自 Tim Lynch, T*hey Did Not Grow Old: Teenage Conscripts on the Western Front, 1912* (Stroud: Spellmount, 2013), 212。

32 Claire Chatterton and Marilyn McInnes, "'Rekindling the Desire to Live.' Nursing Men Following Facial Injury and Surgery during the First World War," *Bulletin of the UK Association for the History of Nursing* (2016): 57.

33 Pte J. McCauley, Imperial War Museum Documents 97/10/1. 最早见于 Tim Lynch, *They Did Not Grow Old: Teenage Conscripts on the Western Front, 1912* (Spellmount, 2013), 212。

34 同上。

35 Chatterton and McInnes, "'Rekindling the Desire to Live'," 58.

36 Bamji, *Faces from the Front*, 192.

37 Letter from Allen Daley to Reginald Pound, February 3, 1963, 2. Letters to Reginald Pound, 1955—1972. From the Archives of the

Royal College of Surgeons, MS0336.

38 贝尔丹的妻子一直伴其身侧，直到 1978 年他患癌去世——这是在他被确诊只剩 6 个月生命的 60 多年后。 Chatterton and McInnes, "'Rekindling the Desire to Live'," 58.

39 J. L. Aymard, "The Tubed Pedicle in Plastic Surgery," *The Lancet* (July 31, 1920): 270.

40 J. L. Aymard, "Nasal Reconstruction. With a Note on Nature's Plastic Surgery," *The Lancet* (December 15, 1917): 888–892.

41 Aymard, "The Tubed Pedicle in Plastic Surgery," 270.

42 H. D. Gillies, "The Tubed Pedicle in Plastic Surgery," *The Lancet* (August 7, 1920): 320.

43 Gillies and Millard, *Principles and Art of Plastic Surgery*, 44.

44 Klaas W. Marck, Roman Palyvoda, Andrew Bamji, and Jan J. van Wingerden, "The Tubed Pedicle Flap Centennial: its Concept, Origin, Rise and Fall," *European Journal of Plastic Surgery* (February 2017): 473–478.

45 Letter from Harold Gilles to Sir Squire Sprigge (May 3, 1935). 转引自 Pound, *Gillies*, 109。

46 Pound, *Gillies*, 109. 亦可参考 Murray C. Meikle, *Reconstructing Faces: The Art and Wartime Surgery of Gillies, Pickerill, McIndoe and Mowlem* ([Dunedin]: Otago University Press, 2013), 83。

47 Letter from Harold Gillies to J. L. Aymard (January 21, 1939). 转引自 Pound, *Gillies*, 127。

48 同上。

第十章

1 Private Papers of P. Clare, vol. 3. Private Papers of P. Clare.

Documents. 15030. 帝国战争博物馆文献与声音档案部。
2. Letter from Percy Clare to his mother (n.d.). Private Papers of P. Clare. Letters to his Mother.
3. Private Papers of P. Clare, vol. 3.
4. 同上。
5. 同上。
6. 同上。
7. 同上。
8. Ellen N. La Motte, "The Backwash of War: The Human Wreckage of the Battlefield as Witnessed by an American Hospital Nurse," in *Nurses at the Front: Writing the Wounds of the War*, ed. Margaret R. Higonnet (Boston: Northeastern University Press, 2001), 32.
9. Private Papers of P. Clare, vol. 3.
10. 同上。
11. 同上。
12. 同上。
13. Malcolm Vivian Hay, *Wounded and a Prisoner of War by an Exchanged Officer* (New York: New York, George H. Doran Company, 1917), 229–230. 最早见于 Andrew Bamji, *Faces from the Front. Harold Gillies, The Queen's Hospital, Sidcup and the Origins of Modern Plastic Surgery* (Solihull: Helion & Company, 2017), 38–39。
14. Private Papers of P. Clare, vol. 3.
15. 同上。
16. John H. Plumridge, *Hospital Ships and Ambulance Trains* (London: Seeley, Service & Co., 1975), 37–39.
17. 同上，第42—43页。
18. 转引自 Elizabeth Gleick and Anthee Carassava, "Deep Secrets," *Time International* (South Pacific Edition) 43 (October 26, 1998): 72。

19 Private Papers of P. Clare, vol. 3.
20 同上。
21 P. Gibbs, *Now It Can Be Told* (New York: Garden City, 1920), 179–180.
22 Private Papers of P. Clare, vol. 3.
23 同上。
24 同上。
25 同上。
26 同上。
27 同上。
28 同上。
29 同上。
30 同上。
31 同上。
32 "'Soldiers' and Sailors' Free Buffet' at Victoria Station," Imperial War Museum, accessed November 16, 2020, https://www.iwm.org.uk/collections/item/object/30019570.
33 Private Papers of P. Clare, vol. 3.
34 "A Christmas Wonder Tale. How they Spend Yule in the Military Hospitals," *Pall Mall Gazette*, December 24, 1917. 见 The Queen's Hospital, Sidcup, Kent: Newspaper Cuttings, London Metropolitan Archive, H02/QM/Y/01/005, page 26。
35 Private Papers of P. Clare, vol. 3.
36 "The Queen's Hospital, Sidcup, The Treatment of Facial and Jaw Injuries," *The Nursing Mirror and Midvives' Journal* (August 4, 1917): 309. 见 The Queen's Hospital, Sidcup, Kent: Newspaper Cuttings, London Metropolitan Archive, H02/QM/Y/01/005, page 20. See also Private Papers of P. Clare, vol. 3。

37　Private Papers of P. Clare, vol. 3.
38　同上。
39　"My Personal Experiences of the Great War". 6 Mss Essays by Patients with Facial Injuries in Sidcup Hospital, 1922. LIDDLE/WW1/GA/WOU/34, Essay 4. Liddle Collection, Brotherton Library Special Collections, University of Leeds.
40　转引自 Bamji, *Faces from the Front*, 149。
41　Private Papers of P. Clare, vol. 3.
42　Letter from Percy Clare to his mother (8 January 1918). Private Papers of P. Clare, Letters to his Mother.
43　同上。
44　"The Queen's Hospital, Sidcup. The Treatment of Facial and Jaw Injuries," *The Nursing Mirror and Midwives' Journal* (August 4, 1917): 309. 见 The Queen's Hospital, Sidcup, Kent: Newspaper Cuttings, London Metropolitan Archive, H02/QM/Y/01/005, page 20。
45　Bamji, *Faces from the Front*, 154.
46　"New Military Queen's Hospital at Frognal, Sidcup, Kent," *The Citizen*, August 4, 1917, 4.
47　"The Queen's Hospital, Sidcup. The Treatment of Facial and Jaw Injuries."
48　"Soldier Craftsmen. Display of Work by Hospital Patients," *The Times*, December 9, 1919; "Queen Mary and the Elephant," *Pall Mall Gazette,* December 9, 1919. 见 The Queen's Hospital, Sidcup, Kent: Newspaper Cuttings, London Metropolitan Archive, H02/QM/Y/01/005, page 59。
49　Bamji, *Faces from the Front*, 156.
50　Letter from Percy Clare to his mother (n.d.). Private Papers of P. Clare, Letters to his Mother.

51 Letter from Percy Clare to his mother (n.d.). 同上。
52 Letter from Percy Clare to his mother (December 13, 1917). 同上。
53 Letter from Percy Clare to his mother (n.d.). 同上。
54 Letter from Percy Clare to his mother (January 8, 1918). 同上。
55 同上。
56 Private Papers of P. Clare, vol. 3.
57 同上。
58 H. D. Gillies, *Plastic Surgery of the Face Based on Selected Cases of War Injuries of the Face Including Burns* (London: Henry Frowde, 1920), 40–41. 亦可参见 Reginald Pound, *Gillies: Surgeon Extraordinary. A Biography* (London: Michael Joseph, 1964), 53。
59 Private Papers of P. Clare, vol. 3.

第十一章

1 如 J. K. 威尔逊（J. K. Wilson）上尉在描述西线服役经历时所叙。这段追述包括了 1917 年的康布雷战役和他在锡德卡普的生活（约于 1970 年撰写）。Private Papers of Captain J. K. Wilson. Documents. 12007, page 81. Documents and Sound Section of the Imperial War Museums. 威尔逊称其为"休息室"，但我认为他指的是位于宅邸内的"疗养军官起居室"。
2 "RAF honours first WW1 pilot to win the Victoria Cross," accessed Sept 29, 2020, https://www.raf.mod.uk/news/articles/raf-honours-first-ww1-pilot-to-win-the-victoria-cross/.
3 According to case 388 of Gillies "In addition to the left eye being burned and to all the other destruction in evidence, the right eye was practically blind, as a result of staphyloma of the cornea." H. D. Gillies, *Plastic Surgery of the Face Based on Selected Cases of War*

Injuries of the Face Including Burns (London: Henry Frowde, 1920), 364.
4 Letter from Agnes Keyser to Sir Reginald Wilson, February 1917. 转引自 Andrew Bamji, *Faces from the Front. Harold Gillies, The Queen's Hospital, Sidcup and the Origins of Modern Plastic Surgery* (Solihull: Helion & Company, 2017), 24。
5 Gillies, *Plastic Surgery of the Face*, 364.
6 D. Ralph Millard, "Gillies Memorial Lecture: Jousting with the First Knight of Plastic Surgery," *British Journal of Plastic Surgery* 25 (1972): 76.
7 庞德说，吉利斯在每次大手术前都会如此。Reginald Pound, *Gillies: Surgeon Extraordinary. A Biography* (London: Michael Joseph, 1964), 51. 有关医院组织的更多信息，参见"The Queen's Hospital, Frognal, Sidcup," *The Lancet* (Nov 3, 1917): 687–689。
8 Sir Harold Gillies and D. Ralph Millard Jr., *The Principles and Art of Plastic Surgery* (London: Butterworth, 1957), 46.
9 同上，第50页。
10 Gillies, *Plastic Surgery of the Face*, 364.
11 同上。
12 同上。
13 同上。
14 同上。
15 Voices of the First World War: The German Spring Offensive. Imperial War Museum podcast, accessed July 5, 2021, https://www.iwm.org.uk/history/voices-of-the-first-world-war-the-german-spring-offensive.
16 Gillies and Millard, *Principles and Art of Plastic Surgery*, 53.
17 Daryl Lindsay, "Five Men," *Medical Journal of Australia* (January

18, 1958): 63.
18 "Daryl Lindsay: Late in Life an Old Dream is Coming True," *The Age*, August 4, 1962, 18.
19 Lindsay, "Five Men," 62.
20 同上。
21 同上。
22 同上。
23 同上，第63页。
24 同上。
25 同上。
26 Gillies, *Plastic Surgery of the Face*, x–xi.
27 Bamji, *Faces from the Front*, 123.
28 Emily Milam, "A Brief History of Early Medical Photography," *Clinical Correlations*, September 30, 2016, accessed December 22, 2020, https://www.clinicalcorrelations.org/2016/09/30/a-brief-history-of-early-medical-photography/
29 Pound, *Gillies*, 159.
30 同上。
31 Voices of the First World War: The German Spring Offensive. Imperial War Museum podcast, accessed July 5, 2021, https://www.iwm.org.uk/history/voices-of-the-first-world-war-the-german-spring-offensive.
32 转引自 Gillies and Millard, *Principles and Art of Plastic Surgery*, 15。
33 Pound, *Gillies*, 50. 庞德说，吉利斯为如何处理贝尔的病例"捏了把汗"。亦可参见 Gilles and Millard, *Principles and Art of Plastic Surgery*, 15。
34 Joseph Harbison, "The 13th Stationary/83rd (Dublin) General Hospital, Boulogne, 1914-1919," *The Journal of the Royal College of*

Physicians of Edinburgh 45 (2015): 229-235.

35 J. E. McAuley, "Charles Valadier: A Forgotten Pioneer in the Treatment of Jaw Injuries," *Proceedings of the Royal Society of Medicine* 67, no 8 (1974): 785.

36 Murray C. Meikle, *Reconstructing Faces: The Art and Wartime Surgery of Gillies, Pickerill, McIndoe and Mowlem* ([Dunedin]: Otago University Press, 2013), 49.

37 Letter from Philip Thorpe to Reginald Pound, March 11, 1963, 5-6. Letters to Reginald Pound, 1955—1972. From the Archives of the Royal College of Surgeons, MS0336.

38 Gillies and Millard, *Principles and Art of Plastic Surgery*, 15.

39 同上。

40 Pound, *Gillies*, 54.

41 Gillies, *Plastic Surgery of the Face*, 87.

42 Gillies and Millard, *Principles and Art of Plastic Surgery*, 16.

43 Gillies, *Plastic Surgery of the Face*, 87.

44 转引自 Bamji, *Faces from the Front*, 134。

第十二章

1 Reginald Pound, *Gillies: Surgeon Extraordinary. A Biography* (London: Michael Joseph, 1964), 56.

2 J. M. McDonald, "Anaesthesia on the Western Front—perspectives a Century Later," *Anaesthesia and Intensive Care* 44 Suppl (2016): 16.

3 W. G. MacPherson, M*edical Services General History*, vol. 1 (London: HMSO, 1921), 180. 亦可参见 N. H. Metcalfe, "The Effect of the First World War (1914—1918) on the Development of British Anaesthesia," *European Journal of Anaesthesiology* 24, no. 8 (2007):

649-657。

4　转引自 McDonald, "Anaesthesia on the Western Front," 18。

5　H. D. Gillies, *Plastic Surgery of the Face Based on Selected Cases of War Injuries of the Face Including Burns* (London: Henry Frowde, 1920), 23.

6　Sir Harold Gillies and D. Ralph Millard Jr., *The Principles and Art of Plastic Surgery* (London: Butterworth, 1957) 57.

7　Pound, *Gillies*, 32.

8　Gillies and Millard, *Principles and Art of Plastic Surgery*, 60.

9　Peter Bodley, "Development of Anaesthesia for Plastic Surgery," *Journal of the Royal Society of Medicine*, 71 (November 1978): 842.

10　有关马吉尔及其对麻醉学贡献的更多信息，参见 Bamji, *Faces from the Front*, 109-110。

11　"Residents who Served, Girling, Stanley (Gunner)," accessed February 11, 2021, https://www.saanich.ca/EN/main/parks-recreation-culture/archives/saanich-remembers-wwi/residents-who-served-a-l.html?fbclid=IwAR34YU2pSCleaZjlvd3Xls5T8X0vSBnR6y67jaW_DGxRDCY-3jvnjaqM4qU&fbclid=IwAR34YU2pSCleaZjlvd3Xls5T8X0vSBnR6y67jaW_DGxRDCY-3jvnjaqM4qU.

12　Carl Zimmer, "Why Do We Have Blood Types?," *BBC Future*, July 15, 2014, accessed February 17, 2020, https://www.bbc.com/future/article/20140715-why-do-we-have-blood-types.

13　同上。

14　路易斯·阿戈特有时会被认为是首次进行柠檬酸化输血之人。然而，阿戈特的首次操作是在1914年11月9日，比胡斯廷进行柠檬酸化输血晚了近8个月。

15　Geoffrey Keynes, *Blood Transfusions* (Oxford: Oxford Medical Publications, 1922), 17.

16 F. Boulton and D. J. Roberts, "Blood Transfusion at the time of the First World War-Practice and Promise at the Birth of Transfusion Medicine," *Transfusion Medicine* 24 (2014): 329. 亦可参见 Rose George, *Nine Pints: A Journey Through the Mysterious, Miraculous World of Blood* (London: Portobello Books Ltd., 2018), 75–77。

17 A. Fullerton, G. Dreyer, and H.C. Bazett, "Observations on Direct Transfusion of Blood, with a Description of a Simple Method," *The Lancet* (May 12, 1917): 715–719. 尽管失败率颇高，但富勒顿认为他的成果还是不错的，因为所有病例在此之前都已属回天乏力。能多救回4条性命总好过无计可施见死不救，即便这意味着其他15人依旧面临死亡。

18 S. L. Wain, "The Controversy of Unmodified Versus Citrated Blood Transfusion in the Early 20th Century," *Historical Review* 24, no. 5 (1984): 405.

19 Fullerton, Dreyer, and Bazette, "Observations on Direct Transfusion," 715.

20 J. R. Hess and P. J. Schmidt, "The First Blood Banker: Oswald Hope Robertson," *Transfusion* 40, no. 1 (2000): 110–113.

21 Letters to Peyton Rous, O. H. Robertson's Papers, American Philosophical Society, Philadelphia, PA, dated June 27, 1917, 转引自 William C. Hanigan and Stuart C. King, "Cold Blood and Clinical Research during World War I," *Military Medicine* 161, no. 7 (1996): 394。

22 Oswald H. Robertson, "Transfusion with preserved red blood cells," *British Medical Journal* 1 (1918): 691–695.

23 Letters to Peyton Rous, O. H. Robertson's Papers, American Philosophical Society, Philadelphia, PA, dated June 27, 1917, 转引自 Hanigan and King, "Cold Blood and Clinical Research during World War I," 394。

24 Letters to Peyton Rous, O.H. Robertson's Papers, American Philosophical Society, Philadelphia, PA, dated December 29, 1917, 转引自 Hanigan and King, "Cold Blood and Clinical Research during World War I," 395。

25 Hanigan and King, "Cold Blood and Clinical Research during World War I," 395.

26 Boulton and Roberts, "Blood Transfusion at the time of the First World War," 31.

27 转引自 Hanigan and King, "Cold Blood and Clinical Research during World War I," 397-398。

28 "Brother Who Gave his Life," *Sunday Pictorial*, October 20, 1918, 1.

29 更多内容，可参考 Julian Freeman, "Professor Tonks: War Artist," *The Burlington Magazine*, 127, no. 986 (May 1985): 284-293。

30 Tonks to Yockney, 25.7.1918; Imperial War Museum, Tonks correspondence file. 转引自 Freeman, "Professor Tonks: War Artist," 289。

31 Tonks to Yockney, 14.9.1918, Imperial War Museum, Tonks correspondence file. 转引自 Freeman, "Professor Tonks: War Artist," 290。

32 Laura Spinney, *Pale Rider: The Spanish Flu of 1918 and how it Changed the World* (New York: Public Affairs, 2017), 151-163.

33 有关这一主题的详细讨论，参见 Mark Osborne Humphries, "Paths of Infection: The First World War and the Origins of the 1918 Influenza Pandemic," *War in History* 21, no. 1 (January 2014): 55-56。

34 Colonel Guy Carleton Jones, "The Importance of the Balkan Wars to the Medical Profession of Canada," *Canadian Medical Association Journal* 4, no. 9 (1914): 801-802.

35 George R. Callender and James F. Coupal, *The Medical Department of the United States Army in the World War: Pathology of the Acute Respiratory Diseases, and of Gas Gangrene following War Wounds*, Vol. XII (Washington: U.S. Government Printing Office, 1929), 57.
36 这个故事有可能是杜撰的。
37 N. R. Grist, "Pandemic influenza 1918," *British Medical Journal* (2 December 1979): 1632–1633.
38 Bexley Borough WW1 Roll of Honour, accessed July 9, 2021, https://www.bexley.gov.uk/sites/default/files/2020-07/Bexley-Borough-WW1-Roll-of-Honour_0.pdf.

第十三章

1 Daryl Lindsay, "Five Men," *Medical Journal of Australia* (18 January 1958): 62.
2 *Daily Mirror*, November 14, 1918, 2.
3 Leo van Bergen, *Before My Helpless Sight: Suffering, Dying and Military Medicine on the Western Front, 1914—1918*, trans. Liz Waters (Farnham, Surrey: Ashgate, 2009), 493.
4 Lindsay, "Five Men," 62.
5 Sir Harold Gillies and D. Ralph Millard Jr., *The Principles and Art of Plastic Surgery* (London: Butterworth, 1957), 43.
6 As told in Reginald Pound, *Gillies: Surgeon Extraordinary. A Biography* (London: Michael Joseph, 1964), 55.
7 Shane A. Emplaincourt, "La Chambre des Officiers and Recapturing the Evanescent Memory of the Great War's Gravely Disfigured," *War, Literature & the Arts* 30 (2018): 18.
8 *The Times,* June 30, 1919, 13.

9 *Lancashire Daily Post*, June 30, 1919, 2.
10 同上。
11 同上。
12 D. Ralph Millard, "Gillies Memorial Lecture: Jousting with the First Knight of Plastic Surgery," *British Journal of Plastic Surgery* 25 (1972): 76.

尾 声

1 Andrew Bamji, *Faces from the Front. Harold Gillies, The Queen's Hospital, Sidcup and the Origins of Modern Plastic Surgery* (Solihull: Helion & Company, 2017), 161.
2 Bamji, *Faces from the Front*, 159.
3 Reginald Pound, *Gillies: Surgeon Extraordinary. A Biography* (London: Michael Joseph, 1964), 68.
4 William Cruse, "Auguste Charles Valadier: A Pioneer in Maxillofacial Surgery," *Military Medicine* 152, no. 7 (1987): 337–338.
5 更具启发性的评论，见 Suzannah Biernoff, "The Rhetoric of Disfigurement in First World War Britain," *Social History of Medicine* 24, no. 3 (December 2011): 666–685。
6 Joseph Hone, *The Life of Tonks* (London: William Heinemann Ltd., 1939), 175.
7 同上，第 224—225 页。
8 同上，第 230 页。
9 Private Papers of P. Clare, vol. 3. Private Papers of P. Clare. Documents. 15030. Documents and Sound Section of the Imperial War Museums.
10 同上。

11 转引自 T. B. Layton, *Sir William Arbuthnot Lane*, Bt., (Edinburgh and London: E. & S. Livingstone Ltd., 1956), 110。
12 Mick Gillies, *Mayfly on the Stream of Time* (Whitfeld, East Sussex: Messuage Books, 2000), 2.
13 转引自 Pound, *Gillies*, 93。
14 同上，第 97 页。
15 同上，第 93—94 页。
16 Sir Harold Gillies and D. Ralph Millard Jr., *The Principles and Art of Plastic Surgery* (London: Butterworth, 1957), 391.
17 同上。
18 转引自 Pound, *Gillies*, 64。
19 "Plastic Surgery of the Face," *The Lancet* (July 24, 1920): 194.
20 Gillies and Millard, *Principles and Art of Plastic Surgery*, 391.
21 转引自 Pound, *Gillies*, 66。
22 Gillies and Millard, *Principles and Art of Plastic Surgery*, 395.
23 Samuel M. Lam, "John Orlando Roe: Father of Aesthetic Rhinoplasty," *Archives of Facial Plastic Surgery* 4 (April –June 2002): 122-123. 亦可参见 Elizabeth Haiken, "The Making of the Modern Face: Cosmetic Surgery," *Social Research* 67, no. 1 (2000): 81–97; and Michelle Smith, "The Ugly History of Cosmetic Surgery," *The Independent*, June 10, 2016。
24 John B. Mulliken, "Biographical Sketch of Charles Conrad Miller, 'Featural Surgeon'," *Plastic and Reconstructive Surgery* 59 (February 1977): 175–184.
25 "Publications. Cosmetic Surgery. *The Correction of Featural Imperfections* by Charles C Miller," *California State Journal of Medicine* 6, no. 7 (Jul 1908): 244–245.
26 Gillies and Millard, *Principles and Art of Plastic Surgery*, 395.

27 同上，第427页。
28 转引自 Pound, *Gillies*, 58。
29 Gillies and Millard, *Principles and Art of Plastic Surgery*, 391.
30 如威尔逊上尉在描述西线服役经历时所叙。这段追述包括了1917年的康布雷战役和他在锡德卡普的生活。（约于1970年撰写）Private Papers of Captain J. K. Wilson. Documents. 12007, pages 81-82. Documents and Sound Section of the Imperial War Museums.
31 Gillies and Millard, *Principles and Art of Plastic Surgery*, 428.
32 Letter from Frances Steggall to Reginald Pound. Letters to Reginald Pound, 1955—1972. From the Archives of the Royal College of Surgeons, MS0336.
33 转引自 Pound, *Gillies*, 86。
34 同上。
35 同上，第130页。
36 Gillies and Millard, *Principles and Art of Plastic Surgery*, 427.
37 同上。
38 同上。
39 转引自 Pound, *Gillies,* 129。
40 Gillies and Millard, *Principles and Art of Plastic Surgery*, 425.
41 同上，第395页。
42 同上。
43 Virat Markandeya, "When Deadly X-Rays were used for Hair Removal," *Ozy*, November 26, 2019, accessed October 20, 2020, https://www.ozy.com/true-and-stories/when-hair-removal-was-a-public-health-crisis/220770/. 参见 Rebecca Herzig, *Plucked: A History of Hair Removal* (New York: NYU Press, 2015)。
44 转引自 Pound, *Gillies*, 128。
45 Letter from Mrs. V. F. E. Gerrard to Reginald Pound. Letters to

Reginald Pound, 1955—1972. From the Archives of the Royal College of Surgeons, MS0336.

46 Gillies and Millard, *Principles and Art of Plastic Surgery*, 445.
47 同上。
48 同上。
49 同上，第 446 页。
50 同上。
51 Pound, *Gillies*, 82.
52 Letter from Mrs. V. F. E. Gerrard to Reginald Pound.
53 Gillies and Millard, *Principles and Art of Plastic Surgery*, 446.
54 转引自 Pound, *Gillies*, 82。
55 Letter from Mrs. V. F. E. Gerrard to Reginald Pound.
56 同上。
57 Pound, *Gillies*, 164.
58 Gillies and Millard, *Principles and Art of Plastic Surgery*, 392.
59 同上。
60 有报道称，爆炸发生时，唐克斯绘制的肖像还在大楼内，但也有可能事先已被转移。A. J. E. Cave, "Museum," *Royal College of Surgeons of England. Scientific Report* (1940—1941): 4, 10.
61 有关阿奇博尔德·麦金杜的更多信息，参见 Emily Mayhew, *The Reconstruction of Warriors: Archibald McIndoe, the Royal Air Force and the Guinea Pig Club* (London: Greenhill Books, 2004)。
62 Letter from Horace Sewell to Reginald Pound. Letters to Reginald Pound, 1955—1972. From the Archives of the Royal College of Surgeons, MS0336.
63 Michael Dillon and Lobzang Jivaka, *Out of the Ordinary. A Life of Gender and Spiritual Transitions*, ed. Jacob Lau and Cameron Partridge (New York: Fordham University Press, 2017), 89-90. 亦可

参见 Brandy Schillace, "The Surprisingly Old Science of Living as Transgender," *Scientific American* (18 March 2020)。

64 Gillies and Millard, *Principles and Art of Plastic Surgery*, 379. Michael Dillon and Lobzang Jivaka, *Out of the Ordinary*, 8.

65 Dillon and Jivaka, *Out of the Ordinary*, 102.

66 同上，第 104 页。亦可参见 Andrew N. Bamji and Peter J. Taub, "Phalloplasty and the tube pedicle: a chronological re-evaluation," *European Journal of Plastic Surgery* 43 (2020): 7–12。

67 Rajesh Nair, "Sir Harold Gillies: Pioneer of Phalloplasty and the Birth of Uroplastic Surgery," *Journal of Urology* 183 (31 May, 2010): e437.

68 卡尔·贝尔有时被误认为是第一位接受阴茎整形手术的变性人。贝尔是双性人，出生时便患有尿道下裂。这是一种比较常见的先天性缺陷，会导致阴茎上的尿道移位。因此，他一出生便被误认为是女婴，并被当作女孩儿抚养长大。成年后，他拜访了德国著名性学家马格努斯·赫希菲尔德领导的性研究所。接受检查后，贝尔获准合法改变其性别。由于病例记录已被销毁或遗失，目前尚不清楚贝尔是否接受了任何外科手术。有关贝尔的更多信息，参见 J. Funke, "The Case of Karl M.[artha] Baer: Narrating 'Uncertain' Sex," in *Sex, Gender and Time in Fiction and Culture*, ed. B. Davies and J. Funke (London: Palgrave Macmillan, 2011), 132–153. https://doi.org/10.1057/9780230307087_8。

69 Dillon and Jivaka, *Out of the Ordinary*, 109.

70 同上，第 187 页。

71 1958 年，在狄龙被英国记者揭露身为变性人之时，吉利斯给他这位先前的病人去信以表支持。"信件纷至沓来，我的老朋友们向我表达了同情以及对媒体的看法。哈罗德·吉利斯爵士也给我写了信，海员传教团的典狱长夫人亦有来信，当然还有罗布藏·拉姆巴,他自己在过去两个月也上了报纸。他们全都写下了对我的鼓励之词。" Dillon and Jivaka, *Out of the Ordinary*, 217.
72 同上,第 102 页。
73 Fred H. Albee, *A Surgeon's Fight to Rebuild Men: An Autobiography* (New York: Dutton, 1945), 134.
74 Gillies and Millard, *Principles and Art of Plastic Surgery*, 629.
75 D. Ralph Millard, "Gillies Memorial Lecture: Jousting with the First Knight of Plastic Surgery," *British Journal of Plastic Surgery* 25 (1972): 77.
76 同上,第 78 页。
77 转引自 Pound, *Gillies*, 225。
78 Murray C. Meikle, *Reconstructing Faces: The Art and Wartime Surgery of Gillies, Pickerill, McIndoe and Mowlem* ([Dunedin]: Otago University Press, 2013), 81.
79 Neal Owens, "To Sir Harold Gillies," *The American Journal of Surgery* 95, no. 2 (February 1958): 167.
80 Fay Bound Alberti and Victoria Hoyle, "Face Transplants: An International History," *Journal of the History of Medicine and Allied Sciences*, advance article (July 2021), accessed July 9, 2021, https://doi.org/10.1093/jhmas/jrab019.